职业指导核心技能训练手册
（综合篇）

中国就业培训技术指导中心　组织编写

中国劳动社会保障出版社

图书在版编目（CIP）数据

职业指导核心技能训练手册. 综合篇/中国就业培训技术指导中心组织编写. -- 北京：中国劳动社会保障出版社，2021
 ISBN 978-7-5167-3836-8

Ⅰ.①职… Ⅱ.①中… Ⅲ.①职业选择-手册 Ⅳ.①C913.2-62

中国版本图书馆 CIP 数据核字（2021）第 110796 号

中国劳动社会保障出版社出版发行

（北京市惠新东街 1 号　邮政编码：100029）

*

北京市白帆印务有限公司印刷装订　　新华书店经销
787 毫米×1092 毫米　16 开本　21 印张　263 千字
2021 年 7 月第 1 版　2022 年 4 月第 2 次印刷
定价：49.00 元

读者服务部电话：（010）64929211/84209101/64921644
营销中心电话：（010）64962347
出版社网址：http://www.class.com.cn

版权专有　　侵权必究

如有印装差错，请与本社联系调换：（010）81211666
我社将与版权执法机关配合，大力打击盗印、销售和使用盗版图书活动，敬请广大读者协助举报，经查实将给予举报者奖励。
举报电话：（010）64954652

编审委员会

主　　任　吴礼舵　张　莹
副 主 任　章　谦　王　颖　尹建堃　宋　鑫
委　　员　张裕佳　田光哲　黄俊梅　娄权超　杨颖琳
　　　　　吕安安　胡新红　龚正鹏　刘凯旋　廉串德
　　　　　吕　一

编写人员

主　　编　田光哲　张裕佳
执笔人员　田光哲　田　颖　寇　蕊　胡珍剑　陈保家
　　　　　张号全

前　言

党的十九大报告指出，就业是最大的民生，要坚持就业优先战略和积极就业政策，实现更高质量和更充分就业，提供全方位公共就业服务。作为贯彻党的十九大精神的具体举措，人力资源和社会保障部会同国家发展和改革委员会、财政部印发了《关于推进全方位公共就业服务的指导意见》（人社部发〔2018〕77号），提出构建"覆盖全民、贯穿全程、辐射全域、便捷高效"公共就业服务体系的目标和要求，为当前和今后一个时期公共就业服务发展指明了方向。

职业指导是公共就业服务的重要组成部分，能够帮助人们充分了解自我、正确认识就业形势、掌握国家就业政策，将劳动者个人的职业生涯发展和社会需要紧密结合起来，在实现就业、稳定就业过程中发挥重要作用，是更高水平、更精细化、更有针对性的公共就业服务。

为了适应新形势下的任务要求，帮助广大职业指导工作者进一步提升业务素质，大力推进职业指导人员队伍专业化建设，我们组织专家、学者和具有丰富实践经验的一线工作者，共同编撰出版《职业指导核心技能训练手册》系列丛书，希望本套丛书能为读者提升业务技能带来帮助。

本书在编写过程中，得到有关单位和人员的大力支持，在此致以诚挚谢意。由于时间关系和编撰人员业务水平所限，本书难免有错漏之处，敬请读者批评指正。

目　录

01 章　职业指导工作推动概述

第一节　职业指导工作推动的概念 ………………… 2
　　一、职业指导工作推动的操作定义 …………… 2
　　二、职业指导工作推动的指导思想 …………… 6
　　三、职业指导工作推动的基本原则 …………… 9
　　四、职业指导工作推动的基本策略 …………… 10

第二节　职业指导工作推动的主要内容 ……… 14
　　一、建立完善的工作体系和运行机制 ………… 14
　　二、创建工作理念和目标 ……………………… 18
　　三、建设服务窗口和服务平台 ………………… 20
　　四、开发职业指导应用技术和方法 …………… 24
　　五、开展职业指导人员队伍建设 ……………… 26
　　六、开展职业指导宣传工作 …………………… 29

　　阅读与思考 …………………………………………… 31

02 章 职业指导项目计划和运作

第一节 职业指导项目计划和控制 ……………… 35
- 一、定义项目目标 ………………………………… 35
- 二、制订实施计划 ………………………………… 41
- 三、项目过程控制 ………………………………… 51
- 四、项目成功和失败的原因分析 ………………… 54

第二节 职业指导项目运作模式设计 …………… 57
- 一、项目运作模式的概念 ………………………… 57
- 二、三种典型项目运作模式 ……………………… 65
- 三、项目运作模式设计要素与流程 ……………… 75

第三节 职业指导项目计划和运作实践 ………… 82
- 一、职业指导项目计划书实例 …………………… 82
- 二、项目工作分解模型样例 ……………………… 86

阅读与思考 …………………………………………… 87

03 章 职业指导工作体系和运行机制的构建

第一节 健全完善职业指导工作体系 …………… 91
- 一、建设职业指导工作体系的基本思路 ………… 91
- 二、职业指导工作体系的基本架构 ……………… 92

第二节 健全完善职业指导工作运行机制 ……… 94
- 一、建设职业指导工作运行机制的基本思路 …… 94

二、职业指导工作运行机制的内容构成 …… 96

第三节　职业指导工作体系和运行机制的实践 …… 101

一、《高校毕业生就业指导服务规范》（GB/T 33667—2017）（节选）……… 101

二、《北京市精细化公共就业服务实施细则》（京人社职介发〔2018〕153号）（节选）……………… 105

阅读与思考 ……………………………………… 107

04 章　职业指导工作理念的创建

第一节　从战略上引领全局开展 ……… 121

一、推进人本服务 ……………………… 121
二、主抓"一硬一软" …………………… 121
三、促进规范化建设 …………………… 123
四、全力推进信息化 …………………… 124
五、利用典型引路 ……………………… 125
六、坚持简单便捷 ……………………… 125
七、积极唤起自助 ……………………… 126
八、开展针对性的服务 ………………… 127

第二节　从战术上促进问题解决 ……… 128

一、给职业指导人员"画像" …………… 128

二、组织专项活动 …………………………………… 129

三、打造服务品牌 …………………………………… 131

四、实施跟踪服务 …………………………………… 133

五、对典型问题"定点爆破" ……………………… 134

六、建立服务模式 …………………………………… 136

七、总结推广案例 …………………………………… 138

八、孵化器推动 ……………………………………… 142

阅读与思考 ………………………………………………… 144

05 章 职业指导服务窗口和平台的建设

第一节　职业指导工作室的建设 ………… 151

一、职业指导工作室设计核心内容 ………… 151

二、职业指导工作室设计模板 ……………… 156

第二节　职业指导线上服务平台的建设 ……… 166

一、职业指导线上服务平台设计核心要点 …… 166

二、职业指导线上服务平台设计模板 ……… 176

第三节　职业指导工作室和线上平台建设实例 ……………………………………… 187

一、职业指导工作室建设指导手册 ………… 187

二、职业指导线上平台建设实例 …………… 192

阅读与思考 ………………………………………………… 196

06 章 职业指导资源库的建设

第一节 职业指导资源库建设思路 …………… 201
一、指导思想和基本原则 …………… 201
二、资源开发的主要途径 …………… 204

第二节 职业指导资源库建设参照 …………… 210
一、职业指导资源库结构设计 …………… 210
二、职业指导资源开发文案设计 …………… 224

阅读与思考 ……………………………………… 232

07 章 职业指导人员队伍建设

第一节 实施职业指导标准化建设 …………… 236
一、推动职业指导服务内容标准化 …………… 236
二、推动职业指导人员服务规范化 …………… 249
三、推动职业指导人员服务专业化 …………… 253

第二节 开发职业指导人员培训项目 ………… 257
一、设计职业指导人员培训课程 …………… 258
二、掌握职业指导人员培训方法 …………… 266

阅读与思考 ……………………………………… 275

章 职业指导工作推动实例

第一节　职业指导工作方案设计要素 ············ 278

　　一、目标是什么 ························· 278
　　二、目标如何实现 ······················· 279
　　三、如何有效地实施操作 ················· 281

第二节　职业指导工作推动方案实例 ············ 283

　　实例1：职业指导进高校方案 ················ 283
　　实例2：开展职业指导技能大赛方案 ········· 293

　　阅读与思考 ····························· 324

01 章

职业指导工作推动概述

职业指导服务要进学校、进社区、进企业，要走入困难群体的家庭，要覆盖全体服务对象，要贯穿服务对象职业生涯全程，要提供全方位的、便捷高效的服务。但是要做到这些，仍然存在着许多阻力和困难。如，人们对职业指导服务价值的认识程度不够、职业指导服务的专业化建设相较于职业介绍服务更难以推进、职业指导技术的运用很难帮助服务对象解决具体问题等。而正是这些不可回避的现实问题，导致在公共就业服务领域，职业指导服务至今不能大面积地推广和落实，从而难以真正成为公共就业服务的有力武器。

本章通过对职业指导工作推动的概念及其主要内容的介绍，从总体角度帮助人们解决职业指导工作推动的观念问题、思路性问题以及一些规律性问题，不仅为人们推动职业指导工作提供了方向和线索，还提供了基本思路和框架性的引导。

第一节，职业指导工作推动的概念。本节主要介绍职业指导工作推动的操作定义、职业指导工作推动的指导思想、职业指导工作推动的基本原则以及职业指导工作推动的基本策略。这部分内容重点阐明四点：一是职业指导工作推动的内涵，通过说明这项工作所涉及的主要内容和形式，帮助人们更好地理解推动职业指导的重要意义和价值；二是阐述推动职业指导的基本思路，以帮助人们在开展工作时从宏观角度树立战略意识；三是提供在推动职业指导过程中应当遵守的基本原则，以帮助人们更加规范、更加系统地进行工作；四是提供推动职业指导的重要措施和途径，以帮助人们在实践过程中更加有的放矢地开展工作。

第二节，职业指导工作推动的主要内容。本节从建立工作体系和机制、创建工作理念和目标、建设服务窗口和服务平台、开发职业指导应用技术和方法、开展职业指导人员队伍建设以及开展职业指导宣传工作六个方面，简明扼要地介绍了推动职业指导工作需要把握的各个关键因素，提供了开展这项工作的基本框架，阐述了工作推动的核心要素。学习这些内容，不仅可以使人们理解推动职业指导工作应当主抓哪些方面、侧重哪些重点，做到步步为营、有的放矢；还可以帮助人们理解这些内容要素之间的关系，从全局上进一步认识到这项工作的本质特征。

第一节　职业指导工作推动的概念

一、职业指导工作推动的操作定义[①]

职业指导工作推动是指为广泛、深入、有效地开展职业指导，立足职业指导自身的能力建设和为服务对象提供服务两个"主战场"而实

---

① 本操作定义主要是结合当前全国职业指导开展总体状况提出的，随着工作的深入开展，可以根据实际情况不断修订这个定义。

施的、有明确目标指向的、持续性的行动。其操作定义可以从三个方面加以理解。

（一）职业指导工作推动的基本目标是做到广泛、深入、有效

1. 理解"广泛"的含义。"广泛"要求职业指导服务要覆盖全域、辐射全民，其主要有两层含义。一是服务对象的迫切现实需求，要求职业指导服务必须要在更广泛范围、更多就业群体中开展。例如，下岗失业人员需要实现再就业，农村进城务工人员需要获得职业岗位信息，初次就业的年轻人需要进入劳动力市场等。二是要深刻认识职业指导服务的公共性特征。职业指导涉及群体庞大且其服务过程贯穿服务对象一生，其广泛涉及、广泛渗透的公共性特征意味着需要动员更多人员参与投入，需要更多部门提供支持和保障。即：必须打一场"人民战争"，实现职业指导服务的全员化、社会化。

2. 理解"深入"的含义。"深入"要求职业指导要坚持问题导向，其应当把握两点。一是理解"广泛"和"深入"的辩证关系。"广泛"是横向的推进，"深入"是纵向的延伸；"广泛"是扩大范围，"深入"是切入实际、以问题为导向。只有横向的推进而没有纵向的延伸，职业指导只能是雷声大雨点小，不能够解决实际问题；只是场面铺开但不讲切入、不讲聚焦、不讲落实，职业指导则必然会成为花样招牌，无法让服务对象接受。二是理解"深入"的意义。"深入"是服务对象的内在需要，是职业指导专业化的要求，是将"广泛"落实到位的首要指标，是职业指导服务的价值体现。不面对服务对象职业生涯的全过程，不面对服务对象所面临的现实问题，职业指导服务就永远不会被服务对象认可。

3. 理解"有效"的含义。"有效"是指引职业指导工作的唯一方向，是职业指导工作开展的必然逻辑，是促进职业指导服务不断创新发展的原动力。"有效"可以简单地理解为"三个要"：一是在总体服务

效果上，要促进更多人实现就业、实现就业稳定、实现职业人生的发展；二是在具体服务效果上，要帮助人们在最大限度上获得就业和培训机会；三是在多元化服务效果上，要讲求分门别类、准确对接，在帮助下岗失业人员再就业、对就业困难群体实施援助、促进农村劳动者进城务工、增强大学生自主就业和自主创业能力等方面提供必要的帮助和有力支持。

总之，"广泛""深入""有效"是开展全国职业指导工作的基本方向，是落实全方位公共就业服务体系建设的基本要求。其既为实现职业指导工作不断创新发展设立了始发点，也为推动职业指导工作提出了三部曲：先广泛，后深入，再有效。

（二）职业指导工作推动的两个"主战场"

1. 职业指导工作推动的两个"主战场"。其一是自身的能力建设，其二是为服务对象提供服务。自身的能力建设主要是指建立工作体系和机制、创建服务理念、建设服务窗口和服务平台、开发职业指导应用技术和方法等。这些内容是坚持开展职业指导的基础，是保障职业指导服务常态化的必要前提与充分条件。为服务对象提供服务主要是指职业指导进高校、职业指导进社区等各类为服务对象提供的有针对性的活动，这些活动的数量和质量可以直接反映出职业指导工作推动的效果。在职业指导推动工作中，其自身能力建设是必要条件，为服务对象提供服务是最终结果，两方面工作不可或缺，且相辅相成、互为补充、互为因果。

2. 辩证处理两个"主战场"之间的关系。辩证处理两者之间的关系需要把握三条原则。一是长期打算。自身能力建设是"因"，提供服务是"果"。因此自身能力建设问题应当始终予以高度重视，要全面部署、长期打算、久久为功。二是平衡互促。两个"主战场"应当同时推进、互为促进。通过自身能力建设，可以促进服务效果提升；而根据服务效果，可以看到自身不足之处，反过来推动自身能力建设的不断完善。在推动中，应结合实际情况注意两方面的平衡和相互协同。三是服务最重要。为服务对象提供服务是一切工作的出发点和落脚点，应当将服务结果作为改进完善两方面工作的根本依据。

（三）职业指导工作推动的关键是立即行动起来

所有的职业指导推动工作都是由一个又一个实际行动构成的，这些行动是持续的、有明确目标指向的，这是职业指导工作推动的关键，具体讲，它表达了三层含义。

1. 推动职业指导首先要行动起来。实施职业指导不是摆花架子、唱高调，更不是作秀给人看，而是要一个行动一个行动地去实践、去探索、去落实。及时的行动是实现职业指导总体目标的关键，是衡量职业指导工作推动成效的首要指标。

2. 实施行动要有明确的指向性。推动职业指导工作开展要有章法，要讲究工作基础、讲究阶段性、讲究联系实际、讲究问题解决、讲究目标实现。要"靶向"推进、"靶向"落实，力争不打哑弹虚枪。总之，一切推动职业指导的行动都应根据总体目标开展，遵循客观规律进行。

3. 实际行动要有持续性。持续性是推动职业指导最终产生成效的保障。推动职业指导工作开展不能"打一枪换一个地方"，不能"行一步观百步"，更不能只是喊上几句口号、做上几个动作就偃旗息鼓。这些零敲碎打的行动对全面实现职业指导的总目标不仅无任何价值和意义，还会延误战机、松懈人心，阻碍工作的正常推进和开展。只是建一间职业指导室而不建立工作机制和制度，指导室就会成为摆设；只是搞一场职业指导人员培训而平时不开展学习和交流，培训就会丧失其转化功能价值；只是制定职业指导服务标准而不贯彻、不实施监督考核，不建立激励机制，标准就会形同虚设。

总之，在职业指导工作推动过程中只有做到行动与目标相结合，保持其系统性和持续性，才能使职业指导产生真正的成效。

二、职业指导工作推动的指导思想

（一）把握职业指导工作推动面临的机遇和挑战

职业指导工作推动既面临机遇，也会遇到不可忽视的挑战。机遇是党的十九大对公共就业服务的发展指明了方向并提出了更新更高的要求，将提供全方位公共就业服务作为完成新时期就业任务和实现更高质量更充分就业目标的重大举措。

职业指导工作所面临的挑战主要表现在三个方面。

1. 认识偏差。一些地区和部门对职业指导工作不够重视，将其束之高阁，不引进、不实践也不宣传，直接影响了职业指导工作的发展和推进；还有一些工作人员认为职业指导工作是精细活，而服务对象群体庞大、工作人员太少，再加上对职业指导比较陌生，不熟悉其中的规律，想做却不知从何下手，故存在畏难情绪。正是这些认识上的偏差影响了职业指导工作的开展，影响了整个就业服务的质量和水平。

2. 条件不足。目前，在职业指导规范化、工作环境和信息化建设等方面尚不能满足工作需要。在规范化方面，据不完全统计，全国几乎90%的地区开展职业指导没有规定程序和规定内容。在工作环境方面，一些地区和部门设立的就业服务场所没有职业指导室、职业指导角。在信息化建设方面，一些线上职业指导工作如自助指导、线上咨询、案例分析和交流等，都需要信息化建设的支持，而许多地区在这方面的投入几乎是零。规范化、工作环境建设、信息化建设都是做好职业指导工作的重要基础，在推动职业指导工作的过程中不能忽视。

3. 能力不足。职业指导人员队伍数量不够且专业化程度普遍不高。经过近20年的努力，我国已经初步培养起了10多万人的职业指导人员队伍，这支队伍为推动我国职业指导工作做出了重大贡献。但也应当看到，对比国外经验并对照服务对象的需求，这支队伍不论是在规模还是在职业素养、专业能力等方面，与实际工作需要仍有差距。这不仅影响促进就业创业的基本目标及就业政策的落实，也严重影响就业服务工作质量的整体水平，必须予以高度重视。

（二）明确职业指导工作推动指导思想

职业指导工作推动的指导思想以贯彻落实覆盖全民、贯穿全程、辐射全域、便捷高效的全方位公共就业服务为宗旨，以提高人力资源开发利用水平为主要出发点，以实现人—职最优配置为落脚点，坚持以服务对象需求为导向，以精准服务为职业精神，以实践创新为动力，面向公共就业服务系统、面向社会，通过积极宣传引导，动员一切积极力量，加强自身能力建设等途径，充分发挥职业指导功能作用，为加快实现广泛、深入、有效的职业指导，促进完成新时期就业任务和实现更高质量更充分就业的目标做出不懈的努力。

上述指导思想阐述了四层含义。

1. 明确了职业指导工作推动的基本方向。全方位公共就业服务就是以促进就业创业为宗旨，以落实就业创业政策为主导，以满足劳动者实现就业和自主创业的多元需求与单位用人基本需求从而实现劳动力供求相互匹配为主线而提供的全面、便捷、高效的服务。职业指导是公共就业服务的重要组成部分，贯彻落实"全方位"是开展职业指导工作的行动指南，以落实全方位公共就业服务为宗旨，无疑为职业指导工作的推动指明了基本方向，提出了更新、更高的要求。

2. 明确了职业指导工作推动的基本定位。贯彻落实职业指导服务要以提高人力资源开发利用水平为主要出发点，以实现人—职岗位最优配置为落脚点。这个基本定位的专业内涵主要体现在三个方面。一是应促进个人的社会成长。即充分尊重服务对象个性需要，帮助服务对象了解自我，发展对自我的理解，建立并保持积极的态度和自我概念，培养积极的人际交往能力。二是应帮助服务对象实现职业生涯管理。即职业指导应帮助服务对象了解职业，正确认识就业形势，了解国家就业政策，利用准确、及时和可信的职业信息，规划和管理个人、家庭和工作角色的平衡，从而做出更加明智的职业选择。三是应倡导对本职工作的热爱。即帮助服务对象将个人成长融入自己的职业发展中，坚持终生学习，提高自己的职业能力，将个人素质和能力与职业发展紧密结合，将个人的职业发展与国家及社会的需要紧密结合。

3. 明确了职业指导工作推动的基本准则。推动职业指导工作的开展要坚持以服务对象需求为导向、以精准服务为职业精神、以实践创新为动力这三条基本准则。坚持以服务对象需求为导向就是要以人为本、以问题为导向，归根结底就是帮助服务对象在最大程度上获得就业和培训机会，促进更多人实现就业、实现就业稳定、实现职业人生的发展。坚持以精准服务为职业精神就是要加强职业指导人员职业素质的提升，大力推进职业指导规范化、专业化、个性化，以其特有的服务理念和模式，在服务过程中集中体现精细、精准服务的思想。坚持以实践创新为动力就是要在帮助下岗失业人员再就业、实施对就业困难群体的援助、促进农村劳动者进城务工、增强大学生自主就业和自主创业能力等服务的过程中，不断实践、不断探索、不断创新，从而发挥不可替代的重要作用。

4. 明确了职业指导工作推动的基本策略。推动职业指导工作要贯彻加强宣传引导、动员一切积极力量、抓好自身能力建设三条基本策略。加强宣传引导就是要统一思想、凝聚力量，要引导群众、服务群众，要树典型、育新人、塑形象。动员一切积极力量就是要争取更多人参与到职业指导服务中来，群策群力，争取社会更多方面的支持，共同推进、共同探索、共同实践、共同创新职业指导。抓好自身能力建设就是要把职业指导的服务理念、服务目标、服务准则、服务功能、服务内容等，融入公共就业服务系统各个层面，不断引导人们自觉认识、深入践行。总之，这些内容是推动职业指导广泛、深入、有效开展的重要思想、重要途径、重要抓手，对全面贯彻落实全方位就业服务的总目标具有极为重要的战略意义。

三、职业指导工作推动的基本原则

（一）坚持以服务对象需求为导向

推动职业指导就是要满足服务对象的需求，而满足服务对象的需求正是促进职业指导不断发展的核心动力。如，要满足下岗失业人员的需求，帮助他们转变观念，转换职业能力，实现再就业；要满足农村进城务工人员的需求，帮助他们获得职业岗位信息，接受最基本的就业指导和职业训练；要满足初次就业的年轻人的需求，帮助他们建立良好的职业观并做好心理准备，学习就业技能，进入劳动力市场；要满足用工单位的需求，帮助它们解决"用工荒"和"招工难"等问题。总之，职业指导必须围绕就业大局，不断探索职业指导工作新的理念、技术和方法，提高职业指导的有效性，瞄准各类服务对象的需求，为促进更充分就业、更高质量就业做出应有的贡献。

（二）坚持以精准服务为职业精神

精准服务是职业指导的原始基因，职业指导人员的血液里、细胞中应含有这样的基因，这是职业指导区别于职业介绍的本质特征。职业指导要坚持精细化服务的思想，这种思想的出发点就是以人为本，具体手段就是实施规范化、专业化、个性化的服务。坚持精准服务就是要为求职者广泛采集就业创业信息，提供个人职业诊断，开展职业环境分析，提供有针对性的信息咨询，制定符合个人实际情况的就业决策和发展规划；就是要对就业困难人员开展就业意愿跟踪摸查，及时了解个人就业意愿，梳理分析个人就业障碍，开展个人心理调适，共同制定个性化的就业援助方案和行动计划，开展分级分类指导，实施跟踪稳岗服务，提供全程化的专门指导帮扶；就是要对用人单位遇到的一般性问题开展指导，针对薪酬待遇较低问题、用人不规范、微型企业吸引力不够问题以及信息发布渠道不畅等问题进行指导；就是要围绕人力资源市场热点难点问题，对用人单位遇到的典型问题开展指导，解决招用工专业性强的问题，解决临时性、季节性用工问题，解决偏远、经济欠发达地区企业招工问题，对岗位劳动强度大、工作环境差的问题进行指导等。总之，精准服务最终要达到的目标，就是要满足服务对象的个性化需求，只有这样职业指导才有生命力，才能得到服务对象的认可，才能真正发展起来。

（三）坚持以实践创新为动力

实践创新是公共就业服务事业发展的重要组成部分，其成效和水准标志着公共就业服务事业发展的水平，对完善公共就业服务体系、促进就业创业等多方面都具有重要的战略意义。职业指导应主动出击，深入基层进行实践，开展巡回指导，提供及时便捷的服务。职业指导要围绕各类就业群体开展"多元化"的指导，强调服务的多样性，提供精准有效的指导；要针对服务对象面临问题的复杂性提供递进式的帮助指导，注重过程的程序化，最大程度上实现分级、分类的有效帮扶；要针对服务对象面临问题的焦点、难点，注重内容的系统化，强调指导的综合性，开展系统化结构化的帮助指导，最大程度上实现问题解决的综合处理；要针对服务对象的迫切需要，注重指导的主动性，开展辐射性职业指导，最大程度上保障服务的纵向延伸；要根据服务对象的就业特点，注重形式的适宜性，开展灵活多样、生动活泼的帮扶指导；要根据服务对象就业困难程度，注重效果的有效性，开展分类指导、跟踪指导、全程指导，最大程度上实现问题的最终解决。总之，职业指导的效果只有在实践中才能得到印证，职业指导的功能只有在实践中才能得到发展，职业指导的作用和意义只有在实践中才能得到认可，职业指导工作只有在实践中才能不断创新。

四、职业指导工作推动的基本策略

（一）加强宣传引导

宣传是推动职业指导工作开展的最重要的策略、途径和手段。无论从何种意义上讲,强调宣传的作用都不为过。

1. 通过宣传统一思想、凝聚力量。要对公共就业服务系统加大力度广泛宣传,引导人们承担促进全方位公共就业服务的战略任务,履行在新时期实现更加充分、更高质量就业目标的使命。要从理论上进行阐述,以事实为依据,深入浅出,使人们在思想上保持一致。要从舆论上占领制高点,以人们关心的热点问题为突破口开展交流和引导,强化核心价值观,弘扬行业新风,加强思想道德建设,使人们在认识上增强克服困难的信心和使命感。要从职业道德、行为规范、职业能力等方面加强典型示范,总结典型案例,分享技术成果,开展同业交流,培养人们过得硬、使得出的本领。

要面向社会加大力度广泛宣传,引导人们树立正确的价值观、职业观,端正职业态度,树立积极的就业心态,正确看待职业利弊,干一行爱一行,主动适应职场环境。要引导人们了解现代企业文化,讲责任、讲服务、讲规范、讲沟通、讲团队、讲创造,陶冶职业情操,学做事、学做人,积极融入职场环境。要引导人们积极面对就业问题和困难,科学规划个人职业生涯,学习了解自我职业优势和局限,学习了解工作世界,学习做出明智职业选择,自觉做好就业准备。要引导人们开展自助、互助,建立自助者自强的意识,树立通过互助共同渡河的观念,发扬团队精神,发挥集体力量,努力创造新的就业理念和模式。

2. 通过宣传引导群众、服务群众。要广泛宣传就业创业政策和相关制度,使服务对象全面了解政策制度的核心内容,充分感受政府的关怀和温暖,充分感受到就业和社会保障制度的优越性,及时享受到优惠政策。要广泛宣传职业指导的意义和作用,及时解答问题,精准阐述,使服务对象改变传统观念、端正职业态度、重塑职业行为,实现自助人生。要深入宣传职业指导服务目标、服务准则、服务功能、服务内容,使其引起高度重视,促进实践养成,把职业指导宝贵思想融入就业服务各个方面,把职业指导的技术和方法推广到就业服务各个方面,引导人们自觉认识、深入践行。

3. 通过宣传树典型、育新人、塑形象。树典型是指树立成功就业创业的典型，宣传他们自强不息的精神和刻苦奋斗的品质，以唤起更多人的自信，引领更多人努力前行。育新人是指培养就业创业的成功者、带头人，展示他们的奋斗历程，宣传他们的成功事迹，分享他们的成功经验，从而提供给更多人学习，带动更多人走出困境。塑形象是指树立职场模范形象，引领职场良好风尚。例如，引导人们学习扎根西部的清华北大学子、返乡创业的农民工、为了国家事业一生隐姓埋名的专家学者、具有独门绝技的青年技工等。

总之，宣传引导是推动职业指导工作开展的有力武器，通过宣传，人们可以了解职业指导，理解职业指导，提升职业素养，树立应用意识；通过宣传，人们可以学习职业指导，掌握职业指导，应用职业指导，从中得到启迪和帮助；通过宣传，职业指导可以不断深入人心。

（二）动员一切积极力量

职业指导不是阳春白雪，不是只有专家学者才能理解，只有专业人员才能操作；职业指导也不是奢侈品，只在小范围流行，只为少数人服务。要使职业指导得到普及和发展，让更多人受益，就要发动群众，动员一切积极力量，打一场人民战争。这是开展职业指导工作的重要思想和举措，它不仅决定职业指导工作开展的现在，更决定职业指导工作发展的未来。

1. 动员职业指导人员。要动员更多人投入到职业指导工作中来，就要求每位职业指导人员以身作则，率先垂范。每位职业指导人员都是播种机、宣传队，不仅需要做好本职工作，还需要树立推动意识，坚定信念，熟练掌握推动工作开展的核心要领和方法，积极推动职业指导工作的开展。只有每位指导人员都积极贯彻，才会有更多的人加入职业指导工作中来；只有每位指导人员都努力践行，职业指导工作才能大面积推广，形成燎原之势，从而不断创新和发展。

2. 动员服务对象。要推动职业指导工作的广泛开展，不仅要让职业指导人员和专家学者动起来，更需要让群众动起来。职业指导不仅是专家行为，更是群众的行动，什么时候群众行动起来了，职业指导工作才会更加有效，才能生根发芽、绽放光彩。要努力推行他助、互助，使更多服务对象在接受别人帮助的同时，还可以现身说法、身体力行，可以去感染别人、鼓励别人、帮助别人，实现在被助和助人的过程中共同体验、共同成长。要努力唤起自助，使更多服务对象放弃等、靠、要的被动依赖做法，理智正视现实、积极预防风险、主动出击，在自助的过程中实现自我进步、自我成长、自我发展。

3. 动员社会力量。要进一步联合社会团体及社会各方面的积极力量，与公共就业服务机构相互配合、相互支持、相互补充，集全力推行社会助，即动员社团联合助、动员学校集中助、动员企业跟踪助、动员家庭配合助等。他助、互助的目的是带动全面、重点保障，唤起自助的目的是实现均等、普及全面，社会助则是在前两个工作的基础上，进一步增加辐射范围，培育外部工作环境。只有这样，职业指导工作才可以逐步实现一呼百应的良好局面，逐步形成全员化、社会化的总体态势。

（三）抓好自身能力建设

自身能力建设是开展职业指导工作的重中之重。建设职业指导工作能力要建立完善的工作体系和运行机制，保障职业指导服务常态化，不断推动职业指导队伍的健康发展；要不断创建工作理念和新目标，保障用先进的思想指引工作正确开展，保障各项行动有序进行；要建设服务窗口和服务平台，保障提供及时、便捷、高效的职业指导服务；要开发职业指导应用技术和方法，保障科学有效地开展职业指导；要打造一支高水平专业化职业指导队伍，促进职业指导服务规范化；要开展职业指导宣传工作，保障宣传工作的专业化，努力提高宣传的针对性、有效性。总之，这些内容都是坚实开展职业指导工作的基础，是必要前提和充分条件。需要强调的是，抓好自身能力建设始终是与提供帮助指导服务紧密联系的，在实践中应当辩证处理两者之间的关系。

1. 自身能力建设要长期打算。自身能力建设是"因"，提供服务是"果"。因此应当始终高度重视自身能力建设，要全面部署、长期打算、久久为功。

2. 自身能力建设要与提供服务相互促进。自身能力建设是职业指导的必要条件，为服务对象提供服务是其最终结果，两方面工作相辅相成、互为补充、互为因果。两个主战场应当同时推进、互互促进，通过自身能力建设促进服务效果提升，根据服务效果又可以看到自身不足之处，反过来再促进自身能力建设的不断完善。在推动中，应结合实际情况注意两方面工作的平衡和相互协同。

3. 完善自身能力建设要以服务结果为依据。为服务对象提供服务是"果"，是一切工作的出发点和落脚点，服务数量和质量可以直接反映出自身能力建设的成果，应当将服务结果作为改进完善自身能力建设工作的根本依据。

第二节　职业指导工作推动的主要内容

一、建立完善的工作体系和运行机制

（一）概念

工作体系是推动工作开展的组织系统和组织管理架构。推动职业指导工作的开展首先要做的就是建立完善的工作体系，这是第一道基本保障。运行机制是以客观规律为依据的制度化的方法和方式，是促进工作开展的制度体系，这是第二道基本保障。正是有了这两道基本保障，人们才能在工作中克服困难、冲破阻力。

没有工作体系，工作就无法正常开展，群龙无首、缺少整体布局和规划、任务无法落实到一线、无人对出现的问题负责等现象就会层出不穷。而即便有了工作体系但却没有运行机制，即没有一系列的制度作为保障，工作仍然无法顺利开展。有了好的运行机制，工作目标才会真正得到贯彻落实。显然，工作体系是框架、结构，运行机制是工作推动的支点和内部动力，两者相辅相成，缺一不可。

20世纪90年代初，我国公共就业服务机构虽普遍建立，但基本是处于工作体系不健全、制度无保障的状态。服务设施简陋、服务功能单一、服务信息匮乏，难以满足服务对象的基本需求。其工作体系不健全的最明显表现是就业服务基层平台的建设存在短板，许多城市的街道、社区没有就业服务基层平台，农村乡镇就更谈不上了。而经历了十多年的推动，公共就业服务工作体系和制度建设得到了划时代的改进和完善。如，全国各地依托省、市、区公共就业服务机构全面建成覆盖省、市、区，以公共职业介绍为核心功能的城市综合性就业服务场所，在街道（乡镇）、社区（村）建立了劳动保障工作平台，构建了公共就业服务五级工作体系[①]，并出台了与之配套的公共就业服务制度[②]，以及加强劳动保障平台等一系列制度，强化了各级政府就业服务职责，完善了公共就业服务功能，极大地促进了公共就业服务工作的发展。显然，公共就业服务工作走过的发展历程充分证明了建设完善工作体系和运行机制的重要意义和作用。

（二）主要问题

结合我国职业指导工作推动的现状，目前仍存在如下问题需要引起

---

① 中国公共就业服务自20世纪70年代末改革开放之初起步，伴随着市场经济体制改革的深化和人力资源市场培育，经历了初创、成型、发展、完善四个阶段，构建了省、市、区（县）、街道（乡镇）、社区（村）五级公共就业服务体系。

② 所谓配套的制度是指"4项制度"：失业人员登记和免费就业服务制度、就业困难群体再就业援助制度、政府出资购买服务和培训制度、公共就业服务统筹管理制度。

重视并认真思考。

一是公共就业服务体系管理体制上的局限。和许多发达国家不同，我国公共就业服务体系不是高度集中、垂直管理的，而是由各级政府进行属地管理。垂直管理的好处是可以做到各层级高度统一，工作目标容易得到贯彻落实，但其弱点是弹性差、反应不灵活；属地管理的好处是压力能够得到分担，可以调动各方面积极力量，但其弱点是各层级不容易统一、容易脱节。尽管人力资源社会保障部门的业务指导在很大程度上缓解了这个矛盾，但由于公共就业服务体系的人员和经费都由各级政府提供，再加上各地经济、人文等因素非常复杂，存在巨大差异，因此在许多情况下，国家意图的实现和总体目标的贯彻落实并非一帆风顺。公共就业服务体系在管理体制上的这种局限自然也反映在职业指导工作推动上，导致基层职业指导工作推动常处于"托管"状态。显然，工作体系上的不健全、制度上的不配套是造成这种现象的关键所在。

二是公共就业服务"综合体"运作模式的局限。从如今公共就业服务功能分布上可以清楚地看到，我国的公共就业服务属于"综合体"的运作模式，即以职业介绍为核心功能，附加职业指导、人力资源事务代理等多种服务功能模式。这种以职业介绍为核心功能的运作模式事实上对职业指导带来了"消极"影响[①]。更准确地讲，职业指导一直以来都是在公共就业服务体系下"搭车"运作的，其没有独立的工作体系，缺乏独立性。就像医院有综合性医院，也有专科医院一样。综合性医院什么科室都有，其特点是"全"；而专科医院只有一个科室，其特点是"精"，而这不同的特点正是工作体系及其制度运作的结果。显然，我国公共就业服务"综合体"运作模式，的确为职业指导工作的开展提供了天然的推动机制，但同时也直接导致其"发育不良"。职业指导工

---

① 从国家的顶层设计上并不存在"消极"。事实上，在许多国家级、部级文件中"职业指导"总是排在"职业介绍"之前。但在实际操作中，基于各种原因，人们的认识里就只有"职业介绍"了。

作在整个公共就业服务板块中，受到的重视不够、规划不足、应用无力，其潜力远远没有得到发挥。显然，出现这种情况有工作体系不完善的原因，也有制度不配套的原因。

三是职业指导在"综合体"工作体系中扮演的角色尴尬。上述两种现象实际上已经足以暴露出职业指导在整个公共就业服务工作中存在角色不胜任的问题。从本质意义上讲，没有中国就业服务工作的开展，就没有中国的职业指导，是中国就业服务工作的开展赋予了职业指导鲜活的生命和光荣的使命，职业指导终于开始走上就业服务的大舞台。但遗憾的是，职业指导在实践中始终扮演着尴尬的角色：职业指导从一亮相起就是一个"配角"，服务和被服务的两端在大多数情况下，关注的都是职业介绍，尤其是当其作为"配角"不给力、不胜任时，就更没有人注意到它的存在了。造成这种现象的原因，既有就业服务工作体系历史沿革的问题，也有因工作不规范形成的恶性循环，但归根结底还是制度不配套造成的后果。

（三）需要健全完善的内容

值得强调的是，建立完善的职业指导工作体系和运行机制绝不是摒弃现有的工作基础另搞一套。而是一方面要更加强调对现有体系和制度的充分利用，发挥其应有作用；另一方面要进一步查漏补缺、因地制宜，创造性地开展工作并加以健全完善。在工作体系和运行机制两个方面，做出进一步改进的要点如下。

一是在工作体系建设方面要配套"重点工程"制度。各级决策层要最大限度地强调职业指导工作的重要性，统一思想、统一步调、统一部署、统一运作；要配套工作领导小组制度，发挥集体智慧，调动各级各部门的积极性，形成联议联动、群策群力、共同应对的推动局面；要配套各层级、各部门工作制度，加强垂直管理力度，弥补分层管理的不足，将职业指导服务宗旨、服务纲领等进行有效贯彻，实现服务的可及性，形成上下联动、部门联动、全域推进、各司其职、各负其责的服务合力。

二是在运行机制方面要建立职业指导决策运行机制。要切实做到及时决策、解决并处理各项事宜，确保目标计划按时按量完成；要建立职业指导工作沟通协作机制，实现思想统一、协同步调，做到协作共进、解决疑难、形成合力；要建立健全职业指导工作和服务规范，帮助人们正确科学地开展职业指导，切实做到各项事宜有法可依、有章可循；要建立职业指导工作监督管理机制，切实形成组织领导有力、具体目标明确、责任层层压实、任务落实到位的工作格局；要建立完善职业指导经费保障制度，通过制度加强经费保障，提升职业指导工作的财政保障能力。具体内容详见第三章"职业指导工作体系和运行机制的构建"。

二、创建工作理念和目标

（一）概念

工作理念就是开展工作的思想。在创建工作理念的问题上应该注意两点：一是开展工作必须要先建立起指导思想，工作没有指导思想，就是盲人摸象，最终会导致工作走入歧途；二是注重工作理念，注重工作理念不是因循守旧，而是要避免陷入教条主义、形而上学，它要求根据实际情况和工作开展的需要，建立起新思想、新思维，以更好地促进工作的推动开展。

什么是新思想、新思维呢？一般而言，新思想、新思维应具备三个典型属性：一是前瞻性，即对事物发展结果具有预见性；二是导向性，即有正确清晰的方向性引导；三是实用性，即可以有效地帮助解决实际问题。例如，21世纪初，在全国范围内开展的人本服务推进就业服务"新三化"[①]的做法。劳动保障部要求各级劳动保障部门的就业服务机

[①] 2003年8月，在党中央、国务院召开的全国再就业工作座谈会上，胡锦涛总书记提出，要进一步探索和完善再就业服务的运行机制，实现就业服务体系的制度化、专业化、社会化，尽可能为下岗失业人员提供更好的服务。"新三化"由此提出。

构树立以人为本的服务理念，高举人本服务的旗帜，通过制度化解决公共就业服务长效机制问题，通过专业化解决服务水平提升问题，通过社会化解决整合服务资源、形成开放劳动力市场问题。以人为本、"新三化"等思想，就是在公共就业服务机构自身建设基本完成后，在建设公共就业服务体系的时机和条件基本成熟的情况下提出的，在当时条件下，其充分体现出具有前瞻性、方向引导和解决实际问题的新理念的本质特征。

（二）主要问题

先进的理念都是来自工作中的成功总结，结合我国职业指导工作推动的实际情况，可以清楚地看到在这方面的不足。

一是缺乏战略层次方面的总结。从大量实践中可以清楚地感受到，人们更加重视从战术层面上解决问题，例如，开展"一对一"帮扶、组织小组训练、开展团体指导等，而缺乏战略层面上的考虑。如，缺乏职业指导的推动意识、带动意识，没有认识到职业指导需要全员参与、需要调动各方面的资源、需要树立打"人民战争"的意识；缺乏整体布局运作的意识，没有注意到从全局把控、总体推进可以带来事半功倍的效果，而是各自为战、零敲碎打，甚至是打一枪换一个地方；缺乏重点突破的意识，没有充分认识到处理好一个重大事件，努力做好一个重点项目等所能带来的更加广泛、深远的积极推动效应。总之，人们缺乏战略意识，从理念上、思想上、认识上没有对工作做出更好的总结。

二是缺乏自身实践方面的总结。从实践中还可以看到，人们在战术层面上，更加看重的是对心理学、社会学等外学科的借鉴，而忽视了对职业指导自身实践的总结。例如，人们更多地强调心理测量、心理咨询方面的技术方法，而没有注意甚至是完全忽略了对不同就业群体遇到的问题实施针对性干预和支持的必要性；没有注意到针对性服务对促进职业指导科学健康发展的重要价值；没有意识到由于缺乏对职业指导自身实践规律的总结，导致职业指导始终停留在"前科学"阶段。这种现象对职业指导工作的开展来说是一种恶性循环，从本质上讲，它是导致职业指导工作推动被严重阻碍的一个重要原因。值得强调的是，随着服务对象对职业指导的帮助效果不断提出更高要求，人们已经逐渐意识到，职业指导仅仅靠"草船借箭"的时代已成为过去，职业指导要逢山开路、遇水搭桥，要有自己的"实招"和"绝招"，人们开始认真探索职业指导工作的内在规律，提出了分层指导、分类指导、分级指导等一些好的理念。但是，针对职业指导所面临的各种复杂问题和难点，这种理念上的总结远远不能满足实际需要。

（三）需要创建的工作理念和目标

上述分析表明，职业指导工作推动亟须战略、战术两个层面上的理念引领，亟须新思想、新智慧以指引人们的前进方向，帮助人们克服困难，帮助职业指导工作形成燎原之势，从而不断走向成熟。正所谓实践出真知，真正的好思想、好办法一定是在具体的工作实践中产生的。结合我国职业指导工作长期以来的实践和实际状况，这里提出两点思路：首先，在战略层面上，要通过树立推进人本服务、主抓"一硬一软"[①]、促进规范化建设、全力推进信息化、利用典型引路、坚持简单便捷、积极唤起自助、开展针对性服务等工作理念，全面促进工作的开展；其次，在战术层面上，要通过组织专项活动、打造专业品牌、实施跟踪服务、建立服务模式、总结推广案例、建立孵化机制等工作理念，深入促进问题解决。具体内容详见第四章"创建职业指导工作理念"。

三、建设服务窗口和服务平台

（一）概念

这里将服务窗口限定为线下的服务场所，将服务平台限定为线上利

[①] "硬"是指服务场所建设，"软"是指服务队伍建设。

用互联网、电话、移动通信等手段构建的数字化服务载体。例如，线下的职业指导服务窗口最典型的表现形式是职业指导工作室、职业指导角、自助指导体验中心等，线上职业指导服务平台最典型的表现形式是各种职业指导网站、微信服务号、职业信息查询网站等。

职业指导服务窗口和服务平台是为服务对象提供服务的必要场所，是探索、实践、开发、创新职业指导技术方法的核心基地，是培育职业指导专业队伍并使其不断成长进步的实践训练营，是推动职业指导工作开展的前沿阵地，更是促进职业指导规范化、专业化、社会化的孵化器。职业指导服务窗口、服务平台的建设水平直接反映人们对职业指导本质特征的理解，反映职业指导在服务理念、服务模式、技术水平、队伍素质等方面的工作状态。建设完善的职业指导服务窗口和平台是职业指导能力建设的重要组成部分，其对促进职业指导服务发展具有极为重要的战略意义。

建设完善的职业指导服务窗口和服务平台必须适应市场变化和服务对象的新需求，与时俱进。这项工作虽然看上去只是职业指导工作开展的现实需要，但其实质却是公共就业服务体系大力发展带来的新要求。服务窗口、服务平台要紧紧围绕服务对象的需求，提出新的设计理念和运营模式，提供更加人性化的服务体验；要紧紧围绕人力资源市场供求的新变化，结合服务对象的多元化、供求矛盾的复杂化、服务需求的个性化进行功能设计，提供更加细致、更加周到、更加具有针对性、更加实际且便捷的职业指导服务。建设完善的职业指导服务窗口和服务平台是推动公共就业服务发展的重要内容，对促进公共就业服务发展具有重要意义，它的建设质量和运营水准是公共就业服务工作质量的试金石，能够反映公共就业服务水平，影响公共就业服务形象，对促进公共就业服务发展具有重要意义。

（二）主要问题

职业指导服务窗口和服务平台的建设是随着公共就业服务体系的推

进而开展的，在各地共同努力下，取得了一定成效。例如，很多市、区级综合性服务场所都设有职业指导室或职业指导角，街道、社区也常常设有职业指导室、心理咨询室，而几乎是所有学校的就业指导中心都为职业指导设有专用的场地或设施，与此同时，各级公共就业服务机构都在不同程度上利用线上开辟了与职业指导相关的信息服务。但遗憾的是，当真正深入了解后，就会发现其中存在着许多亟待解决的问题。

一是缺乏统一的基本建设规范。职业指导服务窗口要建成什么样子？职业指导工作室要有什么功能？职业指导服务平台又需要如何构建？以上这些都是建设规范必须回答的问题。建设职业指导服务窗口和服务平台就像建设医院、餐厅、电影院、商场一样，都要有非常明确的规范。从大多数已建设好的职业指导服务窗口和服务平台不难看出，在对其进行建设时，是缺少基本的建设规范的。这个问题反映在两个典型现象中：首先，人们不清楚职业指导服务窗口和服务平台要建成什么样，而误认为职业指导室就是一间小屋，面积 $7\sim10\ m^2$，容得下两个人谈话就可以了，服务平台就是一个小网站或微信服务号，每隔一段时间做些"复制粘贴"的工作，发布一些就业政策信息就可以了。其次，人们不清楚职业指导的服务流程、服务内容、服务手段等，而是误认为职业指导服务就是"聊天"，只要有人进行陪聊、倾听倾诉就可以了，职业指导室摆上一张桌子、两把椅子，墙上再挂上两个镜框就可以了。显然，没有一个最基本的建设规范，其最直接的影响就是导致这些服务窗口和服务平台形同虚设。即服务窗口和平台千篇一律、千屋一面，没有服务功能、没有服务细节，而这样做的最终结果就是没有服务效果。

二是缺乏顶层设计意识。职业指导服务窗口和服务平台的设计所面临的最大、最重要、最核心的问题是做好顶层设计。这个问题主要反映在四个方面。第一，要规范一些基本服务功能，即通用的、必备的且适于大多数地区的功能。这是首先要考虑的问题，没有这个最基本的前提，就失去了顶层设计的基础。第二，要专门考虑设有延伸服务功能和拓展服务功能。延伸服务功能是指在基本服务功能的基础上，进一步细化和深化的功能，其往往是根据服务对象的特点和地区部门的工作需要专门设计的。拓展服务功能是指为了进一步满足服务对象的需要，在基本服务功能范围之外开设的新功能，其往往具有前瞻性、创新性，可视地区、队伍等现实条件而定，是积极倡导的方向。第三，要深刻分析、确认职业指导服务窗口和服务平台运行的模式，理解其在公共就业服务体系全局中的作用和定位。例如，南昌市实行的就业"大篷车"活动，设立职业指导专车，定期把岗位信息、就业指导送到市郊企业、街道社区；北京市探索多种形式的职业指导，向失业人员和各类求职者提供专业化的咨询和个性化服务；上海市设立12333电话咨询台以及时解答广大群众关心的问题，并提供便捷服务；青岛市、无锡市将就业困难人员分为ABCD四类，实行精细化的指导服务等。虽然这些不同的做法仅仅是运作模式的雏形，但在实践中，它直接决定着服务窗口和服务平台的顶层设计方向。显然，这种不问服务对象是谁，不问服务模式是什么，不问服务特色在哪里的缺乏总体考虑的服务窗口和服务平台建设模式必定是难以满足服务需求的。第四，顶层设计必须考虑到新时期、新形势带来的新要求，这些内容要在建设中充分体现或加以完善。例如，当前职业指导人员在推行的便民化服务方式中，通过完善预约服务、上门服务、集中服务、远程服务等便民措施，全面实行"一门、一窗、一网、一次"的办理模式；再如，各地推行的智慧化服务方式，加快推进基于实体大厅、网上平台、移动客户端、自动终端于一体的数据省级集中和应用，全面推进"互联网+公共就业服务"等。面临这些新的变化，职业指导服务窗口和服务平台自然应当随之联动、随之调整、随之改变，如果还停留在原始的、粗放的、一成不变的服务状态，则必定陷入恶性循环。

（三）工作重点

基于上述分析，职业指导服务窗口和服务平台的建设需要尽快解决三个问题：一是提供一个能够供参考的职业指导室的建设规范，在目标定位、功能设计、布局设计、氛围设计、设施设备设置以及日常工作运营等方面提供更加实际的建议；二是提供一个能够供参考的线上服务平台建设规范，在运营模式、功能设计、布局设计、形式设计等方面提供更为实际的建议；三是提供一个典型案例供建设参考。具体内容详见第五章"职业指导服务窗口和平台的建设"。

四、开发职业指导应用技术和方法

（一）概念

职业指导服务窗口和服务平台是职业指导人员的"阵地"，职业指导应用技术和方法就是职业指导人员手中的"武器"。只有"阵地"没有"武器"是守不住阵地的，有了武器而不知道怎样充分发挥它的作用也不行，而有了武器但不实用有效，到了对阵的关键时刻仍是要吃亏的。显然，战士手中的武器是克敌制胜至关重要的因素，之所以将开发职业指导应用技术和方法作为推动职业指导工作开展的核心内容就是这个道理。

开发职业指导应用技术和方法不仅是技术层面的问题，更重要的是它对促进职业指导健康发展具有重要意义，是推动职业指导工作顺利开展的重要手段。通过这项工作的推进，可以提高职业指导的科学性和有效性、推广先进理念和方法、提升服务效果和效率；可以交流和展示职业指导人员的工作实践和职业风采，总结和推广职业指导的先进经验和优秀成果，研究和探索职业指导的思路和发展方向；可以探索职业指导有效性的评价机制，研发相关指标，建立评估机制。总之，这项工作对推动职业指导工作的开展具有广泛的积极意义，对促进提升公共就业服务精细化能力、建立健全职业指导科学技术体系、促进职业指导人员队伍不断走向专业化等方面都具有重要的价值。

（二）主要问题

从全国范围看，开发职业指导技术方法方面的工作基础相对薄弱，这一方面是受过去就业服务粗放发展的影响，也有人员队伍专业化水平不高的原因。如何突破这一屏障，促使该项工作更广泛、更健康地开展，正是寻找问题和差距的主要动机。为了不引起歧义，这里需要澄清两个问题。

一是缺乏对现有技术方法的应用意识。就技术方法而言，如何有意识地应用并充分发挥现有的技术方法才是一种最重要、最积极的"开发"。但遗憾的是，人们在这方面还远远没有做到，其应用意识和工作基础都还处于比较薄弱的状态。例如，北京早就引进了美国职业指导专家开发的"成功求职策略"[①] 项目，虽然指导效果得到普遍好评，但对大多数人而言，这几乎像没有发生过的事情一样；再如，青岛早就开发了对失业人员实施分类指导的方法，实行精细化服务，但对大多数地区来说，这种方法至今仍没有得到很好的推广应用。类似的现象比比皆是。为什么人们本来可以通过有效的技术方法获得更好的指导效果而不去应用呢？缺乏应用意识是一个关键的原因。需要强调的是，操作不规范、宣传引导不力、训练培训不足等是导致以上现象存在的深层次原因。总之，学技术、讲方法，积极唤起人们用科学的技术手段开展工作，将现有的能够应用的技术方法分门别类地利用起来，用更有效的方法为服务对象提供服务，是最需要首先"开发"的工作。

二是缺乏对现有实践经验的及时总结。这个问题和上一个问题紧密相关，即没有对现有技术方法进行应用的意识，自然也就不会对其再进行自主的开发，做到应用是一种"开发"，而进行总结更是一种"开发"。前者是拿来主义，后者是就地挖潜。开发职业指导技术和方法离

---

① 是一种团体指导的做法。即通过团体成员间的互动，增强失业人员的自信并锻炼其求职技巧，有很好的训练指导效果，至今北京市某区还在坚持这种做法。

不开对现有工作经验的总结。就中国职业指导现状而言，最现实、最直接的技术开发策略应首先做到这两点。什么是总结？就是将工作实践中取得的好经验、好做法、好成果及时记录下来，确立其理念、明确其目标、提炼其精华、规范其内容、推广其应用，以此填补职业指导技术方法的空白。实践表明，越是源自实践的成果，就越是易于推广普及，越具有生命力。遗憾的是，对于许多地区或部门而言，有太多的宝贵经验没有得到及时的提炼整理，最后随着工作的推进而销声匿迹了。

（三）工作重点

结合上述分析，推动这项工作的重点是两个关键词：一是应用，二是总结。而要很好地实施这两个策略，就必须完成建设职业指导资源库这项具体目标。即通过职业指导资源库的建设，使人们能够轻松地获取已有的技术和方法，更好地挖掘提炼身边的宝贵经验，填补工作中的技术空白。关于职业指导资源库建设的问题，详见第六章"职业指导资源库的建设"。

五、开展职业指导人员队伍建设

（一）概念

通过建设服务窗口和服务平台，可以解决"阵地"的问题；通过开发职业指导应用技术和方法，则可以解决"武器"的问题；但如果没有解决"人"的问题，职业指导工作的推动依然要"打败仗"。相对于阵地和武器而言，人是决定性因素。近年来，我国在职业指导人员队伍建设方面做了大量的工作，取得了许多瞩目的成绩。例如，人力资源社会保障部出台了《职业指导人员职业标准》《职业指导服务规范》，促使职业指导工作从公共就业服务机构扩展延伸到学校、残联、妇联、体育、司法等各系统的就业服务机构。

职业指导人员队伍建设需要从两个大的方向入手。

一是动态方向，即抓好队伍建设的机制和管理体系。由于历史原因，多年来这个关键性问题一直没有得到很好的解决，从国家到地方、从地方到基层，始终缺少动态的、例行化运作的职业指导人员考察、选拔、培养、淘汰、使用机制；缺少包括人员资源池机制、人员区分机制、人员培养机制、人员选拔机制和人员发展激励机制五个核心内容的管理体系；没有形成以人才资源池为中心，其他四个组成部分围绕其运作的体系。自然在实践中就会出现职业指导岗位不确定，职业指导人员流动频繁、流失不断，一线人员专业化水平长期得不到根本上的提高，一些热爱且非常擅长职业指导的优秀年轻人难以接受训练培养，队伍中长期缺少带头人、领头羊，严重影响职业指导工作推进等现象。正是这种制度上的不完善，造成职业指导人员队伍建设始终停留在低水平运行的状态。

职业指导人员队伍建设在机制运行、政策导向、技术支持、经费保障等方面的不断健全和完善是一个必然趋势。在加快构建全方位公共就业服务体系的大形势下，这只是一个时间问题。值得肯定的是，一些地区已经有了新的突破。例如，成都市提出三个加强：加强公共就业服务队伍建设，合理配备专业服务和管理人员，完善工资待遇等激励保障措施；加强深入推进行风建设，严格落实各项岗位职责和纪律要求，健全监督和奖惩机制；加强职业指导人员、职业信息分析师、创业指导人员、劳动保障协理员、劳动关系协调员等专业化队伍建设，实施公共就业服务工作人员能力提升专项培训计划，定期组织示范培训和业务轮训，支持有条件的高等院校、职业学校（含技工院校）开设相关学科专业等。

二是静态方向，即深入推进职业指导人员职业化建设，全面开展队伍人力资源的培训与开发。很明显，开展队伍建设应动态与静态并举，只有两者相辅相成、相互促进，效果才会更加凸显，但是，考虑到目前动态方向的生态环境还不能满足需求的情况，应当选择的最佳策略是力争先在静态的方向上加快推进，努力抓好职业指导人员的职业化建设，为日后动态方向的发展创造条件。下文以及本书第七章将重点围绕这方面的问题开展讨论。

（二）工作重点

结合各地工作现状，这里提出两个重点推进，以供参考。

1. 重点推进职业指导人员职业化。推进职业指导人员职业化，内容主要包括三个方面。一是推进职业指导服务内容标准化。即通过对职业指导服务内容的标准化建立服务的基准、规则和要素，为队伍建设的全面推进提供基本依据。二是推进职业指导人员服务规范化。即通过规范职业指导人员职业道德和服务行为，带动队伍素质的整体提升。三是推进职业指导人员服务专业化。即针对不同服务群体的需求提升职业指导人员的个性化服务水平和能力。

2. 重点推进职业指导人员的培训与开发。职业指导人员的培训与开发是一种以学习为基础的活动，这种活动既包括有组织的训练和培训，也包括日常工作中有目的的服务实践。具体来说，应从推进策略和技术实现两个角度来开展工作。

从推进策略角度来看，主要应做好三项具体工作。一是加大力度重点培养职业指导一线人员。即针对一线人员坚持开展继续教育和培养，普及职业指导知识，鼓励其学习职业指导方法，掌握一技之长；坚持实施不断充电、不断提升的继续培训制度，更多掌握职业指导专业知识和技能，强化基本功训练，掌握新技术、新方法。二是加强优秀骨干的重点培养。即选拔那些热爱职业指导工作，有专业知识和特长，有较高职业素养的年轻人进行重点培养、重点使用，充分发挥年轻人勇于开拓、勇于实践的先锋作用。三是推行首席专家制。即在各部门、各单位推选出优秀的职业指导带头人，为他们创造更好的工作环境，开拓更大的成长和发展空间，发挥其专业特长和科研能力，带动部门的职业指导工作全面开展；同时，还要针对其开展高端人才研修培训，培养职业指导领域中既具有理论水平和实践能力，又拥有地区性经验的首席专家，打造国家级、大师级的职业指导人才。

从技术实现角度看主要涉及三个方面：一是做好培训需求分析。即通过岗位要求、服务任务、受训者意愿、能力和绩效等方面的分析，明确培训需求，设计开发培训计划。二是培训计划的实施。即通过对培训中培训对象、培训者、培训方式、培训教材等要素的分析和组织，争取最大程度上的培训成果转化。三是选择培训方法和技术。即通过有效运用各种培训方法和技术，促进受训者融入学习环境，提高学习效果。通过有效而持续的人力资源培训和开发，促进并实现职业指导人员职业素质的全面提升。

六、开展职业指导宣传工作

（一）概念

推动职业指导工作开展离不开宣传，开展职业指导宣传是推动职业指导工作最重要的内容。宣传的目的是广泛覆盖、扩大影响，更是要深入人心；宣传的本质是系统工程，是群众运动，是专业行为，是特别行动；宣传要冲锋于工作最前端，殿后于工作终点站，贯穿于工作全过程。宣传不是喊几句口号，不是转发翻印几个红头文件，更不是走过场、走形式、搞噱头。

宣传需要规模。希望利用一张海报、一幅广告牌、一本小册子、一次广播、一场报告等就想起到宣传作用是不现实的。宣传规模对提升宣传效果是一个重要的变量，所谓"规模"一般有四层含义。一是宣传的面积。宣传面积越大，就越容易引起人们的关注，覆盖人群就越多，宣传的传播效果也就越好。二是宣传的频率。宣传的频率越高，就越容易引发更多人的关注，宣传的覆盖面也会越广，宣传的影响效果就越好。三是宣传的信息量。没有信息量的宣传不会产生好的宣传效果，而适度密集的信息量对宣传效果会产生更积极的影响。四是宣传的媒介。

应用不同的宣传媒介形成立体化的宣传态势，宣传覆盖面就会大大拓宽，受众群体也会更广，从而对宣传的传播效果产生非常积极的影响。

宣传需要动态。宣传不是一次性的事件，只有不间断地、持续性地进行，才会产生积极影响。动态性是影响宣传效果的又一个重要变量。所谓"动态"主要有两层含义。一是宣传要随着事件的发展而进行。所有事件都有一个发生、发展的过程，宣传要随着事件的发展，动态跟踪、跟进报道，只有这样才能增强宣传影响和传播效果。二是宣传要随着工作的开展而进行。工作是有整体布局的，是不断发生变化的，宣传只有紧密结合工作的这些特点进行动态报道才能产生积极的效果。

宣传需要生动。只有生动活泼的宣传才会引人关注，才会深入人心，才会产生良好的宣传效果。所谓"生动"主要是指两方面：一是宣传内容要充实。宣传内容充实有用是开展宣传的基本前提，缺乏针对性、虚无缥缈、没有任何实际意义的宣传不仅不会产生积极的影响，还会产生负面的宣传效果。二是宣传形式要灵活。不同的宣传对象都有与其相适应的宣传形式，不同的宣传内容也在与适当的宣传形式配合后才会产生更好的宣传效果，更加灵活与适当的宣传形式对宣传效果往往会产生意想不到的积极作用。

（二）工作重点

综上所述，宣传工作是重要的，但做好宣传工作不是一句话就可以奏效的，而是需要培养能力素质过硬的专人负责宣传和制订宣传工作计划，并应明确信息宣传工作重点，与上级部门和电视台、报刊等新闻媒体进行沟通衔接，广泛加强宣传素材的挖掘、激励职业指导人员积极投身宣传工作等。想要结合目前职业指导工作现状在最大程度上改进宣传工作，提升职业指导宣传引导效果，建议重点解决三个方面：一是丰富宣传内容，二是搞活宣传形式，三是掌握宣传技巧。本书将在第八章通过实例对上述内容加以说明，以引导人们在实践中进行更加积极的探索。

阅读与思考

请结合本章内容，从职业指导工作推动开展的角度重点分析如下案例，并与本地实践进行比较，研讨其促进作用和积极意义。

英国的公共就业服务中心隶属英国工作和养老金部，采用垂直管理体制，分为四个层次，前三个层次主要是根据地域划分的中央、大区、次区管理机构，第四个层次是遍布全国各地的800余个具体服务场所。为了提高公共就业服务的效率并保证服务效果，对这800余个服务场所提出了两个重要的要求：

一、明确规定服务场所的10项服务功能

1. 为求职者提供空岗信息、指导求职技术。

2. 为求职者提供学习新技能、自我发展的机会。

3. 对失业者发放失业保险金。

4. 帮助失业者制订再就业计划。

5. 为有特殊困难者进行专门咨询指导。

6. 对失业3个月以上者，组织其参加求职方法座谈会和求职回顾活动。

7. 对失业6个月以上者给予进一步的指导，并组织其参加"求职者俱乐部"以相互交流、相互帮助。

8. 组织失业者为转换新工作做准备的转业训练，即"积极就业行动"活动。

9. 组织报酬由失业保险金支付的"三周试工"活动。

10. 组织提高失业者就业信心的"就业重振工程"活动。

二、明确规定服务人员的4项服务规范

1. 佩戴证章，随时应求职者要求与其进行直接对话，并对求职者保持关心、体贴。

2. 按求职者要求提供相关服务信息。

3. 公布工作规则以供监督，例如，接待求职者面谈时间最长不超过10分钟，回复求职者电话咨询等待时间不超过半分钟，支付保险金必须及时准确等。

4. 实现失业救济、就业指导和职业介绍一体化，运用计算机实现办公、服务信息化。

第02章

职业指导项目计划和运作

概述

　　以下是一个真实的案例：某公共就业服务部门为了给进城务工人员提供帮助，决定编写一本小册子，希望将务工政策、就业市场状况以及进城后遇到的各种就业和生活问题等汇编成书，让农民工一书在手、遍行天下，顺利实现就业。该部门将国家及省、市制定的有关政策等所有他们认为对农民工就业有用的信息都收纳进来，可谓是花了不少工夫。该书很快就出版，并通过有关部门下发到农民工手中，全书25万余字，装帧也很不错。照理说书编出来也送到农民工手里了，这件事情应当是大功告成了。但是现实并非如想象的那样，农民工对该书并不买账，他们抱怨这本书太厚，里面全是红头文件的复印件，许多字词都没见过，密密麻麻，根本看不懂。

针对这个案例可以提出三个问题。一是项目是成功还是失败了？回答这个问题要明确这个项目的目标是什么。是为农民工编一本小册子，还是为农民工提供有效的进城务工指导。显然，编一本小册子并不是目标，提供有效的指导才是真正的目的。从这个角度讲，该项目肯定是失败了。二是导致项目失败的直接原因是什么？很显然，是工作目标设定错误，错把"通过帮助指导使农民工顺利实现就业"的愿景当作了目标。愿景是主观愿望，是行动的方向，而目标是在方向上希望达到的结果。案例中，该部门错将"编一本小册子"当成目标，做了许多与真正目标关系不大，甚至是毫无关系的事情，又怎能不失败呢？正所谓"工作不是在结束时才失败，而是在开始的时候就已经失败了"。三是案例还说明了什么？这件事情看上去是"目标"方面出了问题，其实，还有许多现象值得深思。例如，项目执行人应当做一些调查研究，详细了解农民工的需求，了解他们的生活习惯、阅读习惯、获取信息的主要途径等；应当更加理性地分析选择什么途径才能指导农民工解决困难；应当考虑在实现目标的过程中如何避免各种风险因素，如何制订一个更完善的计划，选择什么运作模式更适于实现目标等问题。这些都没有搞清楚，结果自然是不言自明了。

做好职业指导工作需要具备职业指导和项目管理两方面的专业知识。上述案例充分说明，在推动职业指导工作的过程中，掌握一些项目管理方面的专业知识同样至关重要。本章将根据一线工作人员的实际情况，从三个方面进行重点介绍。第一节，职业指导项目计划和控制。该节重点讲述如何定义项目目标、制订实施计划、实施项目过程控制，同时学习如何营销和沟通项目，分析项目成功和失败的主要原因，以此加强学习者对项目管理科学的认识，掌握项目运行过程中的一些重要技能。第二节，职业指导项目运作模式设计。该节主要介绍项目运作模式的概念、三种项目运作典型模式、项目运作模式设计要素、项目运作模式设计流程等内容，以此帮助学习者建立在项目运行过程中，除了要遵守具体的项目管理操作要领外，还应当具有从宏观角度和大局方面考虑问题的意识。这对促进项目成功往往起决定性作用。第三节，职业指导项目计划和运作实践。该节通过介绍职业指导项目实际运作案例，进一步强化学习者的学习体验，并从操作方面令其加深对本章介绍的相关知识的理解。

第一节　职业指导项目计划和控制

一、定义项目目标

（一）项目目标的含义

1. 项目目标的概念。项目起始阶段的一个重要问题，就是明确项目目标，也就是清楚"为什么实施这个项目""项目最终要达到什么结果"。简单来说，项目目标就是项目实施所要达到的期望结果，项目目标的确定实际上就是为项目实施指明了要攻占的"山头"。这个概念可从三个方面理解。一是目标要清晰。任何项目都要解决一定的问题，而首先要说清楚解决什么问题、解决到什么程度，不能模棱两可。确定了明确的目标，就等于明确了项目成员共同努力的方向，在职业指导服务层面上还等于与服务对象建立了一种约定。二是目标要合理。任何项目所能承担的使命都不是无限的，要根据实际能够承担的任务、环境局限等客观条件，确认最终可以实现的目标。而确定了合理的目标就为项目实施打下了基础，也为最终成功提供了前提，同时，合理的目标还会对项目成员和服务对象起到一定的激励作用，这种激励作用往往影响人们的努力程度。三是目标要定义。项目目标必须要用文字表达出来并予以操作上的定义，许多项目的失败都是因为没有进行这个环节。例如，"成功求职策略"的项目目标可以定义为：为城镇长期失业人员提供为期 2~3 天的团体指导，即通过包含寻求职业线索、展示职业技能、应对求职面试、克服心理障碍等内容的互动指导训练，最终达到增强求职者自信并使其掌握求职方法的目的。

2. 项目目标的基本特征。需要指出的是，定义一个项目目标并不简单，对于许多缺少项目运作经验的职业指导人员而言，即便能够理解制定目标、明确目标的重要性，但在实践中还是难以把握。因此，就有必要进一步认识项目目标的三个本质特征。

（1）目标的多重性。一个项目的目标往往不是单一的，而是一个多目标的系统，而且不同目标之间往往相互冲突。这主要反映在以下两种情况：一是总体目标和分目标之间存在矛盾，二是项目目标与组织目标之间存在矛盾。在上面"成功求职策略"的案例中，项目的总体目标可以被认为是帮助指导城镇失业人员顺利实现再就业，而在具体的实施过程中，就出现了两个分目标，一个是增强求职自信，另一个是掌握求职方法。这里的问题是，两个分目标对总目标虽然都有贡献，但是究竟要更多地顾及哪一个分目标或者是让哪一个分目标占有更多的资源？这个问题如果处理不好，往往会直接与总体目标的实现产生冲突。另外，即便是总体目标能够实现，但在实际中，分目标往往也会与当前目标产生冲突，如该案例中组织可能会以高校毕业生的帮助指导为当前目标、可能会以发展线上指导为当前目标等。

如何解决目标的复杂性问题呢？其最基本的方法是在确定项目目标的过程中，对项目的多个目标进行权衡。实施项目的过程实际上就是对多个目标进行协调的过程，这种协调就是在总体目标和分目标之间的权衡、是在项目本身与组织的总体目标之间的权衡。值得强调的是，时间、成本、效果这三个基本要素在项目实施过程中总是存在着冲突，因此抓住这三个要素便可以帮助把握权衡的砝码。例如，要缩短时间，可能就要以增加成本为代价，而时间、成本投入的不足又会影响最终效果。在澄清目标的实际操作中，矛盾是普遍存在的，而这种理性的权衡正是做出正确选择的必然环节。

（2）目标的优先性。由于项目总是呈现为一个多目标的系统，并在不同层面上的重要性不同，这种现象自然就带来两个问题。一是决策者需要确认哪一个目标应当被优先考虑，应被赋予更高的权重。明确这一点，对项目后期的管理具有重要的指导作用。二是随着时间的推移和项目实施阶段的变化，其权重也会发生进一步的变化。例如，效果、成本、时间作为项目的三个基本指标，始终是项目实施过程中追求的目标，但是，在项目运转的不同阶段，其权重是完全不同的。在项目初始阶段，效果因素是主要考虑的目标，成本因素则是在项目实施阶段主要考虑的目标，而时间因素往往是在项目终止阶段才显现出迫切性。项目目标的优先性特征提示人们进行权衡的必要性，抓住主要矛盾、解决重点问题、随时根据项目进展做好相应的调整等策略都是处理目标优先性问题非常有益的思路。

（3）目标的层次性。定义目标需要由抽象到具体，且需要有一定的层次性。这就是说，目标是一个有层次的体系，它的最上层是总体目标，用来说明解决问题的原动力和期待结果；其最下层是具体目标，用来说明解决问题的具体行动指南。上层目标是下层目标的目的，下层目标则是上层目标的手段和途径。上层目标一般表现为模糊且不可控的，但它一定是指出了一个方向。而下层目标则表现为具体的、明确的、可测的，目标层次越低就越具体、越可控、越容易被人们理解。值得强调的是，对于项目而言，目标的具体表达通常有两个层次：一是战略性目标，也就是项目总体目标，在许多情况下，人们称其为"使命"，其通常用来说明"为什么实施该项目""实施该项目的意义"；二是项目的策略性目标，就是项目的具体目标，用以说明"项目具体应当做什么""要达到什么样的具体结果"。

在与瑞典公共就业服务机构合作过程中了解到，瑞典同行曾将公共就业服务的总体目标定义为："公共就业服务应当有助于劳动力市场的良性运转。"显然，这就是他们的战略性目标，是"使命"。为了实现这个使命，他们又列出了一系列具体的目标，例如，目标1：新近注册失业的男性和女性，在注册后90天内找到工作的比例不低于36%。目标2：为出生在海外的男性和女性提供的就业岗位每年不少于128 300个。目标3：在完成培训后90天内，找到工作的男女比例不低于70%等。显然，这些都是项目的策略性目标，这些目标与总体目标有着紧密的联系，其逻辑清晰，具体可见。认识目标的层次性特征对定义目标格外重要，这就是说，在澄清目标的过程中，不仅要认识到目标的抽象性，更要说清它的具体性，两者结合才能取得良好的效果，才能做到层层深入、层层具体、层层落实。

（二）确定项目目标

1. 问题导向。实践表明，项目目标的确定需要一个过程。在项目初建阶段，项目目标往往难以非常清晰、具体地加以描述，如何解决这个问题呢？一个最基本的原则就是以问题为导向。以"职业指导人员进高校"项目为例：有人提出要做一个职业指导人员进高校的项目，但是职业指导人员进高校需要干什么呢？是举办讲座？还是进行指导？抑或是开展技能筛查？究竟要做什么，要解决什么问题，其实很难说清楚。而这时就应当从问题导向入手，即要问：高校毕业生都遇到了什么问题？他们需要职业指导人员的哪些帮助？经过对问题的收集和排查，职业指导人员发现毕业生最需要解决的问题是信息不对称。显然这个问题的确定为职业指导人员指明了一个方向：通过职业指导人员进高校帮助指导毕业生解决信息不对称的困扰，为其顺利进行自主择业提供针对性的指导和帮助。

需要强调的是，在实际操作中，事情往往并非这样简单易行，有两种情况会对以后的项目实施带来负面影响。一是许多人相信自己知道要做什么，尤其是进行了上述简单的分析后，就更认为没有必要再花更多时间对问题做更加深入的分析，从而草率地做出决断。以上述案例为例，事实上解决高校毕业生的就业问题并不能"一刀切"，他们的问题和需求往往是多元化的，远比想象的要复杂，要真正使他们顺利实现自主择业，绝不是仅需解决信息不对称这一个问题。二是沟通不畅，作为项目的策划者没有充分地征求各方面的意见，尤其是服务对象的想法，从而常常错把现象当原因。例如，经过调查发现，上述案例中有的毕业生从表面上看是不知道怎样获取就业信息，实际上真正的问题是内部动力不足，对个人就业问题采取了退缩回避行为。毫无疑问，对服务对象问题的澄清、对需求的分析，不仅决定了项目目标的制定，更决定了项目日后是否成功。只有遵循深入实际、多方论证、缜密分析、识别根本原因等工作程序，才能避免失误。这一点是在推动职业指导工作的过程中必须牢记的。

2. 定义使命。上文已经说到，使命就是项目的战略性目标，也就是总体目标。显然，明确地描述使命，对其做出清晰的说明是再重要不过的了。没有项目的"使命"，就没有了奋斗的方向，制定决策、采取行动、利用资源等就都失去了依据。定义使命是和问题导向环节紧密联结的，不能清晰地理解问题、需求或者目的，就不能准确地定义使命，而定义使命就是要明确项目究竟要达到什么目的、解决什么问题或者满足组织的什么需要。下面介绍一种最简单的澄清使命做法，即"提问五次为什么"。这里还是以"职业指导人员进高校"为例加以说明。

第一次："为什么要组织职业指导人员进高校？"
"因为高校毕业生不能够顺利完成自主择业。"
第二次："为什么他们不能顺利完成自主择业？"
"因为他们不知如何采集到有效的就业信息。"
第三次："为什么他们不能够采集到有效的就业信息？"
"因为他们不知道采集有效就业信息的策略、途径和方法。"
"那么，职业指导人员进高校的目的就是指导他们学会采集有效就业信息的策略、途径和方法。"

"是的。"

在这个例子中，只是问到第三次"为什么"，就得到了职业指导人员进高校的目的。在此需要说明两点：一是在一般情况下，问题很少能够问到第五次，但也不排除对于一些复杂的项目，提问有必要涉及项目的全过程；二是使命就是要回答"我们将要干什么？""我们将要为谁做？"，将服务对象的问题、需求以及对项目的期待结合起来，就可以得到使命的"内涵"。

3. 定义目标。有三个理由要求在确定项目目标时必须将目标写出来：第一，写出目标可以迫使人们在自己的头脑中澄清行动的目的到底是什么，因为在许多情况下，人们其实并不太清楚自己的目的什么；第二，写出目标可以使团队中每个成员都能知道自己要干什么；第三，写出目标有助于团队成员随时纠正偏离目标的行为。

项目目标必须是明确的、具体的，应尽量用定量化的语言对其进行描述，以保证团队成员看得见、摸得着、易于理解、便于沟通，同时，还应当使每个成员确信项目目标是能够达到的，是可以据此转换或者是可以确定为个人具体目标的，使责任落实到人并起到激励作用。总之，定义目标应当遵守六条原则。

- 是与使命保持一致的。
- 是具体的、简单的、定量的、可评估的。
- 是使每个项目成员都能清楚认识的。
- 是现实的、能达到的。
- 是面向结果且结果是单一的。
- 是有时间限制的。

为了更好地理解这六条原则，有必要将瑞典同行在定义目标方面的做法再重新进行一次审视（如下），通过对照比较不难得出两个结论：一是瑞典公共就业服务机构对目标的描述是符合六条原则的；二是我国职业指导人员在实际操作中还存在明显差距，因此亟须加以完善。

> 总体目标：
> "公共就业服务应当有助于劳动力市场的良性运转"。
> 具体目标：
> 目标1：新近注册失业的男性和女性，在注册后90日之内找到工作的比例不低于36%。
> 目标2：为出生在海外的男性和女性提供的就业岗位每年不少于128 300个。
> 目标3：在完成培训后90日内，找到工作的男女比例不低于70%。

有三点注意事项非常值得强调。一是目标的确定往往存在许多困难，这就需要不断地实践—调整—再实践—再调整，直到最终真正明确要实现的目标。二是确定目标的过程往往是一个不断权衡的过程，从实际情况出发、抓住主要矛盾等都是求得权衡点的重要原则。通过群策群力发挥集体的智慧往往被认为是最有效的途径。三是目标永远是针对结果而不是面向过程的，要时刻注意防止偏向项目过程而忽视最终结果的现象出现，要建立起"结果意识"并将其应用于项目实施的各个阶段，这对最终落实项目目标具有重要意义。

二、制订实施计划

（一）项目计划书

项目计划是项目组织根据项目目标的规定，对项目实施工作进行的各项活动做出的周密安排。项目计划是项目实施的基础，就像是舰船行驶的海图和军队行军的路线图，这意味着它必须要保证有足够的信息，即满足三个条件：精细、直观、准确，这样才可以使项目由理想变为现实。有了项目目标就有了前进的方向，而有了项目计划就可以提擎全局。可见，项目计划对项目实施是至关重要的基础和依据，制订项目计划环节是不可以忽视，更不能随意省略的。所以，要先编写详细的项目计划书。

1. 项目计划书的作用。一般而言，在有了项目目标的前提下，项目计划主要涉及两个大的方面：一方面是确定为达到目标要采取的行动和行动时序，另一方面是确定行动所需的资源和比例。通俗地讲就是要解决下面五个基本问题。

（1）做什么。即任务目标，项目成员在检查项目目标如何落实时必须要回答这个问题。

（2）如何做。即工作分解，任务有大有小，但无论什么任务都要进行工作分解，以确保任务完成和目标实现。

（3）谁去做。即组织机构以及人员使用的计划，这个环节要与"如何做"环节进行综合考量，安排应尽量详细。

（4）何时。即进度安排，主要是说明每一项工作需要多少时间、在何时实施等问题。

（5）花费。即预算，即实施这一项目需要多少经费。

2. 项目计划书的形式。从项目计划制订过程的方向上看，项目计划书可分为框架性计划书、具体性计划书和修订性计划书三种主要形式。

（1）框架性计划书。这种项目计划书制订的方向是自上而下的，其任务是进行初步的工作分解，对任务进行分类设计和重要程度的评估，从而汇总出最高层的、总体性质的项目任务规划。框架性计划书最重要的作用就是可以明确项目的战略导向和工作重点。

（2）具体性计划书。这种项目计划书制订的方向是由下至上的，其任务是制订更加详细的工作分解结构图，这种结构图需要详细到为实现项目目标必须做到的每一项具体任务。具体性计划书提供了项目的详细实施范围。就好像建造一座房子，框架性计划书如同总设计师给出的"建造方案"，而具体性计划书则是各分管部门设计师给出的"施工图"，两者缺一不可，结合起来才是一套完整的"蓝图"。

（3）修订性计划书。顾名思义，这种计划书的特点是随着项目的实施而逐步制订完善。修订性计划书的作用是在已编制的项目计划书的基础上进行更进一步的健全和完善，随着项目的推进，分阶段地重新评估计划目前的进度和耗费的预算，使其对项目目标最后的时限和费用的预测更加贴近实际。每经过一个阶段（时间视项目情况，如一周、一月、一季等）这个环节就要主动地进行，以确保项目在整体上始终有一个切合实际的计划作为指导，从而实现项目的目标和质量的保障。

针对项目计划书形式的选择问题需要再强调两点：一是每一种形式在功能上都有其具体的作用，选择哪种形式应当根据工作需要而定；二是最常见的计划书形式是将框架性计划书与具体性计划书合并，这一点在下文会有更详尽的介绍。

3. 制订项目计划书。制订项目计划书主要涉及五个方面内容。

（1）确定并描述为完成项目目标所需要的各项任务或活动。这项内容完全是围绕项目目标而展开的，所以它将反映出项目计划的目的性。

（2）确定负责执行项目各项任务或活动的人员。这项内容是围绕项目的范围及任务提出的，它往往要涉及部门或机构，并充分体现项目的职能作用。

（3）制定各项任务或活动的时间表。任何项目都有它的周期，短则数月、长则数年，合理规划执行任务的时序非常重要。需要强调的是，项目环境总是不断变化的，这就使计划的实施偏离原来的基准，所以任务或活动的时间表往往需要随时调整以适应新的变化，这反映出项目计划的动态性。

（4）阐明每项任务或活动所需要的人力、物力、财力投入。项目计划是一个系统的整体，这主要反映在两个方面：一是计划中涉及不同的任务或活动，它们之间既相对独立，又相互紧密联系；二是没有资源的储备和支撑，项目实施也无法执行。这反映出项目的相关性特征。

（5）确定每项任务或活动的预算。具备了上述四方面内容，再附以预算，项目计划就形成了一个有机协调的整体。

针对项目计划书的内容还需要注意两点。一是一份项目计划书的内容一定是全面、详细的，这里提出的内容是从重点出发，实际上是在强调制定任何一个项目时这些内容都是不能回避的，否则项目实施后必定会出现问题。二是说清这五方面内容并不是一件容易的事情，应当注意克服畏难情绪和懒惰思想，坚持设计在前、计划在先，以切实保证项目顺利实施。

4. 项目计划书的撰写步骤。项目计划书的撰写分为九个步骤。

（1）定义产品。项目产品是一个广义的概念，这个概念可从两方面加以理解：一是它可以是一本书，也可以是一份调查报告，还可以是一场大赛等，其形式随项目目标而定；二是在项目实施的不同阶段中都应当有相应的产品，例如，职业指导大赛的中间产品可以是初赛、决赛，最终产品可以是总决赛。

（2）确定任务。这个环节最重要的是做好两件事：一是确定实现项目目标需要做的各项工作，二是将各项工作用"工作分解结构图"进行表述，如图2-1所示。

（3）建立逻辑关系图。确定各项活动和任务之间的相互依赖关系，在这个过程中，可以发现是否存在遗漏的活动和任务，从而使计划更加周密。

（4）确定项目小组成员。除了确定项目涉及的内、外部成员外，还要明确这些人员需要具备的能力和技能。

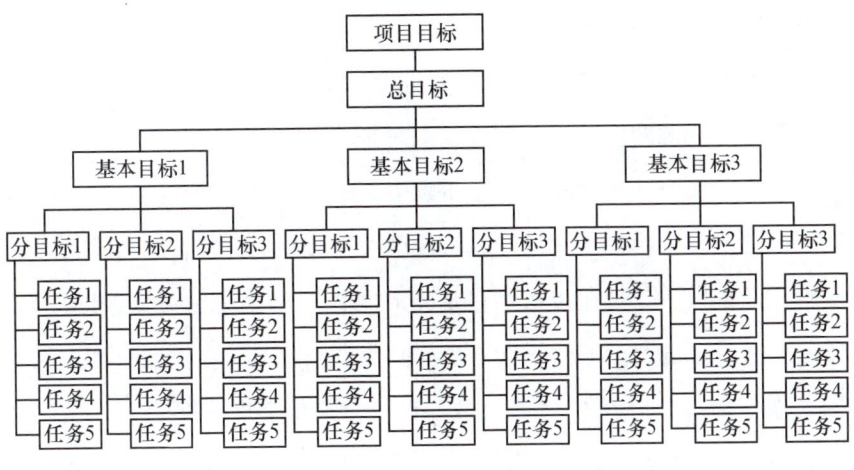

图 2-1 工作分解结构图

（5）确定项目所需的其他资源。主要是指与项目目标完成直接相关的设施设备、技术资料、情报信息等资源。

（6）估计各项活动所需要的时间。需要确定任务持续时间、开始日期、截止日期等，通过对时间的估计和安排，对任务分配进行进一步的调整和平衡。

（7）制订初步的进度计划。根据上述过程所确定的各项活动和任务的实际持续时间以及各项活动的先后顺序，画出项目的初步进度计划表，见表 2-1。

表 2-1　就业困难人员跟踪指导的初步进度计划表

活动	时间（周）											
	1	2	3	4	5	6	7	8	9	10	11	12
确定跟踪指导目标	→											
发现问题		→										
确定问题解决方案									→			
确定跟踪指导时间表、责任人										→		
实施跟踪指导并记录、反馈											→	
总结跟踪指导效果												
提出跟踪指导改进意见												

（8）重复上述过程直到完成。

（9）准备计划汇总。包括个人进度计划和任务汇总、人员在阶段上的汇总、资源的汇总、任务分配汇总等。

从上述项目计划撰写的九个步骤中不难理解以下三点。一是整个计划的撰写是对项目各要素进行缜密而理性化梳理的过程，这对项目顺利实施意义重大。二是在撰写项目计划时要注意四个关键要素，即产品、任务、资源、进度。解读好这四个关键要素，就等于在很大程度上回答了"做什么""如何做""能否做"以及"时间表"等项目所涉及的重大问题，这就能够在最大程度上避免项目出现大的纰漏。三是"九个步骤"只是一种基本方法，在实践中还要根据其基本原理和规则，结合项目的特点灵活运用，或有所增删，或有所改进创新。运用这种方法可以避免在进行项目策划时走弯路，在实践中非常有效。

（二）制定实施方案

撰写项目计划是一个围绕项目目标而展开的策划过程，而制定实施方案则是一个围绕项目执行而展开计划的过程。前者强调的是"我们要做什么"，后者强调的是"我们要怎样做""为了完成项目计划，工作应当如何展开"。更具体地讲，就是要做好两件事情：一是将工作任务进行分工，二是编制任务计划。相对前者而言，后者更加具体、详细，开展工作时更需要一丝不苟的态度。

1. 将工作任务进行分工。将工作任务进行分工的具体做法就是编制工作分解结构图。这是实施项目并创造最终服务或产品所必须进行的全部活动的清单。工作分解结构图在形式上有两种，虽然看上去它们的表现形式不尽相同，但在思路、功能上却是一样的，其目的都是将工作内容合理地分解为一项一项的任务。换言之，如果完成了其中的每一项任务，就意味着完成了全部工作，实现了目标。

（1）第一种。工作分解结构图式。典型的工作分解结构图有6级，如图 2-2 所示。

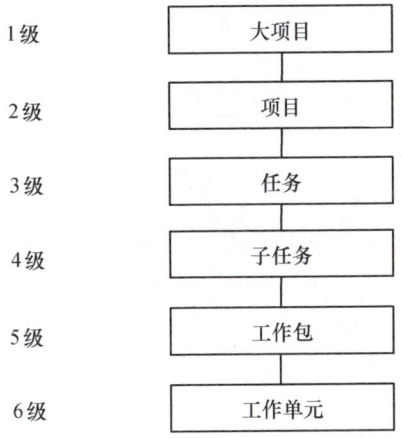

图 2-2　典型的工作分解结构图

（2）第二种。直接缩排图式，如图 2-3 所示。

```
1. 确定需求
   1.1 市场考察
   1.2 现有软件特色比较
   1.3 服务对象需求调查
   1.4 确定需求
2. 设计开发
   2.1 修改外购软件包
   2.2 修改内部程序
   2.3 修改手工操作系统流程
3. 测试
   3.1 测试外购软件包
   3.2 测试内部程序
   3.3 测试手工操作系统流程
4. 安装完成
   4.1 完成新软件安装
   4.2 培训人员
   4.3 收集使用反馈
```

图 2-3　直接缩排图

需要强调的是，若对直接缩排图式稍微进行改进，即将工作分解的内容落实到有关部门或个人身上，就可用于项目组织工作的任务分配和责任落实中，形成"线性责任表"，见表 2-2。

表 2-2　　　　　　　　编制职业指导软件的线性责任表

工作分解内容		责任人	项目负责人	就业服务人员	软件工程师	程序员
1. 确定需求			审批	负责	辅助	通知
开发	2. 设计开发		审批	/	负责	辅助
	2.1 修改外购软件包		通知	/	负责	辅助
	2.2 修改内部程序		通知	/	辅助	负责
	2.3 修改手工操作系统流程		通知	/	负责	辅助
测试	3. 测试		审批	/	负责	辅助
	3.1 测试外购软件包		通知	/	负责	辅助
	3.2 测试内部程序		通知	/	负责	辅助
	3.3 测试手工操作系统流程		通知	/	辅助	负责
安装	4. 安装完成		审批	验收	辅助	负责

（3）六点注意事项。一是工作分解层级的确定。确定工作分解层级时应灵活，并随着项目的规模和复杂程度而变化。项目工作分解层级多的可达 20 层，少的可以仅有 3~4 层。例如，同样是确定一场职业指导大赛的工作分解层级，全国性大赛就需要层级多一些，校级大赛层级确定为 3~4 级就可以了。这是因为工作层级分解得过粗可能难以体现计划内容，而分解得过细又会增加制订计划的工作量。二是制定工作分解结构应在对任务制订计划和分配资源前进行，其原因是要先确认所有要做的工作，然后才能考虑由谁来做、用多少时间、花多少费用。三是工作单元一般是指能够确定的、相对独立的工作事项，多个工作事项构成一个工作单元，多个工作单元又构成了一个工具包。工作分解的目的就是把这些工作事项找出来并分配给相关责任人，这样才能使项目落地有保障。四是要注意工作分解结构不显示工作顺序，若项目是并行或者是按照顺序进行的，则要在下文所涉及的编制项目进度计划中加以确认。五是编制工作分解结构图应当由对工作了解的人员进行，很难想象一个对职业指导工作流程和工作内容等都不了解的人能够胜任职业指导项目工作分解。六是一个关键性的问题，即工作分解层级固然对全面把

控各项活动任务有帮助,但工作层级应分解到何种程度?对此可遵循一个基本原则,即分解到确认能够管理到位的程度为止。实现这个原则的具体方法是把控"任务的工时",即任务的工时不应超过 4~6 周,对于设计或软件编程的情况,任务工时则不应超过 1~3 周。总之,要在"太详细"和"太不详细"之间做出平衡。

2. 编制项目进度计划。为什么有了项目计划和实施方案还要制订项目进度计划呢?因为要想圆满完成项目任务,就要控制并节约项目时间,这是实施项目的一个关键要素。项目何时完成、工作需要多少时间、能不能用更短的时间完成等问题都必须在事先予以明确回答,而编制项目进度计划就是做到这一点的有效手段。下面专门介绍两种制订项目进度计划的方法。

(1) 带日期的工作任务分配表。这是一种最简单的进度计划表,它的特征是将项目的一些关键活动、任务和进行的日期一并列在一张表内,见表 2-3。表中"周期"表示预计活动完成需要持续的时间,"最早开始"表示活动可能开始的最早时间,"最早结束"表示活动可能结束的最早时间。最早开始时间加上估算的周期就是最早结束时间。

表 2-3　　　　　带日期的工作任务分配表

项目名称		编制职业指导软件		
活动		周期(天)	最早开始(天)	最早结束(天)
编号	名称			
1	确定需求	10	0	10
2	设计开发	30	10	40
3	测试	15	40	55
4	完成安装	5	55	60
5	意见反馈	30	60	90

(2) 甘特图。甘特图又称横道图、条状图,图中纵轴表示活动内容,横轴表示时间,即以图示的方式,通过活动列表和时间刻度,形象地表示出特定项目的活动顺序与持续时间。使用甘特图可以使项目进度

计划一目了然,其在实践中有多种用途,如可以通过图形或表格的形式显示活动,又如可以清晰直观地显示工作进度。人们可以利用它轻松掌握哪件工作如期完成、哪件工作提前完成或延期完成、还剩下哪些工作要做等。正是由于这些特点,在项目控制管理中,甘特图成为人们最常使用的工具,如图2-4所示。

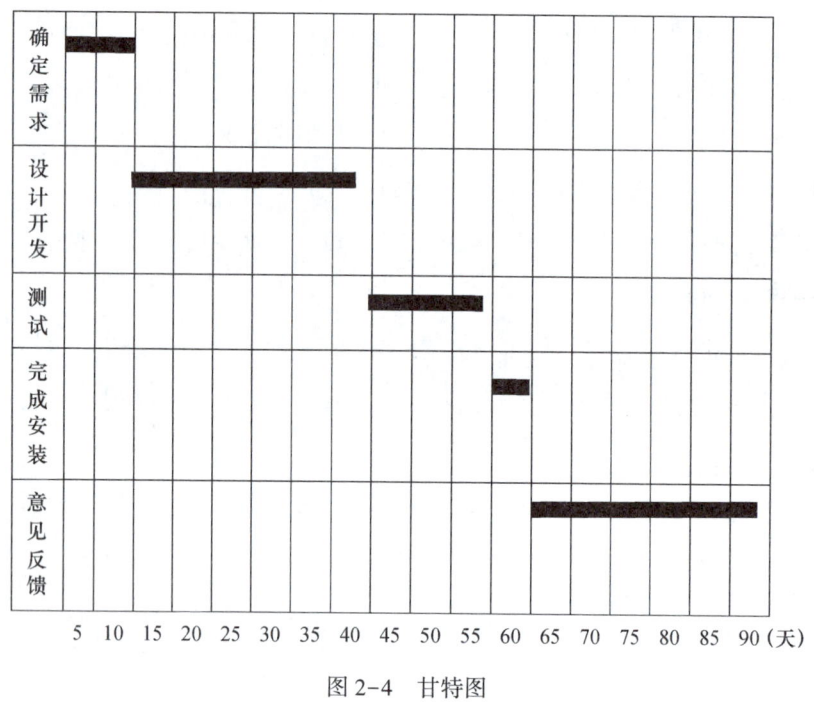

图2-4 甘特图

（3）三点注意事项。一是带日期的工作任务分配表的优点是结构简单,而且在制作过程中可以帮助人们对项目进行时间做出更精细的预判,但不足之处是不如甘特图直观。二是甘特图的优点是简单、明了、直观、易于编制,是小型项目进度计划最常用的一种工具,即便是在大项目中,它也常常作为高级管理层了解全局、安排基层进度的主要工具。但甘特图不能表示各项活动之间的关系,也不能指出影响项目工期的关键所在,所以,当遇到复杂的项目时,需要在这两个方面特别加以明确,以弥补甘特图的不足。三是选择何种方法进行项目进度计划需要重点考虑项目规模的大小、项目的复杂程度、项目的紧急性等因素,更要考虑服务对象的需求,要根据各方面实际情况综合判断。

三、项目过程控制

1. 过程控制原理。俗话说,计划赶不上变化快。在项目运行过程中,按照事先制订的计划朝着既定的目标开展时总会因为前期工作的不确定性和实施过程中多种因素的干扰,使得项目进程偏离预期的轨道。这就需要进行项目过程控制,以保证项目能按照预定的轨迹运行,按照既定的目标实现。

项目控制过程是一种特定的、有选择的、能动的动态过程。具体地讲,其由三个有序的环节组成:一是寻找偏差,二是分析原因与态势,三是采取纠偏行动。从这个意义上说,过程控制似乎并不复杂,但在实践中面对活动和环境的复杂性,能够得心应手地贯彻这三个环节并不容易,过程控制会因人、因事、因时间、因资源等因素反映出不同层次的控制强度和水平。

2. 过程控制的方法。如何才能做好过程控制呢?针对职业指导工作推动规模小、服务性强等特点,主要介绍两种方法。

(1) 制定项目控制文件。这是一种利用各种文件、报表、图表等工具实施过程控制的方法。在项目的工作范围、规模、工作任务、进度等明确后,就应当制定对项目进行控制的文件,其内容主要包括:

• 合同。合同中一般都规定了各项工作应遵守的标准及双方的责、权、利等重要内容,它是实施项目管理、跟踪和控制的首要依据。

• 工作范围细则。即项目实施过程中每一项任务的具体业务内容和工作变动的基准。

• 职责划分细则。即各个部门和个人应当负责的工作。

• 项目程序细则。即规定了项目所涉及的各项活动的步骤和程序。

• 技术范围文件。例如项目的设备清单,制定项目的依据,项目将要使用的标准、规范、手续等。

● 计划文件。即项目实施前拟定的具体工作内容和进度。例如实施计划、进度计划、应变计划等。

值得指出的是，项目控制文件的准备可以根据项目复杂程度做适当的删减或增加，同时，还要注意在项目控制过程中，及时获得正确、有效、多方面的信息以不断地修订文件中不合适的地方。

（2）召开项目控制会议。制定项目控制文件和召开项目控制会议这两种方法运用在中小型项目的过程控制中时非常有效。项目控制会议一般有定期例会、不定期专门会议和具有里程碑性质的重大会议等形式。定期例会主要根据项目的进度同步进行，如每周一次的工作小组会主要是对过去一周工作的回顾和检查；不定期专门会议在必要的时刻可随时召开，以解决一些突发事件、重要事宜等；重大会议常指项目的启动会、评审会等，主要是在项目的重要阶段或环节中召开。

召开项目控制会议需要把握三点。一是要明确主要目的，即评估过去的工作、分析当前的问题、寻找应对的策略和措施、介绍下一步的主要任务和目标。二是要回答主要问题，即目标完成情况、计划未实现造成的影响、工作何时完成、如何采取纠偏措施、何时走上计划轨道、下步活动计划。三是要避免主要误区，即不是会议开得越多越好，要防止陷入文山会海中；不是会议开得越急越好，做好会前的组织和准备才是关键；不是会议开得越长越好，做好明确会议关键人选、做好会议记录等工作，才能使会议开得既有效果又有效率。

3. 三种过程控制形式。

（1）项目检查。这是指对项目的状况、设计和工作过程进行的检查。

● 对项目状况进行的检查主要针对四个问题：一是项目范围是否正确，二是进度计划是否合理，三是预算是否适宜，四是绩效的要求是否存在问题。第一个问题检查的是靶向目标的正确与否、精准与否，第二个问题检查的是项目是否可按时进行，第三个问题检查的是经费消耗是否在约束的范围内，第四个问题检查的是预期的绩效。

- 对项目设计进行的检查主要是针对包括设计工作在内的项目，如产品、服务或软件等。对这些项目主要检查的问题是：是否达到规范，用户界面是否友好，是否有能力完成，是否是市场需要开发的产品，和事先预想的愿景、目标是否吻合，等等。

- 对工作过程进行的检查重点在于回答两个问题：一是团队成员的工作状况，二是还有哪些问题需要改进。通过这两个问题可以看出，进行该项检查的目的是提高团队的绩效。但是，如果在实际运用中方式方法使用不当，就会引起人们的反感和抵触，因为这往往会导致责任的追究、工作量的增加等，有些人甚至会因此设法隐藏错误。所以提高项目沟通水平，使人们认识到要从经验中学习、要以避免失误为重点，在检查中不用责备、少用惩罚等策略和做法是非常必要的。

项目检查需要定期进行，同时实施检查要时刻把握三个目标：一是避免项目质量出现问题；二是尽早发现开发方面的问题，以便提前采取措施，建立良好服务关系；三是提高项目管理水平，促进项目绩效提升。

（2）工作过程检查报告。这是指把项目检查的结果制作成文字说明形式的检查报告，这样做有两个目的：一是全面系统地梳理工作中存在的问题，以利于更准确地做出改进；二是与团队成员共享取得的经验，以利于调动集体的动力和智慧。检查报告主要涉及如下内容。

- 当前项目状况。即从启动以来，项目各项工作进展的主要态势、进展情况、存在的问题等。

- 未来状况。即对项目的未来状况进行预测，例如，进度、成本、绩效以及执行范围是否存在重大偏差等，如果存在偏差应说明其性质。

- 关键任务状况。即对关键任务，特别是在关键路径上的那些工作任务进行说明。例如，对项目具有重要影响的工作，对涉及组织外部而又非常重要的工作等。

• 风险评估。即对可能造成经济损失、项目失败、影响社会公众形象或造成其他风险的要素进行风险评估。

• 意外的发现。即记录并整理在检查过程中那些有价值的意外发现。

• 检查的局限。即汇总哪些因素可能限制检查的有效性、哪些假设不可靠、在检查过程中是否存在部门或人员不配合的现象等。

项目检查报告原则上应越简洁越好，制作前要事先组织好信息，制作出的报告要便于将计划与实际结果进行比较，要对重大偏差进行突出显示并予以解释等。总之，报告要实事求是、简洁明了，其中应包含对项目状况的分析、评估、改进措施和工作建议。

（3）项目评审。在经历了上述两个环节后，就可以进入项目评审这个关键节点了。项目评审就是依据项目目标，评估确定总的工作状况是否可以接受，即进一步对比原始计划，评价工作的进度和绩效，为项目状况进行定局、定格、定性，为更好地继续实施项目提供管理基础。

四、项目成功和失败的原因分析

1. 成功和失败。一般而言，项目的目标、成本、时间及技术性能实现了，就可以视为项目成功。在一些特定的情况下，有两种情况也可以算作项目成功：一是项目的技术结果非常重要，只要能够实现其技术性能就可以算作成功；二是服务对象的需求非常重要，只要服务对象满意，项目也可以算作成功。那么如何理解失败呢？一般来说，一个项目不能达到对其绩效、成本、时间、范围等定下的目标，就意味着项目失败。很显然，以上的概括可以在一定程度上帮助人们理解项目是成功还是失败。但是在实际操作过程中，仅仅靠这些描述定义一个项目成功或失败是不够的。

（1）决定项目成功的因素。如下七个因素决定项目成功与否，见表2-4。

表2-4　　　　　决定项目成功与否的七个因素

因素	决定因素	含义
因素1	协调和关系	如项目主管部门和职能部门的团结，项目团队的精神、使命感、献身精神和能力等
因素2	充分的项目架构和控制	项目计划和实施表现出充分的合理性、科学性
因素3	项目的独特性、重要性、公众公开性	对于职业指导服务而言存在良好的社会效益
因素4	成功的标准很明确并对此有共识	事先就制定了项目团队一致认同的成功标准
因素5	竞争和预算压力	这方面的压力越小成功的希望就越大
因素6	对目标实现的态度	如对目标的实现过于乐观就会影响成功，而审时度势、量力而行、实事求是的态度，往往更容易取得成功
因素7	团队的内部动力	团队积极的内部动力往往是制胜的关键

（2）"认为项目失败"的四种情况。人们普遍认为，如果出现这些情况，就可以被认为项目失败了，见表2-5。

表2-5　　　　　项目失败的四种典型情况

类型	失败	含义
类型1	未达到目标	这是最常见的失败情况，多种原因都会导致该情况发生。一般认为造成这种情况的原因，是当应采取某种行动时，没有采取相应行动
类型2	出现不希望产生的负面效应	原定目标虽已实现，但也同时带来了新问题。例如一些失地的农民得到政府的一次性补偿后，对补偿金进行挥霍
类型3	设计失败	这是一种目的性的失败。例如，对高校毕业生开设的职业指导课程在他们遇到实际问题时并未起到作用。一般认为，这是由于虽然提出了正确的问题，但在设计上却没有采用正确的解决办法
类型4	目标不合适	即采取行动解决错误的问题。例如，对某些本就没有就业意愿的高校毕业生提供就业岗位

2. 导致失败的主要原因。无论是讨论成功和失败的概念，还是探讨失败的类型和原因，都是为了争取成功、避免失败。有 12 个普遍的导致失败的原因值得高度重视并加以预防。

（1）没有界定清楚问题。项目是以问题为导向的，是根据问题制订计划来解决问题的，而如果事先就没有界定清楚问题所在，就等于立错了靶子，即为一个错误的目标制定了一个"正确"的解决方案。

（2）计划基于不充分的数据。这种情况本质上是事先缺乏调查研究，摸着石头过河，走到哪、干到哪。例如，就业困难群体状况相对复杂，如事先不进行深入了解，掌握更详尽的情况，则帮助指导效果必定会受到影响。

（3）单纯由计划人员编制计划。由计划人员编制计划是必要的，但是如不能汲取集体的智慧和经验，往往就会导致项目出现重大失误。

（4）无人负责。主要是指项目负责人的角色事先没有设定好，或者是"多人挑担"，抑或者是在组织系统内其角色没有被团队成员接受。总之就是没有人真正对项目负责，项目计划的实现往往因此落空。

（5）项目计划基于最理想的猜测。主观臆断、闭门造车往往是导致项目失败的一个主要原因。

（6）资源计划不充分。例如，要对失地农民进行帮助指导，就必须考虑在基层由谁为他们提供专业化的指导，没有一个周全的资源计划就等于纸上谈兵。

（7）不认同自己是团队中的一员。项目的目标总要分解为各项任务，这就需要一个团队去完成，当团队中有人不认为自己是团队的一员时，这个任务就难以执行。没有共同努力、缺乏必要的沟通和交流等都会造成混乱，项目就可能因此搁浅。

（8）项目人员经常更替或撤换。职业指导工作需要带头人，需要有具有丰富相关经验的指导人员，经常更换这样的人员必定会导致工作停滞。

（9）项目计划缺乏细节和深度。制订项目计划可以帮助人们更加理性地梳理项目的各个方面，但缺乏细节和深度的计划不仅无法预测潜在的问题和困难，而且无法避免项目执行时出现失误。"粗放"的计划只能导致冲突和计划变更，这不仅会动摇人们的信念，还会带来更多的失误。

（10）项目未按计划进行。出现这种问题的原因主要有两个：一是计划可能过于粗糙或者不明确，导致没有人愿意执行；二是人们不习惯执行一个过于详尽的计划，尤其是在遇到问题时往往先乱了阵脚，以至于把制订好的计划抛在脑后。不论是哪一种原因，实际上都是对计划的控制力存在问题，就像是长途跋涉时走了一些弯路，之后索性把地图扔掉而盲目行进。这种做法显然对避免项目失败没有任何好处。

（11）忘记了初始目标。过于追求完美、中途改变思路、节外生枝、不顾全局等做法，都会使人们忘记当初要做的是什么。在执行项目的过程中，非常有必要不断地审视并监督项目及各项任务，若发现偏离方向要及时纠正。

（12）项目决策层拒绝接受现实。决策层在项目的进行过程中遇到了不可抗拒的困难，但仍然固执己见、固守教条，这往往会导致更加严重的失败。

第二节　职业指导项目运作模式设计

一、项目运作模式的概念

（一）基本概念

项目运作模式的基本概念可通过三个重要关键词加以理解。

1. 概念性工具。项目运作模式是一种包含了一系列要素及其关系的概念性工具，其专门用于阐明项目的运作逻辑。它描述了项目所能为服务对象提供的价值，以及组织的内部结构、合作伙伴关系、资源和资本等能够实现这一价值并产生可持续效益的要素。这包含了两层意义：一是将项目运作模式视为一种概念性工具以帮助人们理解和把握实现项目目标的本质特征；二是项目的价值取向、实现价值的各要素及其关系是要明确的重要内容，显然，这可以为人们学习借鉴提供重要的线索。

2. 整体解决方案。项目运作模式是为实现服务价值最大化，把项目运营的内外部各个要素整合起来，形成一个完整的、高效率的、具有独特核心竞争力的运行系统，是通过最优实现形式满足服务对象需求、实现客户价值，同时使系统达到持续获取目标目的的整体解决方案。这里需要强调三点：一是将项目运作模式视为实现项目目标的整体解决方案的说法看上去虽然与"模式"的概念有些不吻合，但其"具有独特核心竞争力"的描述，比较清晰地反映了项目运作模式设计的本质；二是强调问题解决、高效率、实战性正是讨论项目运作模式的根本原因；三是其涉及了价值取向等各个要素，从这一点来看人们的想法是一致的。

3. 基本原理。项目运作模式可以作为组织如何创造价值、传递价值和获取价值的基本原理。这里表达了两层含义：一是将项目运作模式视为一种组织实现价值的原理。这就要求我们在讨论"运作模式"时，必须要说清楚是什么"原理"或"逻辑"以使组织实现项目目标；二是强调设计项目运作模式的目标就是要创造价值、传递价值、获取价值，这对讨论下面的内容格外重要。

总之，项目运作模式作为概念性工具，可以帮助人们提升理论认识、总结完善实际操作过程中的做法；作为整体解决方案，可以使人们的注意力集中在如何创建一个具有独特核心竞争力的运行系统方面，在应用实践上无疑具有重要的意义；作为一种基本原理，可以精炼概括地指明项目运作模式设计、讨论实际操作的关键思路和方向。上述三种说法为更加深入地理解项目运作模式这一概念提供了重要的线索。

（二）核心要素构成

如何分析一个项目的运作模式，如何评价一个项目的运作模式的优劣，重点要看项目运作模式的核心要素及其构成。这里介绍群体细分、服务主张、服务关系、核心资源、关键活动、重要合作六个要素，每一个要素都有其内在含义。

1. 群体细分。这个要素主要用来回答诸如"我们为谁创造价值""谁是我们最重要的帮助对象"这类问题。这类问题是项目运作的核心问题，失去可以获得利益的服务对象，服务就没有了存在的意义。但是，服务对象群体的构成是复杂的，如高校毕业生、进城务工人员、城镇失业人员、失地农民等，而不同服务对象群体存在着不同的需求、不同的行为和其他不同的属性（如对他们有不同的帮助渠道等）。所以，设计项目运作模式必须对这些群体进行细分，定义出一个或多个，或大或小的细分群体。换言之，作为项目的发起人，必须决定项目应当满足哪些人的服务需求，又应当忽略哪些人，而这正是设计项目运作模式最重要的前提。作为项目的策划者，若能看到服务对象的不同需求，就等于看到了不同项目运作模式的功能作用。从群体服务需求的角度可以将其细分为五类。

（1）普通服务需求。这是指聚集于一个大范围的服务对象群组具有的普遍意义的服务需求，即服务对象具有大致相同的需求。例如毕业生对面对面职业指导的需求。

（2）专门化服务需求。这是一种小众的、需要特殊定制服务才能满足的需求，是只有一小群具有相似兴趣或需求的服务对象的专属需求。为满足这种需求而提供的服务包括，对"千人计划"中归国高级人才的咨询指导、对特殊就业困难群体的帮助指导服务等。

（3）区隔化服务需求。这是有着相似之处、被细分为同一类服务对象的群体存在的，在细微之处略有不同的需求，这就是所谓区隔化的服务需求。例如高校毕业生对就业信息提供的需求是一致的，但由于院校、学科、地域等因素的不同，又有着不同的细微需求和困扰。

（4）多元化服务需求。这是需由多样化服务，以完全不同的服务主张来满足的，不同细分群体的服务需求。例如不同就业群体对帮助指导服务的需求。

（5）多边服务需求。这是两个或更多的相互依存的细分群体存在的服务需求。为满足这种需求而提供的服务如公共就业服务机构既要为求职者提供帮助指导，还要为用人单位提供帮助指导。

2. 服务主张。这个要素是专门用来描述为服务对象创造价值的产品和服务的。它要回答的问题是"我们该向服务对象传递什么价值""我们正在帮助服务对象解决哪一类难题""我们正在满足哪些服务对象的需求"。从这些问题来看，"服务主张"就是服务的一种定位，即必须要解决服务对象的哪些困扰，满足他们的哪些需求，才能让他们真正得到实惠，才能让他们紧紧地依赖于服务提供者。服务主张通过迎合细分的服务对象群体需求来创造价值。价值可以是定量的，如服务频次、服务速度；也可以是定性的，如服务体验等。结合职业指导服务的主要特点，服务主张应当朝着五个方面做出努力。

（1）新颖性。这是指通过提供服务对象过去从来没有接受过的服务或获得过的产品，满足他们从未意识到的全新需求。例如，江西南昌的就业"大篷车"[①]、湖北宜昌的"23 ℃人社服务专项行动"[②] 等。

（2）性能。这是指通过改善产品和服务的性能创造价值。例如，职业指导服务越具有针对性，服务对象就越会产生"黏性"。从传统意

[①] 江西南昌市职业介绍服务中心，曾经以就业"大篷车"的形式开展主动服务，他们走出服务大厅，进学校、进社区、进企业将政策咨询、职业指导等服务送到服务对象身边，得到了人们的广泛认可。

[②] 在医学上，23 ℃是人体可感知的最舒适温度。湖北宜昌在全市人社系统实施的"23 ℃人社服务专项行动"其理念可以概括为：服务是基础，舒适是核心，解决问题是关键，大大提升了人民群众的获得感和幸福感。

义上讲，提升服务的性能是创造服务更大价值的最普遍方法，也是最应当做的。

（3）定制化。这是指以满足个别服务对象或客户细分群体的特定需求来创造价值。职业指导服务的个性化就是这一服务主张的具体体现。

（4）把事情做好。这是指针对服务对象那些简单而又平常的需求而去创造服务价值的做法。例如，职业指导人员的微笑服务、贴心服务等。这些服务看上去很平常、很简单，但它却是使服务对象产生获得感、满意感的重要因素。

（5）便利性/可用性。这是指通过使接受服务更便利或使服务可用性更强的方式创造价值。例如，搭建线上职业指导平台，使服务对象通过线上的职业指导就可以解决实际问题，而不需要前往服务大厅耗费大量的时间。

3. 服务关系。为服务对象提供服务必须要根据其特点，与其保持特定类型的服务关系。有了互相适应的服务关系，服务的提供才可以顺利进行。根据职业指导服务的特点，需要了解三种类型的服务关系。

（1）个人助理。这种关系类型基于人与人之间的互动，即服务对象有问题可随时找到能够帮助他的人。例如，人社部门的12333呼叫中心，就业困难群体"一对一"职业指导帮扶等都属于这种类型。

（2）自助服务。这种关系类型往往不存在固定的服务与被服务关系，而是通过为服务对象提供自助服务保持服务关系的存在。但这种服务关系的保持必须为服务对象提供自助所需的所有条件，否则会大大影响服务关系的稳定。例如，当服务对象想要查询工作信息时发现自助查询机的查询功能存在使用困难、缺乏有用信息等情况时，他就不会再去选择这种查询途径。

（3）社区服务。"社区服务"可以包含线上、线下两种形式。其意义是通过社区的形式与服务对象建立一种更为深入的联系，并促进社区成员之间的互动，促进成员之间交流知识和经验，并解决彼此存在的问题。例如，学校中设立的职业指导社团和职业指导人员线上设立的职业指导微信群都可以认为是一种社区类型的服务关系。

4. 核心资源。每个项目运作模式都需要核心资源，它是令项目有效运作所必需的最重要的因素，正是因为有了这些资源，才使服务组织能够创造和提供服务主张、接触服务对象并与他们建立关系。不同的项目运作模式所需要的核心资源会有所不同，例如，为高校毕业生提供的职业指导服务需要线上的职业指导服务平台，而为失地农民提供的职业指导服务会更需要社区里有经验的职业指导人员。核心资源一般可以分为三种。

（1）实体资产。如职业指导设施设备等。

（2）知识资产。如职业指导工具包等。

（3）人力资源。如高级职业指导人员、首席职业指导专家等。

5. 关键活动。要实现项目目标必须做好哪些事情？关键活动要素就是用来回答这个问题的。正如核心资源一样，关键活动也是创造和提供服务主张、接触服务对象、建立服务关系的基础，其内容也会因项目运作模式的不同而有所不同。一般认为关键活动必须做到两个方面。

（1）提供产品/服务。这类活动往往涉及产品的保质保量生产或服务的提供，这是项目运作模式的核心。如果在这方面"失守"，就意味着整个项目都会遭到重创。

（2）问题解决。这方面的活动是指要为个别服务对象的问题提供新的解决方案。例如，对于大多数就业困难人员而言，为其提供就业机会是一个普遍的解决方法，但对于家中丈夫患病在床需要照顾的妻子来说，仅仅为她提供就业机会是不够的，她需要在挣到钱的同时还能照顾丈夫。

6. 重要合作。这一要素往往被认为是项目运作能否成功的基石。通过开展各种重要的合作可以优化项目运作、降低失败的风险、获取更多的资源，这对于职业指导工作的推动而言更加重要。一般认为合作关系可分为三种类型。

（1）在非竞争者之间的战略联盟关系。双方认为存在共同的战略目标，可以共同为之努力、携手合作、共同实现。

（2）在竞争者之间的战略合作关系。双方认为合作可以实现共赢，比起竞争会得到更好的效果。

（3）为开发新业务而构建的合作关系。双方可以优势互补，在合作中实现共同成长。

对上述核心要素的介绍重点反映了两个方面：一是项目运作模式都是由这些要素构成的，一个项目运作模式包含的这些要素越多，就越能显示其推广价值，也越能促进项目的运作成功；二是所有要素实际上都在一致地表达一个"逻辑"，即只有将这些要素"镶嵌"到项目运作之中，使其体现出整体、严谨的考虑和设计，才可能令服务对象感到满意，才能促使服务对象产生获得感、幸福感。

（三）核心要素的"梯形画板"和"树状表"

面对项目运作模式六方面的核心要素，以及各个要素中存在的相对复杂的含义，在实际操作中非常需要找到一种方法以轻松地描述、简明清晰地反映、科学严谨地评估运作模型。而核心要素的"梯形画板"和"树状表"为满足上文提出的要求提供了可能。其可作为一种方法，或更准确地讲，一种工具，有效地帮助把握运作模式的六方面核心要素，清晰地反映它们之间的关系，有条不紊地将各个要素进行缜密评估和设计。由于其表现形式十分直观，即便是经验不足的人也能轻松地理解其复杂的内涵。

1. 项目运作模型核心要素的梯形画板图，如图2-5所示。

梯形布局及其各要素所处的位置表达了要素之间的关系、要素的作用等重要信息，有必要结合图2-5进行几点说明：

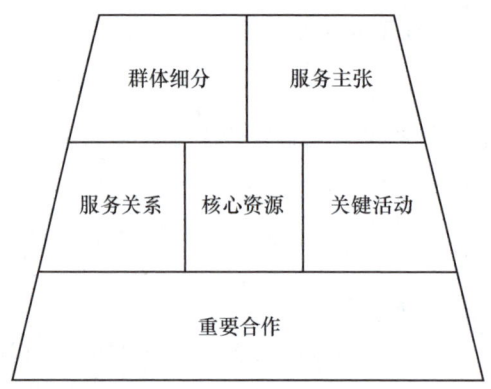

图2-5 项目运作模型核心要素的梯形画板图

（1）"重要合作"放在梯形图的最下方，表明其具有基石作用，尤其是针对职业指导工作推动而言更是有必要加以强调。

（2）"群体细分"和"服务主张"放在梯形图的最上端，表明这两个要素是需要首先考虑的问题，同时还表达了这两个要素之间不可分割的性质，即只有在群体细分的前提下才能提出相应的服务主张，而服务主张必须迎合细分群体才能创造更大价值。

（3）"服务关系""核心资源""关键活动"这三个因素放在梯形图中间，表明它们对特定服务群体的服务主张起到了基础性作用，若缺乏对这三个方面的考虑，即使是再好的主张也难以实现。

（4）整体的"梯形"图中各要素由上至下所处的位置，进一步反映了当需要对运作模型进行分析评估时应当遵循的路径，这个路径的先后顺序在设计项目运作模型时非常重要。值得强调的是，为了能够更加熟练方便地应用这个工具，最好能够熟记这个图形，将其深深印在脑海之中。

2. 树状表。树状表主要用来进一步反映项目运作模型核心要素的更加细致的具体含义，见表2-6。

表 2-6　　　　　　　项目运作模型核心要素树状表

序号	要素	具体含义
1	群体细分	普通服务需求
		专门化服务需求
		区隔化服务需求
		多元化服务需求
		多边服务需求
2	服务主张	新颖性
		性能
		定制化
		把事情做好
		便利性/可用性
3	服务关系	个人助理
		自助服务
		社区服务
4	核心资源	实体资产
		知识资产
		人力资源
5	关键活动	提供产品/服务
		问题解决
6	重要合作	在非竞争者之间的战略联盟关系
		在竞争者之间的战略合作关系
		为开发新业务而构建的合作关系

二、三种典型项目运作模式

事实上，项目运作模式应当是动态的、多种多样的。这里专门介绍典型项目运作模式主要有三个目的：一是为读者提供一些项目运作模式的标准形式；二是帮助读者对项目运作模式的相关概念进行更加深入的比较，从而便于理解并加以应用；三是鼓励读者结合职业指导工作的实际情况，在此基础上结合新的灵感，实现工作方式的探索创新。在此介绍三种典型项目运作模式。

（一）免费型模式

1. 一般概念。所有的服务供应方，不论其提供的服务是免费的还是收费的，都有一个共同的愿望，就是希望更多地吸引服务对象并能够得到充分的认可。而免费型的项目运作模式就是利用"免费"这一手段达到这个目的。换言之，这一模式的服务主张是希望通过免费以吸引更多的服务对象，这是它的本质特征，而公共就业服务运作模式就属于这种类型。利用"核心要素"提供的线索可以更加深刻地理解这一模式。

（1）群体细分。该模式实际上是针对普通服务需求提出的，它要做的就是通过压低服务成本，提供最具普遍意义、最基础的服务，以满足服务对象的那些大致相同的需求。从这个意义上讲，这个模式最大可取之处就是可以吸引广大的服务对象，这正是人们在实践中将其广泛应用的原因。但同时也要看到，由于追求运作模式的"免费"，就要求其服务必须要"低成本"，这就自然对满足专门化、区隔化、多元化的服务需求造成约束，除非可以找到补充成本消耗的来源。

（2）服务主张。该模式不排斥任何有利于服务对象的主张，但从实际运作的情况上看，其主要的努力目标还是尽量把事情做好、提供更加便利有效的服务。因为做到这些不太受"低成本"因素的影响。而"低成本"的局限，就又会引发一个问题，即通过对服务对象细分后，会发现许多服务对象更需要的是服务的新颖性和定制化，但是若要坚持这样的主张，自然就会需要更多的成本支出，这无疑是一种挑战。而职业指导的"免费"服务面临的正是这种挑战。

（3）服务关系。该模式要求必须实现自动化和低成本，与此同时还要能够满足大量服务对象的需求，只有这样才能很好地保持服务关系，显然，这就决定了自助服务成为该模式下最佳的选择。但是问题并非如此简单，自助服务关系建立的前提是必须要为服务对象提供自助所需要的所有条件，否则会大大影响服务关系的稳定。在实践过程中，有太多的例子都表明这绝不是一件容易的事情，若存在缺少有用的信息、没有必要的反馈、流程过于复杂等缺陷，往往会导致人们对自助服务态度冷淡。

（4）核心资源。作为实体资产，互联网为这个模式提供了广阔的运行空间；作为知识资产，多媒体技术的发展又为它减少了极大的输出成本。正因为有了这些资源，与服务对象接触并与他们建立关系得到了基本的保障。但这并不等于所有的问题都得到了解决，成本颇高的人力资源仍然是这个模式想要扩面时遇到的一个瓶颈，由于缺乏优秀的人力资源，免费的产品和服务都会受到限制。与所有的免费服务一样，职业指导服务同样遇到了这样的问题。

（5）关键活动。提供产品和服务并解决问题是关键活动的内涵，所有的运作模式都不能脱离这个基本点，这当然就给免费型模式提出了巨大的挑战。这就是说，服务一方面要提高质量，另一方面还要追求低成本，在许多时候，由于这对矛盾未能很好地解决，从而导致了项目运作模式的差强人意。值得强调的是，虽然"免费"的本质特征带来了一系列的问题，但也不能削足适履，放弃提供有效服务的价值主张，更不能舍弃问题解决的核心理念。弥补模型的这个缺陷要通过改变思路、改变策略加以解决。

（6）重要合作。这个要素为该模式摆脱由免费所带来的窘境提供了多种可能，如与非竞争者形成战略联盟关系、与竞争者形成战略合作关系、为开发新业务而构建的合作关系等不同的合作形式不仅能够很好地解决免费型模式的困境，还能形成优势互补，使合作双方实现共同进步和发展。

2. 在职业指导工作中应用的可能。通过上面的分析可以看到，免费型模式有许多优点，例如运行成本低、能够满足大批量的定制服务等，但同时也暴露了由于"免费"而带来的一系列问题，这可以用一句话来表达，即"凡是需要花钱的地方都显得很无助"。提供新颖、定制化的服务、获取优秀的人力资源、不断更新产品和服务、提供更加个性化的问题解决方案等，都受到了"免费"的束缚。非常遗憾的是，我国公共就业服务采用的就是免费型模式，而上述所涉及的问题在职业指导工作推动中都遇到了。所以，这是一个不能回避的问题，必须要想方设法加以解决，而同时还必须做到两个坚持：一是坚持免费服务，因为这是公共就业服务的本质特征之一；二是坚持公共就业服务以人为中心的服务理念。以下三点思路为职业指导工作规避免费型模式带来的局限提供了可能。

（1）可以通过建立多边平台与服务对象保持持续的接触和服务关系。例如，在同一个线上平台上，有面向高校毕业生的就业指导服务，还有面向用人单位的人力资源指导服务，也有面向各类职业教育和培训机构的培训课程推荐服务。这种多边而又相互吸引的服务平台可以在很大程度上解决服务对象对服务需求的"黏性"问题。这一点在下文"多边平台型模式"中进行详细介绍。

（2）可以通过建立各种合作关系，形成优势互补，提升服务产品的数量和质量。例如，公共就业服务机构可以提供场所，而一些具有优势的民营人力资源服务机构可以提供人力资源专家和相关技术，在双方合作的基础上，针对毕业生的具体问题开展职业指导；再如，公共就业服务机构可以利用多边线上服务平台与高校及科研机构开展合作，开发新的服务产品，形成服务对象得到了新服务，科研机构对接了广阔市场，高校解决了毕业生职业指导服务这样一举三得的良好局面。

（3）重点推动线上-线下相结合的自助服务。力争共性问题，如就业信息查询、政策指导等，在互联网上得到解决，在最大程度上做到简单问题在线上自助处理，这个过程主要解决细分人群的共性问题；针对细分人群个性化需求可以集中优势力量线下解决，这个过程不仅可以满足定制化要求、缓解成本压力，还可以反过来更好地维系服务关系。线上-线下相结合的自助服务是未来发展的必然趋势，就目前我国职业指导发展的情况而言，在这方面具有极为广阔的发展空间。

（二）长尾型模式

1. 一般概念。长尾（the long tail）这一概念最早由美国学者克里斯·安德森（Chris Anderson）提出。他认为，在商业运作中，企业的销售量不在于传统需求曲线上那个代表"畅销商品"的"头部"，而是那条代表"冷门商品"且经常被人遗忘的"尾部"，长尾模型如图2-6所示。可以从四个方面理解长尾型模式的特征。

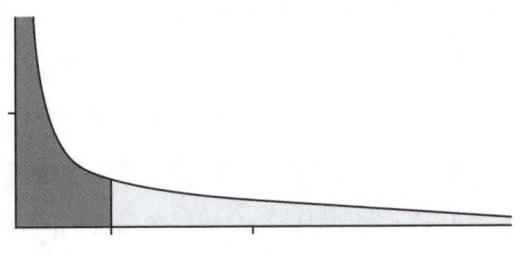

图2-6　长尾模型示意

（1）长尾型模式重"尾"不重"头"。关注重要的人或重要的事是人们普遍的做法。从图2-6可以看到，"深色部分"代表"头"，"浅色部分"代表"尾"，在大多数情况下，人们只关注曲线的"头部"，而将处于曲线"尾部"，需要更多的精力和成本才能关注到的大多数人或事忽略掉。但是长尾型模式向人们证实"尾部"的作用是不可忽视的，尤其在网络时代，由于关注的成本大大降低，人们有可能以很低的成本关注正态分布曲线的"尾部"，关注"尾部"产生的总体效益甚至会超过"头部"。例如，某世界知名的网络广告商，它没有一个大客户，其收入完全来自被其他广告商忽略的中小企业。"涓涓细流成大海"讲的就是这个道理。安德森认为，网络时代是关注"长尾"、发挥"长尾"效益的时代。

（2）长尾型模式的本质特征是多样少量。该模型要唤起人们关注长长的"尾部",这个"尾部"实际上就是缝隙市场,就是更广泛的细分服务群体的个性化需求,这种需求的特点是多样而量少。换言之,这些细分的小群体虽然人数不多,但他们的需求却是刚性的,事实上这些群体并没有被服务好,当他们在面对无限多的选择,真正想要的东西和想要取得的渠道都出现了重大的变化时,长尾型模式自然就派上了用场。结合职业指导而言,缝隙服务带来的效益不亚于 VIP 式的重点服务,它为职业指导服务多样化开展提供了非常好的思路。

(3) 长尾型模式应用于网络媒体如鱼得水。这主要是来自三个深层次原因。一是媒体制作工具的大众化。如今任何人都可以录制唱片、拍摄视频、编制一些简单的软件,这为缝隙产品的制作提供了空前的支撑。二是推广渠道的大众化。互联网使数字化产品的分发和推广简单易行,为缝隙产品服务于更广泛的群体提供了渠道上的优势。三是连接供需双方的成本几乎为零。推广缝隙产品或服务最大的问题是找到潜在的服务对象,如今强大的搜索和推荐引擎、用户评分、兴趣社区等线上工具已经大大降低了供需双方连接的难度及成本。显然,这三点优势如果能很好地应用于线上职业指导,将会为职业指导服务带来翻天覆地的变化。长尾型模式所涉及的更加个性化的服务涵盖了更多人的需求,基于此,会有更多的人意识到这种需求,从而使个性化服务不再无人问津。换言之,它可以促进服务对象的自生成,可以建立在服务对象自生成的基础之上。

(4) 透过"核心要素"可以看到长尾型模式的四个特点。一是在群体细分上,它专注于对服务对象提供具有个性化的缝隙产品或服务。从某种意义上讲,这就意味着要面对全部的服务对象。二是其主张提供宽泛的产品或服务而非覆盖面相对狭窄的拳头产品或服务,但要特别注意的是,这两种产品或服务是可以共存的。三是其服务关系依赖于互联网、依赖于其广泛的缝隙产品和服务、依赖于其个性化的服务主张,这三个依赖构成了该模式运行的坚实基础。四是其核心资源是平台,其关键业务则是对平台的开发和维护，以及对缝隙内容的获取和制作。由于这些工作非常繁重，绝非一家企业可以胜任，于是与专业的供应商形成合作伙伴，就成了运作该模型的重要条件，同时它还能引导服务对象自生从而提供缝隙服务。

2. 在职业指导工作中应用的可能。长尾型模式与互联网、数字化、新媒体技术的发展进步伴生共存，职业指导工作推动自然也不能离开这一大的背景。如何理解长尾模型、信息科技、职业指导这三者之间的关系呢？可以将它们形象地比喻为：长尾模式是一艘"舰船"，信息科技是舰船的"动力"，职业指导则是船上装载的"货物"。显然，在学习理解长尾模式这艘"舰船"本质特征的过程中，可以看到职业指导这一特殊的"货物"完全有可能借船出海、乘风破浪、远航万里。以上内容可归纳为两点。

（1）引入"长尾"思想，为职业指导拓展服务范围提供了两种可能。一是长尾模式关注于缝隙服务，力求多样少量，这实际上就是面向更加广泛的服务对象，从客观上拓展了服务范围，延伸了服务深度，较好地解决了职业指导个性化服务这一老大难问题。二是秉持"长尾"思想所带来的更加丰富的产品和服务会吸引更多细分服务群体的关注，还会促进服务对象自主自生成现象出现，形成更有针对性的个性化服务的良性循环，从长远看，这对完善职业指导服务，以及促进自身的技术发展都具有极为重要的意义。

（2）利用长尾型模式可以为职业指导线上服务提供三种解决策略。一是将平台的开发作为重中之重，更加深入应用互联网、新媒体技术等，从总体战略上实现多方面、多层次数字化产品和服务的大幅度增长。二是全面广泛地与专业院校、机构开展合作，开展同业交流和信息成果共享，通过这些合作保障缝隙产品和服务的持续性开发。为了更好地实现这个目标，将该模式与多边平台型模式组合运作会取得更好的合作效果，下文中就这一点进行专门介绍。三是前两个策略的实施为拓展传播渠道提供了基础，传播渠道的顺畅又为职业指导服务更广泛的推广提供了保障。进一步利用服务对象自主自生成缝隙内容、匹配线下服务支持等措施都将使渠道的通达性更为理想。显然，创建更加丰富的服务资源、有效拓展维护服务渠道等方面始终是运行线上职业指导服务的瓶颈，而长尾模式所带来的解决方案无疑对突破这一瓶颈带来了希望。

（三）多边平台型模式

1. 一般概念。将两个或者更多有明显区别但又相互依赖的细分服务群体集合在一起，是多边平台型模式的基本策略。如智联招聘就属于多边平台型模式。实施这一策略有三个重要的原因：一是只有将相关服务群体同时集合在一个平台上，平台才更容易产生价值；二是利用多边平台促进服务群体互动可以更好地实现和创造价值；三是如果多边平台不断提升自身的价值，就可以实现吸引更多服务对象的目的，从而形成网络效应。

运行多边平台型模式需要三个重要的前提。一是平台上某一细分群体服务需求的满足需要依赖于这个平台"其他边"的用户数量。例如，在求职网站上，求职者的需求能否被满足取决于用人单位的数量，而用人单位的数量越多就越会更多地吸引求职者。二是不断地为"一边"细分群体提供免费服务，使服务关系保持稳定，以便更好地吸引相对另一边的细分群体。例如，通过对求职者提供免费服务，满足他们的需求，使更多求职者依赖平台的服务，能吸引更多用人单位参与进来。三是选择平台的哪一边作为"主边"，采用什么方法吸引这一细分群体，使他们能持续地保持服务关系是问题的关键。

可见，运行多边平台必须回答三个问题：一是靠什么为平台各边吸引到足够数量的服务对象；二是究竟哪一边的服务对象对提供的服务更加敏感；三是敏感一边的服务对象其长期服务成本靠什么来支付。下面利用"核心要素"工具分析并回答这些问题，同时对这个模式予以更深入的理解。

（1）群体细分。多边平台型模式强调的是争取两个或更多的相互依赖的服务群体，利用它们的依赖关系来满足服务对象各自的需求。这些需求可以是普通服务需求，也可以是区隔化的、多元化的服务需求。这就是说，多边平台型模式既做到了低成本，满足了服务对象大致相同的需求和问题，还大大拓展了细分服务市场，吸引到了更多的服务对象。需要指出的是，多边平台型模式这一独有的特点在最大程度上弥补了免费型模式的不足，因此，巧妙地将免费型模式和多边平台型模式结合使用会大大提高项目运行的效果。

（2）服务主张。随着项目的不同需要，运作模式的服务主张应随之改变，这主要是由项目目标所决定的。但是，不论情况多么复杂，多边平台型模式所选择的服务主张都必须遵循两个规律。一是一定要首先面对"主边"服务群体，并且一定要在最大程度上，通过新颖性、定制化的服务吸引住"主边"人群。这是该模型运作的基本保障，因为"其他边"的服务群体只有在看到"主边"群体存在时才会在平台上聚集。二是仅仅满足"主边"的需求是不够的，运作这个模型还要在满足主边群体的前提下，对其他边群体提出不同服务主张。这种策略的最大好处就是可以提升多边之间的依赖关系，显然，这对多边模型良好运行具有决定性作用。

（3）服务关系。从这个模式的特点上看，它并不要求必须做到自动化和低成本，它可以线上线下兼顾，可以从不同的运作模式中获得成本的补充，所以，作为服务关系的个人助理、自助服务、社区服务它都有条件去实施，但显然个人助理和自助服务（尤其是自助服务）这两种服务关系的保持是最重要的。

（4）核心资源。多边平台型模式离不开互联网，所以其最重要的实体资产资源就是以搜索为基础的设施，例如，算法、分类、框架设计、关键词等技术开发成果和资源都是保障客户良好体验的关键。作为知识资产，更多的是可以为多边细分人群的不同服务主张提供有用有效的产品，从而最大限度保持住良好的服务关系。值得指出的是，由于该模式存在解决成本消耗的可能，因此它支持线下优秀人力资源的引入，这样一来自然可以为更好维系服务关系、实现服务主张提供强有力的支持。职业指导工作的推动应当针对这一点进行创造性的探索和实践，这对职业指导工作的长期发展具有重要的战略意义。

（5）关键活动。除了要在提供产品和服务与问题解决方面做出努力，该模型还有一项关键活动，即针对引进优秀人力资源的成本补贴建立来源渠道，在市场运作的前提下这并不是问题，在模型的初始设计中自然就会将这项活动考虑进去。但是在非盈利性服务，甚至是免费服务的背景下，这项活动就必须得到高度重视。显然，多边平台型模式独有的"多边细分群体"的特点，为解决这个问题提供了可能。这里顺便介绍一下合作要素，运作多边平台型模式时，这个要素并非重点，但这并不等于该模式排斥合作要素，合作毕竟可以使道路更宽，使资源更丰富，使成功的可能性更高，尤其在多种模式组合运作的情况下，重要的合作很可能会成为运作的关键。

2. 在职业指导工作中应用的可能。多边平台型模式对推动职业指导工作至关重要，其应用价值绝不亚于上述两种模式，这主要基于两个方面。

（1）多边平台型模式的"多边"特征非常适宜职业指导运作，其主要表现为两点：一是职业指导服务存在多种细分服务群体，其多元化的服务需求不可回避，与各类服务群体保持持续性的服务关系是非常困难的，而多边平台的创建在运作设计的本质上就解决了这个老大难问题，多边的群体细分、多边的服务主张、多边的相互依赖等要素都起到了维系服务关系的关键作用。二是多边平台型模式主要依赖互联网，利用线上平台是它的主要表现形式，职业指导工作在未来的主要业务就是发展线上运作，而多边平台型模式几乎是所有的特点都在最大限度上满足了职业指导工作的需要。

（2）多边平台型模式既可以和免费型模式进行组合，也可和长尾型模式进行组合，还可以将三者合并在一起，这对职业指导的工作推动极具操作价值。其与免费型模式的组合，既保留住了免费型模式的低成本运行、能够满足大批量定制服务的优点，同时又可以很好地解决免费型模式在成本方面的不足，为进一步开发新产品、不断更新产品和服务、解决个性化问题等提供很好的支持；而其与长尾型模式的结合，又可以利用长尾型模式的特性，更好地细分服务对象，提供定制化服务，这对推动职业指导工作而言是再重要不过的了。

基于对上述三种模式的分析，可以最终得出两点结论。一是三种模式各有所长。免费型模式以通过廉价低成本的运行满足普通服务需求为基本特征；长尾型模式以提供丰富产品，实现定制化作为重要服务主张；多边平台型模式则以创建多边细分群体共聚的平台为主要手段。这些重要的思想和策略，对推动职业指导工作具有极为重要的应用价值。二是三种模式可以组合运作。结合各个模式的长处以及存在的局限，结合工作实际灵活运用、巧妙组合、扬长避短正是创造性地开展工作的基本策略。

三、项目运作模式设计要素与流程

以上内容介绍了项目运作模式的概念以及三种典型的项目运作模式，这些内容已经充分说明了项目运作模式对推动职业指导工作的重要意义和作用。但是，具体到如何创建一个项目运作模式，只有这些知识还远远不够。这主要是因为创建一个项目运作模式有两个难点。一是由于实际环境千变万化，项目运作不可能始终保持静止、单一的状态，它必定要随着实际情况的变化而改变，在项目如何运作的问题上，人们只能是面对多种机会和可选项做出抉择和判断，而做到这一点并不容易。二是项目运作模式涉及多要素、多方面，情况非常复杂。要回答怎样才能很好地把握服务对象的真正需求,怎样才能有创造性地开展工作,怎样才能将错综复杂的现象进行精确梳理等问题,几乎对所有人来说都不是一件容易的事情,人们迫切需要一种简单方法帮助其快速理清思路、做出决定,以少走弯路、少犯错误。下面将从项目运作模式的设计要素和设计流程两个方面进行介绍,这些内容可以帮助人们克服工作难点,实现项目运作能力的提升。

(一)项目运作模式设计要素

1. 洞察服务对象。以服务对象为中心,用服务对象的视角看问题是设计项目运作模式的指导性原则,但在实践过程中,人们却往往忽略了服务对象的观点,从而丧失了成功的机会。这样讲并不意味着服务对象怎么说就怎样做,完全按照服务对象的思维设计项目运作模式,而是要求在设计研讨运作模式的时候,把服务对象的思维如他们关心的焦点和愿望等融入其中,这些内容融入得越多,理解得越深入,创新成功的可能就越大。要做到对服务对象彻底理解,可以从四个方面着手。

(1)与服务对象深入交流。利用各种机会广泛接触服务对象,广泛深入服务对象所处的环境,进行实地考察,开展调查访谈。越是重大的项目越需要更高频率、更广泛深入的交流,将与服务对象的交流作为日常工作重要组成部分。创新运作模式不是简单地询问服务对象需要什么,与其聊家常,而是要建立在对服务对象深刻理解的基础上。

(2)与了解服务对象的人员开展合作。充分地与了解服务对象的人员进行交流,以从侧面获取服务对象更加充分的信息。在必要的情况下,也可以和专业人士展开合作,例如,要了解毕业生的需求,可以专门邀请职业生涯规划师、社会学家、就业服务专家等一同组成调查组。

(3)学会分辨服务对象。在许多情况下,要学会分辨服务对象,分清应当听取哪些服务对象的意见,又应当忽略哪些人的意见。项目运作模式的设计要避免过于聚焦现有的细分群体，更要瞄准新的和需求未被满足的细分群体，很多项目运作模式的创新成功正是因为它满足了新的服务对象未被满足的需求。

（4）学会转变设计视角。在设计模式时，一般有两种思维模式：一种是从自己的角度出发考虑问题，另一种是从服务对象的角度出发考虑问题。要设计创新的运作模式必须要从"自我视角思维"转变为"服务对象视角思维"。下面是两种视角思维的比较。

①自我视角思维：

- 我们有什么可以提供的服务？
- 我们如何才能更有效地接触服务对象？
- 我们需要与服务对象建立什么样的服务关系？
- 我们怎样才能让服务对象满意？

②服务对象视角思维：

- 我们的服务对象需要什么？而我们又能如何帮助他们？
- 我们的服务对象的愿望是什么？而我们又能如何帮助他们来实现？
- 我们的服务对象的日常习惯是什么？我们该如何更好地适应他们的日常习惯？
- 我们的服务对象希望我们与他们建立起什么样的服务关系？
- 我们的服务对象会对什么样的服务感到满意？

2. 构思新的可能。结合服务对象的需求，模仿一个现成的运作模式相对要简单一些，但是如果紧贴实际情况，提出新的创意、筛选好的构思、构思新的可能，进而设计出一个新的运作模式，就会面临很多困难。克服这些困难需要掌握三个技能。

（1）组建多样化的团队。实践表明，最佳的创意构思并不是来自那些有创造倾向的个人，而是来自具有创造能力的团队所进行的集体实践。若能召集到多样化、跨项目、跨行业的团队成员，就意味着为创造新模式的工作打下了一个重要基础。这主要是因为项目运作模式涉及多方面、多要素,只有代表各领域的人员都来出主意、想办法,最终方案才能够经得住实践的检验。召集多样化的创新团队成员应遵循六项原则。

- 来自不同的业务部门。召集的团队成员应尽可能涉及项目运作模式六要素的各个环节。
- 年龄不同。不同年龄团队成员的思考方式、着重点都不尽相同。
- 具备各自所从事工作领域的专业技能。每个团队成员都应当非常了解自己所从事的工作领域,并有深刻的理解和领悟。
- 有不同层次的资历。遵循这项原则保证了团队可收集到从管理层到操作层各个环节的信息。
- 有不同的工作经验和阅历。每个团队成员的不同经验和阅历保证了不同视角的存在,从而保证了创意的多样化。
- 来自不同文化背景。事实上,任何一个项目都是在多元文化的背景下进行运作的,团队成员的不同文化背景可以使项目在创意设计的过程中就代表了人们的不同愿望和想法。

在明确了这六条原则的前提下,就可以考虑组建团队了。但是还要强调两点:一是要保证对这些引进人员进行相应的培训,例如主动聆听、积极思考等;二是要专门选出一位德高望重,对项目目标具有深刻理解,又善于协调、善于引导大家进行讨论的主持人。

(2)利用"构造块"产生创意。构造块的概念可以通过图2-5得以了解,该图勾勒出了运作模式的三个"构造块":一是产品/服务构造块,含有"群体细分"和"服务主张"两个要素;二是服务基础构造块,含有"服务关系""核心资源""关键活动"三个要素;三是协作构造块,主要是指"重要合作"要素。这三个构造块就是创新运作模式的"驱动器"和"初始点"。"驱动器"是指通过这三个构造块推动思考,激发创意;"初始点"是指以三个构造块为思考的原点,沿着这个方向提出创意。换言之，所有创意都可以通过这三个构造块加以带动，都可以从这三个方面逐一进行思考。

首先是从产品/服务构造块的角度思考探索创新，这个环节的具体操作步骤分为两步：第一步，建立新的价值主张；第二步，利用新的价值主张带动其他构造块的改进。其次是从服务基础构造块的角度思考探索创新，通过改进服务关系、组织核心资源、拓展关键活动，讨论是否可能转变原有的运作模式，并形成新的创意。最后是从协作构造块的角度思考探索创新，通过改变合作模式影响或改变运作格局。可以说，这三个方面中的每一个方面都可能成为运作模式改变的起点，每一个方面都可以对其他构造块中的要素产生强大的影响。这也正是该项技能能够帮助人们找到新创意的关键。

(3) 利用头脑风暴产生创意。头脑风暴一般是指在融洽和不受任何限制的气氛中，以会议形式进行的研讨。参与者积极思考、畅所欲言，充分发表看法。头脑风暴的目的是使参与者无限制地自由联想和讨论，以产生新观念或激发创新设想。成功的头脑风暴应当遵守四项规则。

• 保持聚焦。应当明确围绕服务对象需求，从对当前问题的精确表述开始讨论，不要让讨论跑题太远，要始终围绕问题本身。

• 保持澄清。头脑风暴的过程实际上是一个问题接着一个问题进行澄清的过程，在澄清问题时，要严格遵守三点。一是延迟评判。对各种意见、方案的评判必须放到最后阶段，此前不能对别人的意见提出批评和评价。二是鼓励畅想。应创造一种自由、活跃的气氛，使参与者的精神得到放松，从而激发其自由畅想、各抒己见。三是一次一议。除对问题提出自己的意见外，还要鼓励参加者对他人已经提出的设想进行补充、改进和综合，强调相互启发、相互补充和相互完善。

• 保持思考可视。应当自始至终将所有的研讨内容记录下来，并让每位研讨人员都能够直接看到，记录下的内容可以写在纸上，也可以用便利贴贴在墙上，还可以利用投影仪直接投放在屏幕上，相较而言最后一种方法更为简便实用。

● 事先做好准备。要求所有的参与者事先做一些必要的准备工作，如了解与讨论主题相关的知识、开展实地考察、和服务对象进行讨论、查阅资料等。

（二）项目运作模式设计流程

简单来讲，项目运作模式设计流程可以分为三个阶段，即酝酿准备阶段、抉择尝试阶段、执行演化阶段。这里需要说明三点：一是这三个阶段并不是绝对按部就班进行的，在许多情况下，其往往是同步进行的；二是这三个阶段并没有把所有的事情都包含在内，它只是在一定程度上给出了一个实施的方向和线索，避免误打误撞导致失去路径和目标；三是三个阶段都少不了"尝试验证"，只有通过不断探索和试运行，才能知道哪些构成要素具有实用价值，哪些已经过时了，从而设计出更符合实际的模式。

1. 酝酿准备。酝酿准备阶段有两个目的：一是为成功设计项目运作模式做好准备工作，二是研究和分析项目运作模式设计所需要的元素。实现这两个目的需要把握三个环节。

（1）讲述构思。将新项目运作模式的构思如同讲故事一样进行多次的讲述，若发现没有讲清楚的、不能自圆其说的、错误的地方，应进行更正直到满意为止。通过讲述构思，可以在思路还不清晰的情况下，快速地理清思路、发现问题。

（2）构造块描述。按照前面介绍的构造块及其每一个构造块所涉及的要素，一一进行系统的描述，说明创新项目的动机，解释设计每个要素的目的，分析要素设计以及对全局可能带来的各种影响，发现问题并进行研讨和补充。

（3）创建设计环境。所谓设计环境是指设计前期必须要做到全情投入，创建设计环境应做到三点：一是确认服务对象、技术和环境；二是收集信息、访谈专家、洞察服务对象，研究潜在服务对象、进行情景推测，研讨新的模式的可能性等；三是归纳整理服务对象的需求和问题。所有这些都是进行新设计必须做到的基础和前提。

2. 抉择尝试。抉择尝试阶段有两个目的：一是构建和测试可行的项目运作模式方案，并挑选出最佳的方案；二是在实际环境中尝试性地实施新的运作模式。这需要处理好两个环节。

（1）归纳整理想法。把所有的想法和思路都进行梳理和归纳，将其转化为项目运作模式的初步方案。同时针对方案进行反复的研讨和论证，开展探索和测试，最终选出最符合目标要求的项目运作模式设计。这个环节关键要做好两件事。第一件是原型制作。即将各种零散的想法和因素整理成一份文件。第二件是评估原型。即反复研讨和论证模式原型，比对传统模式，寻找创新点，找出不足，提出改进和完善意见。

（2）实施新的项目运作模式。在相对小的、可控的范围内，实施新的项目运作模式。在试验的过程中，应当把握好三个原则：一是尽量按照事先的设计程序进行试验，以便于发现问题症结；二是在最大程度上征集一线的意见，以便新的模式最终能够真正落地；三是做好改进和完善的各项准备，所有成功的项目运作模式都是在不断改进和完善中形成的。

3. 执行演化。这个阶段是项目运作模式设计的最终环节，也常常是决定项目运作是否成功的关键环节。其目的是结合服务对象等各方面的反馈，调整和修改项目运作模式。这需要建立管理架构并持续不断地监督、评估、调整和改变项目运作，在项目实施过程中应坚持不断地提升效能、坚持不断地提升水平和质量、坚持不断地改进完善。直到这一步，一份成功的项目计划书才真正得以形成。

第三节　职业指导项目计划和运作实践

什么是职业指导项目？设计一间职业指导工作室、编撰一本职业指导教材、开展一场职业指导大赛、组织职业指导师进校园等，都可以称为职业指导项目。总之，职业指导项目是为创造独特的职业指导产品、服务或成果而进行的临时性工作。下面以"推动劳动预备制职业指导的试点项目"为例，提供一份完整的项目计划书，以供学习和参考。

一、职业指导项目计划书实例[①]

关于劳动预备制职业指导的试点项目计划

一、目的

（一）为进一步落实《中华人民共和国职业教育法》在职业学校、培训机构开展职业指导，全面提高受教育者素质的精神，扩大职业指导的实施范围和应用领域，加强职业指导的功能作用，提高劳动预备制人员就业竞争意识和能力，为开展学校职业指导工作摸索经验。

（二）将现有的职业指导工作理念、技术方法等成果，向承担劳动预备制培训的职业学校、培训机构进行推广，同时根据学校职业指导的特点，进一步开发更有针对性的技术成果，为大规模开展预防性职业指导做好充分的技术储备。

二、项目实施范围

（一）在三个省选取30~50所承担劳动预备制培训的职业学校和培训机构，对其在校学生进行2~3年的职业指导。

（二）在项目实施城市选择10~15家公共职业介绍服务机构共同开展职业指导。

---

① 为了便于学习，此处对原稿的部分信息进行了删节。

（三）项目实施人员为在校专职就业指导教师、专业课任职教师以及公共职业介绍服务中心职业介绍和职业指导人员。

三、项目目标

（一）通过指导使劳动预备制人员具备足够的就业前心理准备，具备良好的就业竞争意识、品质和职业道德，掌握职业行为规范，重点掌握求职过程中的基本技术和技巧，以使其提高就业竞争能力，促进其个人职业生涯的发展。

（二）促进职业指导与职业培训的紧密联系，探索两者之间的有机结合，总结新方法、新手段，最大限度地将职业指导贯穿于劳动预备制教育教学的各个主要环节中，提高学校培训机构服务质量，积极促进中等职业教育改革。

（三）探索建立职业学校、培训机构和公共职业介绍机构协作机制，促进两部门之间的联系。一方面，以市场为导向，实施有针对性的就业援助，提高毕业生就业率，促进职业学校、培训机构市场竞争力的提高；另一方面，协助公共职业介绍机构建立中等职业技术人才资源库，扩大其影响，充分发挥公共职业介绍的功能作用。

（四）开发出一套完善、实用、具有可操作性的职业指导计划，开发出一系列与这套计划配套的教材，为职业学校和培训机构培育出一支能够适应本项目开展的职业指导队伍。

四、项目成果

（一）劳动预备制人员职业指导训练大纲（模块式）。

（二）劳动预备制人员职业指导训练计划。

（三）劳动预备制人员职业指导工具和丛书（不少于40万字，正式出版物），共约12~15种。

（四）劳动预备制职业指导运作模型（工作网络建立、管理、实施、评估等）。

（五）试点单位职业指导人员职业资格培训和鉴定（不少于150名

职业指导人员获职业指导师资格证书)。

（六）建立劳动预备制职业指导工作网站。

（七）劳动预备制职业指导报告书（通过部级鉴定）。

五、项目运作

（一）项目运作模式

由部主管部门负责组织推动，同时作为部级课题立项，以科研课题项目形式运作。项目涉及的职业学校、培训机构和公共职业介绍服务中心作为劳动预备制职业指导实验基地，并作为项目成员，项目成员可挂牌。按照项目计划，结合项目成员单位实际情况，分头、分步组织实施。根据实际进展状况进行阶段性总结，并评估、修正原方案。最终由部主管部门组织项目鉴定，在更大范围内进行推广。

（二）项目内容设计原则①

1. 参照现行《技工学校职业指导教学大纲》，根据学生入校时间，将职业指导内容划分为若干单元，所有训练单元均具有独立性，但应存在有机联系。指导内容有必修单元也有自选单元，学校培训机构可根据自身条件和进度需要进行灵活组合，以满足分头、分步实施的需要。指导时限为两学年。

2. 所有指导内容均以"活动"为主要形式，以"训练"为主要特征，最大限度上防止说教式指导。内容设计应符合学生的心理发展特征，生动活泼、重点突出，富有启发性，寓指导于情境训练中，寓指导于生动的活动中。设计要采取多种形式，体现创造性。

3. 所有指导内容设计均应紧密联系实际，完全从实战出发，防止流于形式、脱离实际。同时要求职业指导渗透到教学的每一个环节中。

4. 强调分类指导，提供个性化支持，小步子实施，尤其要加大跟

---

① 此部分内容重点体现了服务和价值主张，是项目运作是否能够顺利进行、是否能够创建良好服务关系、是否形成特色的重要保障。

踪指导的力度。

5. 教会劳动预备制人员做人和做事是劳动预备制职业指导的一个重要的主题，应渗透进职业指导全过程。

6. 建立学校职业指导网站，提供更广泛的服务，以促进经验交流和技术传播。

六、项目指导大纲内容（略)

七、项目时间安排

拟于＊＊＊＊年＊＊月底召开试点启动会。项目实施总时间为三年，具体内容和时间进度安排如下。

阶段	工作内容	时间
准备阶段	选择项目成员、召开试点启动会、制定技术方案、签订项目协议书等各项准备事宜	略
重点开发阶段	重点完成职业指导计划以及计划前、中期运作急需的技术开发，针对项目所涉及的有关技术进行开发并进行阶段性总结	略
重点实施阶段	项目采取边开发边实施的方式进行，在这一阶段中，完成项目后期有关技术的开发并组织研讨	略
评估阶段	对项目进行全面的总结和评估，组织鉴定，做出推广方案	略

注：此时间表随项目启动时间顺延。

八、项目组织实施

（一）由部成立"劳动预备制职业指导试点推动领导小组"，制定小组成员名单（略)。部行政主管部门负责行政推动，部技术主管部门和省级主管部门负责项目策划、组织协调和相关技术开发，项目成员单位共同参与相关技术开发，并负责具体实施。

（二）项目成员按照自愿申报原则，由部审核，经批准可作为项目成员。项目成员参与相关技术开发时，将结合其实际能力进行分工，分阶段实施。项目成员应遵守共同承诺积极开展协作，主动交流沟通，相互支持、相互配合，共享技术资源，保证项目的整体圆满运作。共同签署《开展职业指导积极促进就业项目书》（略）。

九、经费（略）

二、项目工作分解模型样例（如图2-7、图2-8、图2-9所示）

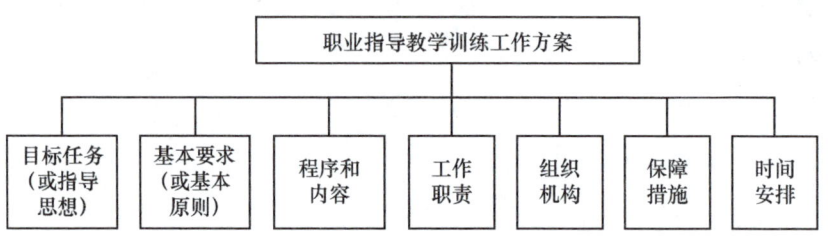

图2-7 推动学校职业指导教学训练项目的总体工作分解示意图

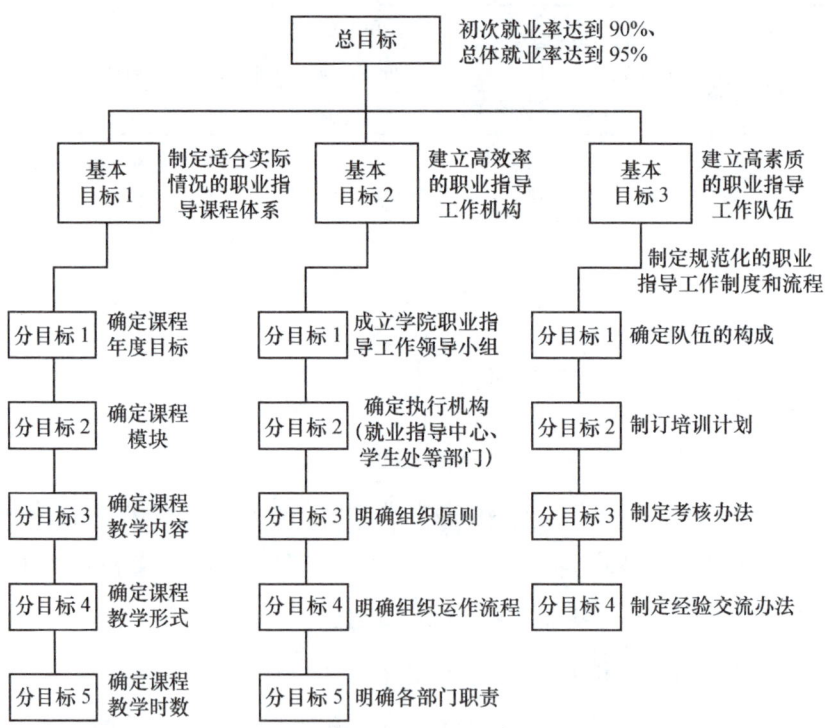

图2-8 推动学校职业指导教学训练项目工作分解示意图（A）

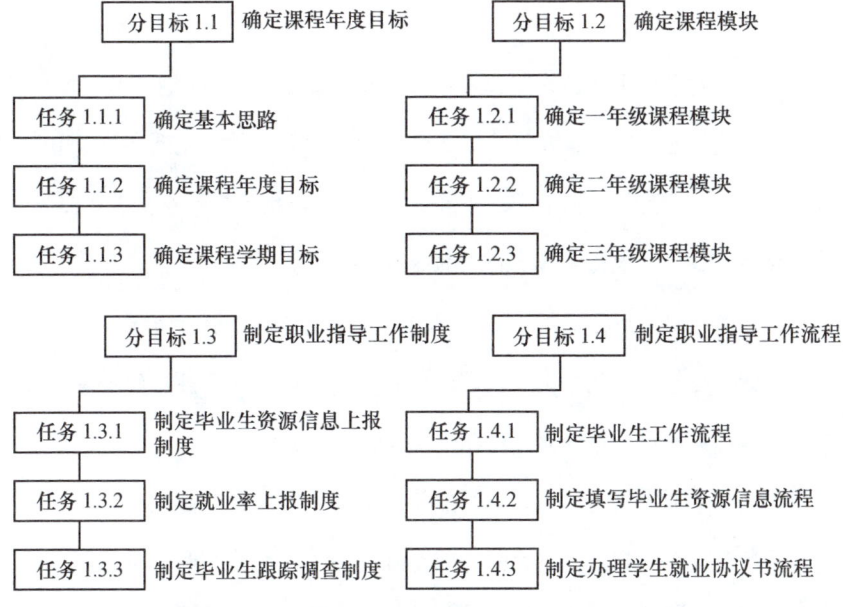

图 2-9　推动学校职业指导教学训练项目工作分解示意图（B）

阅读与思考

请结合项目运作模式的核心要素，针对案例中甲、乙、丙三个地区在开展职业指导人员进高校项目的不同做法进行讨论分析，指出存在的问题，并提出改进的建议。

案例：针对职业指导人员进高校项目，某市级公共就业服务机构发现有甲、乙、丙三个区级人力资源服务中心率先采取了行动。甲地区的做法是派三名高级职业指导师在学校举办了数次讲座，然后就偃旗息鼓了。乙地区的做法是首先到学校了解过去毕业生的就业情况，并请学校给他们提供优秀毕业生名单，然后又找到当地几家著名企业的负责人和人力资源专家，在和这些人深入讨论后，他们和学校方面共同拟定了以下行动方案：首先请优秀毕业生现身说法，讲述自己在毕业后的就业经历和重要经验；同时请企业方面的代表介绍行业、企业的现状和未来发展，以及对入职人员的职业要求等；并且由公共就业服务高级职业指导师专门介绍劳动关系建立、劳动维权等方面的案例和政策。丙地区的做法是与学校签订了一份合作协议，协议规定由公共就业服务机构与学校共同成立一个"公共就业服务分中心"，分中心就设在学校的就业指导中心里，其中有三位核心人员，这三位核心人员之一是由区公共就业服务机构派出的一位高级职业指导师，负责协调公共就业服务方面的资源和事宜；另外两位由学校委派，负责协调学校内部资源和各项事宜。在此基础上，双方还共同拟定了一系列的就业指导服务行动，计划在毕业生在校的最后一年半内完成，并随时接待毕业生，及时了解其问题，及时提供咨询指导，按计划开展各项帮助指导活动。

第03章

职业指导工作体系和运行机制的构建

　　健全完善职业指导工作体系和运行机制是推动职业指导工作开展的基本保障，是克服困难、冲破阻碍的重要措施。要做好这项工作，其核心是必须做好各项配套制度的建设。从各地区实践情况看，在这方面普遍存在不健全、不完善的现象，从而导致职业指导工作难以开展和持续、缺少规范的工作程序和内容、长期缺乏必要的经费保障、队伍素质难以适应现实需要、人们的工作积极性不高、各部门联合推动难以开展等现象。显然，职业指导工作体系和运行机制不到位、不配套以及相关制度建设滞后，已经在很大程度上影响、阻碍了职业指导工作的推动和开展。毫无疑问，健全完善的职业指导工作体系和运行机制，对促进职业指导日常工作高效有序运行，确保决策的科学性、准确性和可行性，促进各项工作的顺利推进可以发挥重要作用。

应充分认识到，要保障职业指导推动工作的良性开展，就要不断加强各项制度的规范建设。也就是说，要坚持完善各项制度规范和工作机制，按照加快构建全方位公共就业服务的意见，深化职业指导工作改革和推动管理体制创新，突出加强制度建设并令其有章可循，不断优化职业指导服务运行规则和程序，提高综合服务效能，以保障公共就业服务高效协调运转。

应充分认识到，要保障职业指导服务不断走向规范化、制度化，就要高度重视督查工作。也就是说，要加强督查力量，建立健全规范化的督查工作机制，对重大决策和各阶段的重点工作落实情况及时加强督查和决策后评估，以确保制度畅通，对影响重大决策落实、群众反映强烈的问题，要加大督查力度，推动及时处理。

应充分认识到，要保障职业指导工作体系和运行机制建设的顺利进行，就要坚持实事求是、客观公正、深入基层、深入实际的原则，通过各种有效途径，及时、全面了解和反馈有关情况。也就是说，要高度重视事关服务对象切身利益的需求的落实，对出台的各项改革举措要主动跟踪执行情况，研究并解决出现的新情况、新问题，要从岗位职责、运行程序、工作要求和监督管理等多方面着手，对服务内容、服务规范、服务反馈等做进一步细化和完善，做到职责明确、程序规范，以确保各项工作落到实处。

本章将从三个方面进行阐述：第一节，健全完善职业指导工作体系，重点阐述工作体系建设的基本思路，强调决策层认识和重视的重要性，提出做好这项工作的两个要点、转变观念的四点逻辑以及职业指导工作体系的基本架构；第二节，健全完善职业指导工作运行机制，重点阐述职业指导运行机制建设的基本思路，从职业指导工作实际出发，系统全面地提出配套职业指导运行的各项制度和机制，这些制度和机制的建设完善对基层正确科学地开展职业指导，切实做到各项事宜有法可依、有章可循提供了重要参考；为了使读者能够更加直观地理解职业指导工作运行的核心内涵，第三节专门节选了两个具有代表性的实践成果作为典型案例，通过对这两个典型案例的学习，不仅可以清晰地感受到职业指导制度建设的作用和重要性，还可以进一步领悟到一些具体做法和要求，为在实践中举一反三提供参照。

第一节　健全完善职业指导工作体系

一、建设职业指导工作体系的基本思路

（一）将建设职业指导工作体系列为"重点工程"

事实上，这是开展工作的一种策略，可以在认识上强调职业指导工作的重要性。从战略上考虑，可以看到此举的目的正是建立职业指导工作体系的"制高点"。能够将推动职业指导工作列为"重点工程"，足以说明地区或部门的最高行政负责人对这项工作的重视程度，足以说明其具有要将这项工作落实到底的决心，这种信号的发出，在统一思想、担当责任、避免推诿扯皮、动员全体人员行动起来等方面，都具有积极带动作用，有利于工作的强力推进。但从各地区实际情况来看，做到这一点并非易事。如何才能使决策层认识到职业指导工作的重要作用？如何才能使人们看到职业指导存在的价值？这里提出四点以供参考。

1. 职业指导可以有力促进公共就业服务理念的改变。实施精准化是未来公共就业服务的基本方向，而实施职业指导可以通过耳濡目染，一点一滴地引导人们从外向内，逐步实现思想上的认同和改变。

2. 职业指导可以有力促进公共就业服务工作模式的改变。将职业指导以人为本的助人模式广泛应用于实际，会极大地改变人们粗放的工作模式。

3. 职业指导可以有力促进队伍素质的提高。要做好职业指导就必

须讲道德、讲能力、讲正能量，这些内容无疑都会大大促进队伍职业素质的提高。

4. 职业指导可以有力促进公共就业服务技术不断进步和发展。职业指导从诊断到帮助，都讲究技术，讲究方法，追求解决问题，追求工作的高质量、高效率，这些工作的本质特点，必然会有力带动公共就业服务技术不断进步和发展。

（二）成立工作领导小组

成立工作领导小组可以很好地发挥集体智慧，调动各层各部门的积极性，形成联议联动、群策群力、共同应对的局面。工作领导小组要具有绝对的权威性，一般由部门的一把手任组长，由分管领导和纪委书记任副组长，由相关部门负责人担任成员，同时下设办公室或秘书处，专门抽调业务骨干负责职业指导日常工作推动。成立领导小组，需要"一把手"亲自披挂上阵，亲自组织调查研究、制定方案、召集会议，还要亲自协调部门间利益，确定责任划分，以使工作有序、强力地推进。同时还要注意到，职业指导工作推动作为一项事业、一个工程，涉及多层级、多部门、多方面，绝不是哪一位领导身先士卒就可以全部完成的，所以领导作为领军人还要调动各层级、各部门、各方面的力量，谋划全篇、布局全域。工作领导小组的主要任务就是对职业指导推动工作进行宏观调控并提供政策方面的支持，如落实人员编制、经费、办公场所等，在最大限度上为工作创造条件、提供便利。

二、职业指导工作体系的基本架构

推动职业指导无疑会涉及各层级、各部门，要做到层层压实责任，就必须使措施任务具体到位并建立相应的工作体系。基本架构是推动职业指导工作的"脊梁"，主要涉及如下两个方面。

（一）建立各层级工作体系

1. 实现服务的可及性。虽然各部门或系统建立的职业指导工作推动层级上有所不同，但其都有一个共同的目标，就是希望通过各层级的设置，将职业指导服务宗旨、服务纲领等精神和内容有效地贯彻到服务对象身边，实现服务的可及性。例如，公共就业服务机构一般设置市、区（县）、街道（乡镇）、社区（村）四级，而高校则一般设置校（大学生职业发展指导中心或就业指导中心）、院（院学生工作办公室）、系（系学生心理咨询室）三级。显然，这些工作层级的设置为职业指导服务落地提供了基本前提。

2. 实现合理的职责划分。为了充分发挥各层级的优势，还应对每个层级进行科学合理的职责划分。建立各工作层级要明确每一层级具体做什么，不能眉毛胡子一把抓。层层推动也绝不是从上至下往下压，而是根据各层级职能和能力设计具体的核心职责。例如，市级应当以统筹协调牵头各方、组织制定职业指导规划和实施方案、开展技术研发和经验交流、组织实施职业指导活动等为重点职责；区级应当承上启下，以贯彻落实为重点，并承担细化各项实施方案内容、实施操作、示范推广、辅助落实、解决疑难问题等职责；而街道、社区层级最重要的职责就是落实具体操作。职业指导服务与工作层级的关系如图 3-1 所示。

3. 实现层级间的相互补充。各层级工作体系设置要遵循两个规律：一是层级之间要相互联系、相互补充，每一层级必须十分清楚本层级的核心职责，同时还要明晰与另外层级之间的作用关系；二是这种层级之间的联系和相互补充实际上要按照职业指导服务需求设置，直至服务结果反馈自成一个服务闭环。无论哪一个环节没有落实或与上下层环节脱节，职业指导工作都会受到影响，甚至导致工作停滞不前。

（二）建立各部门工作体系

各层级工作体系是纵向的，各部门工作体系是横向的。层级工作体系的建立解决了传递和延伸的问题，而部门工作体系要解决的是配合和

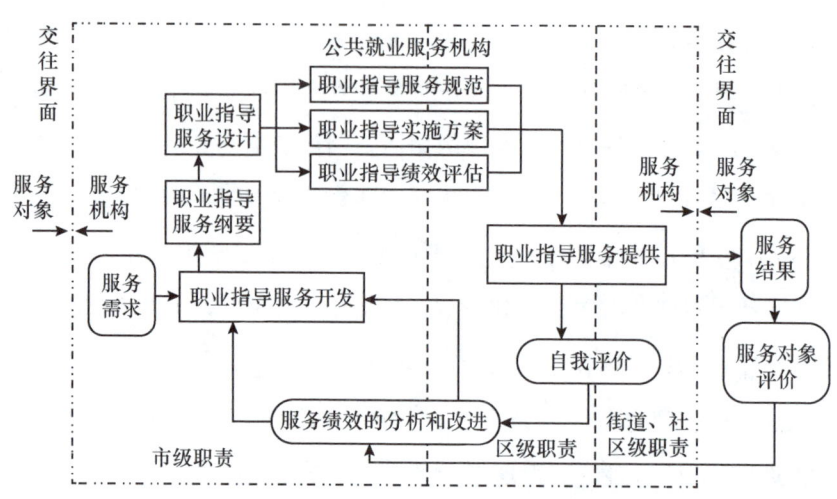

图 3-1 职业指导服务与工作层级的关系

协调的问题。例如，职业指导工作推动过程应由综合管理部门负责牵头协调、组织推动，由职业指导主管业务部门负责总体规划、技术研发、队伍建设，由信息化技术管理部门负责总体信息化规划、设计与实施，由财务部门负责经费保障，还应由监察部门负责监督检查工作。各部门工作体系的建立无疑为推动职业指导工作起到了重要保障作用，工作体系上下联动、部门联动、全域推进、各司其职、各负其责，并相互沟通、密切配合，终可形成合力。

第二节　健全完善职业指导工作运行机制

一、建设职业指导工作运行机制的基本思路

运行机制是工作推动的支点，有了好的运行机制，职业指导工作目标才会真正得到贯彻落实。所以，要推动职业指导工作顺利开展，使其内化为公共就业服务的内部动力，还需要进行运行机制的建设。运行机制是以客观规律为依据的制度化的方式和方法。这就是说，运行机制首先是要符合实际的、适用的、有效的；其次是要以制度作为主要表现形

式的，是要求所有人遵守的，是依靠多种形式、多种方法来起作用的。因此，建设职业指导工作运行机制的基本思路有以下四点。

（一）强调一个"实"字

在建设职业指导工作运行机制的过程中强调"实"字具体来讲就是遵守"四个原则"：一是去"伪"存真。即对过去好的制度要保留完善，对不切合实际的、过时的、不适宜的制度要废除或修改，重新制定符合本地职业指导工作开展实情的规章制度。二是查漏补缺。对未涉及而实际工作中却仍在运行的制度要补充到位。三是与时俱进。随着职业指导工作的开展，要不断修订完善新制度，当外界发生的变化导致职业指导工作在组织、管理、运转等层面发生或将要发生改变时，制度就必须改变，而且最好是变在前面。四是实践检验。订立的各种制度要坚持可操作性原则，要坚持以解决问题为导向，要经得起实践、时间的考验，注重指导性、针对性、有效性，不说空话、套话，以切实推进职业指导服务长效管理机制的建立。

（二）强调结合职业指导服务文化

建立职业指导工作运行机制离不开与职业指导服务文化的结合，否则前者就会失去生命力。例如强调职业指导服务文化中的"奉献"，制度就应该对"事不关己高高挂起"等不作为的现象进行约束，倡导以人为本，为服务对象奉献付出的内容；强调职业指导服务文化中的"沟通"，制度就应该对想当然、自我封闭等现象进行限制，倡导调查研究、勤于走访的内容；强调职业指导服务文化中的"创新"，制度就应该对故步自封、拍脑门等现象进行约束，而倡导探索学习的内容。

（三）强调与职业指导工作发展阶段相适应

在不同的发展阶段，职业指导工作会面临不同的阶段性任务，就会不可避免地应对不同问题。制度这时的作用就是保障职业指导工作在这个阶段的正常运行，圆满完成阶段性任务。考虑全局、审视阶段性目标、逐步配套于职业指导发展实践是其制度走向健全的一个重要原则。例如，初始阶段的职业指导应偏重职业道德、行为规范，在其他方面应予以包容；而在发展成熟阶段，就应更加注重精准、精细服务，强调标准化、专业化、个性化的职业指导服务。

（四）强调确立服务于职业指导人员的理念

强调确立服务于职业指导人员的理念要满足四个要求。一是制度要简化且易于理解。要让职业指导人员能很快看明白、记得住。二是制度要合理、要讲情理。制度不能仅仅讲规则，还要考虑职业指导人员的感情和接受程度，否则大家就不愿意遵守制度，制度就会被束之高阁，无法落实。三是制度要留下合理改进的空间。如果没有这个空间，大家就会认为制度根本没用，有了这个空间，他们就会认为制度讲理讲情。如果制定的规则不仅能推动服务质量的提升，也有利于职业指导人员个人的成长发展，即便受到了处罚，职业指导人员也会心服口服。四是制度要由下至上共同制定。发动所有职业指导人员对制度的建设献计献策，这是健全完善制度的重要法则。应让每位职业指导人员既是未来制度的执行者，也是制度的制定者，从而引导他们将职业指导服务看作是自己的事情，充分调动参与的积极性，最终获取宝贵的意见及建议。

二、职业指导工作运行机制的内容构成

以下结合职业指导工作推动实际，从内容构成的五个方面进一步具体说明职业指导工作运行机制的重要作用。

（一）建立职业指导决策运行机制

建立职业指导决策运行机制主要涉及两项制度的建立和落实。

1. 实行职业指导例会制度。不同工作层级都应建立例会制度，但这里更强调工作领导小组最高决策层的作用。上级树立了榜样，下级自然就会效仿。做好例会制度的核心要点有两方面。一是坚持认真听取汇报。坚持决策层亲自听取各层级、各部门的情况汇报是进行正确决策最

基本的要求。这一要点的关键是强调"一把手"的职责和责任意识，"一把手"要亲自听取情况汇报。二是坚持民主集中制。工作领导小组最重要的工作就是拿主意、定决策，这个过程要注重调动小组成员的积极性，充分倾听各方意见，切实做到群策群力、优势互补，发挥集体智慧；同时应遵守工作纪律，做好集中统筹，按原则办事，提高决策效率。

2. 建立职业指导目标管理制度。加强职业指导目标管理是保障决策运行机制顺利运作的又一项重要措施，其具体途径是将职业指导工作纳入各级目标任务管理计划中。做好目标管理制度的主要要求有三个。一是将总目标按时间阶段进行分解。例如，要将职业指导工作年总目标划分为季度目标、月目标、周目标。二是将职业指导工作按照其性质进行分解。例如，将日常工作、基础建设、技术开发、重点项目、国际合作等工作分门别类并在各项类别下，按照工作性质进一步细化分解工作任务。三是明确人员和时限。例如，明确项目负责人、项目执行人、时限要求等。当然，最重要的还是落实目标，即年度中要时时对照落实，年终要认真评估考核，切实把职业指导服务开展情况列入目标责任考核内容，以确保目标计划按时按量完成。

（二）建立职业指导工作沟通协作机制

建立职业指导工作沟通协作机制主要涉及两项制度的建立和落实。

1. 建立职业指导工作联席会议制度。联席会议制度的主要作用是加强各层级、各部门间的协调，提升成员沟通协作的意识和能力，在成员间各自目标、背景不同的情况下（尤其是在分歧面前），实现思想统一、步调协同，从而做到协作共进、解决疑难，最终形成合力。做好联席会议的重点有三个方面。一是及时传达、贯彻上级有关文件或会议精神，沟通、通报重大情况。二是经常保持沟通和交流，特别是会下的沟通和交流，这非常有助于协调分歧、解决分歧。三是耐心虚心听取意见，正确决策一定是在充分征求各方面意见的前提下做出的。

2. 建立工作交流学习制度。各层级、各部门间除了在会议上开展交流外，更要在日常工作中经常交流、互访、考察，了解别人的工作情况，学习对方的先进经验和做法，主动开展互助协作等都是促进协调、协作机制的良好措施。

（三）建立健全职业指导工作和服务规范

建立健全职业指导工作和服务规范，对贯彻职业指导工作决策落实具有重要作用。结合职业指导工作推动和落实实际情况，其相关制度主要涉及八个方面。

1. 制定职业指导工作管理规定。例如，要求各区（县）、街道（乡镇）、社区（村）开展本辖区职业指导工作并开展现状调查，逐步建立职业指导规章制度并统一完善，力争做到从制度建设上为职业指导工作提供良好保障，规范各层级、各部门的工作职责、行为要求等。

2. 建立职业指导服务规范。例如，规范职业指导人员职业道德、服务流程、服务内容等。

3. 建立职业指导宣传引导制度。例如，强化职业指导功能解读、主动回应社会关爱、树立典型并积极发挥榜样引领作用、宣传推广先进经验和做法、引导全社会共同关心、积极支持职业指导服务推进等。

4. 建立职业指导服务信息发布制度。例如，通过互联网综合服务平台、信息发布大屏、报刊、广播电视、微博微信、手机 App 等各种传播渠道和工具，及时发布人力资源市场信息、市场分析信息、最新职业信息、热门岗位信息、市场工资指导价位、用人单位招聘信息等。再如，实行服务信息公开，即告知服务对象服务内容、服务流程、服务职责、服务规范等方面的信息。

5. 建立职业指导跟踪服务制度。跟踪服务向来是职业指导服务过程中的重要环节，尤其是对就业困难群体进行指导服务时，跟踪服务更是不可缺少的工作内容。例如，规范跟踪服务的对象、跟踪服务的内容、跟踪服务的流程、服务的评价和考核标准等。

6. 建立服务对象隐私保护制度。例如，除非根据法律或政府的强制性规定及保密例外规定，在未得到本人的许可之前，不把任何个人信息提供给无关的第三方。

7. 建立首席专家工作管理制度。例如，对职业指导首席专家的工作任务、工作流程、选聘和退出、考核与奖励等予以明确和规范。

8. 建立首问负责制。建立这项制度的目的是杜绝职业指导人员在满足服务对象的需求和解决其所遇到的问题时相互推诿、相互扯皮的现象，以保证服务对象的利益，保障职业指导服务的质量。其内容主要包括：基本要求（如有问必答、有疑必释、礼貌热情、办事高效）、基本内容（首问负责制的基本界定、首问负责的对象、首问负责的内容）、执行要求、责任追究等。

（四）建立职业指导工作监督管理机制

建立职业指导工作监督管理机制主要涉及四项制度的建立和落实。

1. 实行倒查问责制度。不论是成立工作领导小组还是建立工作体系，都不能形同虚设，搞形式主义，导致平日没人问事、有事没人担责、出事没人负责的局面。要配套完善的问责机制，严格实行倒查问责，切实做到层层部门有任务、人人肩上有担子、个个心中有责任，严格落实各项岗位职责和纪律要求，力求形成组织领导有力、具体目标明确、责任层层压实、任务落实到位的工作格局。

2. 建立绩效评估制度。通过核查、抽查等多种方式对职业指导服务过程和服务结果进行监督和检查，及时通报发现的问题并督促整改。例如，对个人服务台账的记载信息、就业困难人员的就业需求及服务档案的记载信息、重点企业用人需求档案的记载信息等进行核、抽查，并实行周、月抽查情况通报；再如，采取多种形式开展服务满意度调查，及时了解服务对象的意见和建议，整改出现的问题，不断提升公共就业服务质量和水平。

3. 建立服务质量监测预警机制。主要是指利用业务系统日常监测、第三方满意度调查、专项服务情况调查和绩效评估等方式，对职业指导服务过程和服务结果进行监督检查，及时准确地采集服务对象的意见反馈，实行服务质量监测预警，力争做到自动实时监控工作反馈意见，以随时进行工作的改进和调整。

4. 建立约谈机制。指在监督检查中发现问题后，上一级机构应及时通报下一级机构进行整改。若经3次（含）以上通报问题仍未得到有效整改的，可按规定对该机构的主要负责人予以警示约谈，督促其整改。对经约谈无效，造成恶劣影响或严重后果的，应按程序移送相关职能部门，由相关部门按规定对该机构及其主要负责人问责。

（五）建立完善职业指导经费保障制度

建立完善职业指导经费保障制度指通过制度加强经费保障，提升职业指导工作财政保障能力，合理安排职业指导软硬件建设、职业指导服务项目以及向社会力量购买服务等支出。开展职业指导服务应主要保障四项经费。

1. 基础设施建设经费。主要用于开展职业指导服务所需要的服务场地、服务窗口、服务设施、职业指导信息化等方面的设计和建设支出。

2. 日常工作经费。主要用于开展职业指导服务所需要的日常办公、专用设备购置、日常数据统计维护、书刊资料购置、宣传资料印制、职业指导信息发布、职业指导人员培训等方面的日常支出。

3. 专项活动经费。主要用于开展职业指导服务所需的专项活动费用支出。例如，开展职业指导标准化建设、开展职业指导技能大赛、职业指导专项调查、职业指导进高校、职业指导进企业、职业指导扶贫解困等专项活动的支出。

4. 研究经费。主要用于开展职业指导应用研究、新技术方法开发、职业指导工具研制、职业指导信息采集与开发、国际及国内学术交流等方面的经费支出。

第三节 职业指导工作体系和运行机制的实践

截至目前，国内在这方面的实践很多，本节针对职业指导制度建设，节选了两个具有代表性的成果。

一是中华人民共和国国家质量监督检验检疫总局、中国国家标准化管理委员会于2017年5月批准发布的《高校毕业生就业指导服务规范》（GB/T 33667—2017）。这项规范对规范人力资源服务机构管理和服务，更好地服务于高校毕业生就业创业工作，完善高校毕业生就业指导服务标准和规范提供了统一的参照标准和服务指南。

二是北京市人力资源和社会保障局2018年8月实施的《北京市精细化公共就业服务实施细则》（京人社职介发〔2018〕153号）。这份文件为促进劳动者合理流动和稳定就业，为劳动者和用人单位主动提供就业政策法规咨询、职业供求信息采集与发布、市场工资指导价位信息和职业培训信息发布、职业指导、匹配推荐、跟踪回访等服务，都提出了具体要求。

总之，这些成果适应了社会经济发展和公共就业服务需求的不断提升对职业指导工作提出的需求，有力促进了公共就业服务体系建设的逐步完善，使职业指导服务在促进人力资源合理配置中的作用越发突出。

一、《高校毕业生就业指导服务规范》（GB/T 33667—2017）（节选）

说明：在这段内容中，可以清楚地看到《高校毕业生就业指导服务规范》对高校毕业生就业指导服务的服务内容、服务要求、服务流程及服务监督、评价与改进等方面提出了明确要求。这样的配套性制度，显然对提升高校毕业生就业指导服务质量具有重要的作用。

5　服务内容

高校毕业生就业指导服务应包括且不限于以下内容：

a）就业创业政策咨询，包括提供经济、社会文化、就业创业、人力资源和社会保障各方面法律、法规和政策咨询等内容；

b）职业倾向分析，包括提供人格特征、求职动机、职业偏好、胜任素质测量等内容；

c）职业生涯规划，包括提供自我认知、环境分析、职业定位、目标设计、发展路径指导等内容；

d）自主创业辅导，包括提供项目论证、创业计划制订、开业指导、跟踪服务等内容；

e）就业创业技能辅导，包括提供信息甄选、简历制作、面试技巧、职场模拟等就业技能训练和企业管理、市场营销、商务洽谈等创业技能辅导等内容。

6　服务要求

6.1　就业创业政策咨询

就业创业政策咨询服务应符合以下要求：

a）开展政策咨询时，应指定熟悉经济、社会、文化、高校毕业生就业创业、人力资源和社会保障方面法律、法规、政策的人员；

b）开展政策咨询时，应通过印制政策解读手册、开设网络专题或张贴海报等便于高校毕业生获得咨询内容的手段提供服务；

c）采取政策宣讲方式时，应提前两个工作日将宣讲材料提交服务对象。

注：服务对象指高校毕业生及高校。

6.2 职业倾向分析

职业倾向分析服务应符合以下要求：

a) 根据高校毕业生需求和实际条件配备测评工具时，测评工具应符合国标 GB/T 30663 的要求；

b) 服务机构应对服务对象的基本情况、测评数据等信息保密，并按照服务协议要求向服务对象反馈测评结果；

c) 测评结果应在服务协议约定的时间内反馈至服务对象。

6.3 职业生涯规划

职业生涯规划服务应符合以下要求：

a) 服务机构应根据高校毕业生自身特点，结合就业形势为高校毕业生提供指导意见；

b) 服务机构应以书面形式向服务对象提交指导意见。

6.4 自主创业辅导

自主创业辅导服务应符合以下要求：

a) 服务机构应结合高校毕业生自身条件、社会需求、创业意愿、行业动态、区域特点等情况开展自主创业辅导工作；

b) 服务机构应对高校毕业生的创业计划严格保密；

c) 服务内容仅限于辅导高校毕业生自主创业，应避免未经高校毕业生同意而利用其创业成果的行为发生。

6.5 就业创业技能辅导

就业创业技能辅导服务应符合以下要求：

a) 服务机构应制定指导大纲和教材，并按照大纲和教材规定开展指导；

b) 提供社会实践服务时，服务机构应向服务对象推荐具有合法资质、内部管理规范、安全措施健全的单位；

c) 服务机构应有完善规范的培训管理制度、安全应急预案；

d) 服务机构应对培训内容严格把关，根据培训需求实施培训服务；

e）服务机构应审核培训讲师资质，建立培训讲师管理制度。

7 服务流程

7.1 信息发布

服务机构利用互联网平台、移动终端、平面媒体、宣传册、宣讲等多种渠道，发布高校毕业生就业指导服务相关信息。

7.2 接洽沟通

与服务对象接洽，应根据服务对象意向，分析服务对象需求，提出有针对性的服务方案。

7.3 签订服务项目协议

7.3.1 服务机构应查阅服务对象交来的全部材料，确认服务对象相关信息。

7.3.2 服务机构应与服务对象签订服务项目协议，包括且不限于以下条款：

a）协议双方名称、双方地址、联系人、联系方式；

b）服务内容；

c）服务期限、地点和方式。

7.4 服务实施

7.4.1 服务机构应根据服务项目协议制定实施方案，确定项目负责人。

7.4.2 项目负责人应组织项目团队，按方案计划实施。

7.4.3 项目负责人应指定专人跟踪项目进程，及时解决项目实施中存在的问题。

7.5 资料归档

服务机构应在服务项目完成后及时将相关资料整理归档。

8 服务监督、评价与改进

8.1 服务机构应主动公开服务内容、服务依据、服务程序、服务时限、服务规范、投诉渠道等信息。

8.2 服务机构应采取问卷调查、电话回访、座谈等形式，就服务内容、服务态度、服务效率、服务方式等方面开展服务对象满意度测评，及时评价服务质量。

8.3 服务机构应提供热线电话、网络意见箱、移动应用平台、微信公众号等多种形式的投诉渠道，及时受理服务对象投诉。

8.4 服务机构应明确专门部门负责调查、处理回复服务对象的投诉。

8.5 服务机构应在五个工作日内把投诉处理情况告知投诉人。

8.6 对于有效投诉，服务机构应制定和实施整改措施。

二、《北京市精细化公共就业服务实施细则》（京人社职介发〔2018〕153号）（节选）

说明：这段内容重点反映的是北京市公共就业服务机构在工作体系和制度规范健全完善方面提出的各项要求以及具体实践做法。对各地举一反三，开展职业指导工作体系和制度配套工作具有很好的学习借鉴作用。

第四条

市级公共就业服务机构负责全市精细化公共就业服务规划和服务规范的制定和组织实施、业务指导和监督管理、就业服务技术研发与应用指导、公共就业服务专业人员的培养与评价、服务绩效评价等。

区级公共就业服务机构负责本辖区公共就业服务计划的制订和实施、就业服务工作目标任务的落实、业务指导和监督管理、就业服务技术推广和应用、为劳动者和用人单位提供专业性公共就业服务、公共就业服务专业人员的培养、服务绩效评价等。

街道（乡镇）及以下公共就业服务机构负责为来本机构的劳动者和用人单位提供日常接待与服务，为本辖区的失业人员和就业困难人员主动开展摸查走访、政策咨询、就业困难人员认定、就业指导、岗位推荐、就业援助、服务结果跟踪与反馈等就业服务，为辖区内用人单位主动开展用人需求摸查、政策咨询、空岗信息采集与发布、用人指导、求职推荐、服务结果跟踪与反馈等就业服务。

第五条

公共就业服务机构应建立就业援助服务专员制度、企业服务专员制度、信息质量全程监控制度、投诉举报处理制度。具备条件的还应建立首席职业指导专家制度和首席信息分析师制度。应落实首问负责制、全程代理制、一次性告知制、限时办结制和责任追究制，实行"前台综合受理，后台分类处理"的综合办理服务，公开办事程序、办事依据、办事时限和办事结果，提供服务要亮明身份、亮明承诺、亮明标准，严格执行《人力资源和社会保障窗口单位服务规范（试行）》和《人力资源和社会保障窗口单位纪律要求》，持续深化行风建设，确保各项精细化公共就业服务工作落实到位。

第六条

区级公共就业服务机构应按照便民利民原则，结合场所功能设置要求，科学设立包括咨询服务台、综合服务区、自助服务区、招聘洽谈区、信息发布区、服务等候区等的综合性服务场所。街道（乡镇）公共就业服务机构应开设专门的职业介绍、职业指导服务区域。社区（村）就业服务站（网点）应设置职业介绍和职业指导"一柜式"综合服务窗口。

各级公共就业服务机构应为职业指导、职业介绍工作提供相应的设施设备，同时加强职业素质测评、就业指导分类工具、企业招聘用人支持工具等的技术应用，推动职业指导、职业介绍服务的专业化、精细化、便利化。

第七条

市级公共就业服务机构按照"互联网+人社"建设的有关要求，组织全市各级公共就业服务机构深入实施"互联网+公共就业创业服务"，不断健全人力资源市场信息服务体系，基于业务系统，建立和完善"互联网+就业创业"一站式互联网综合服务平台（以下简称"互联网综合服务平台"），推动全市公共就业服务系统网络和数据资源的集中共享，推进就业创业信息的统一汇总发布，推行职业介绍、职业指导、就业援助、补贴申请等各项公共就业服务事项"一网通办"网上办理服务模式，实现精细化公共就业服务线上和线下服务的无缝衔接，不断提高服务质量和效率，为求职者择业、用人单位招聘和培训机构开展培训提供更多优质、高效、便捷的服务支持，促进全市精细化公共就业服务满意度的持续改进和提高。

阅读与思考

下面节选了某高级技工学校制定的职业指导工作管理体系和工作职责实施方案。请结合本章内容，开展讨论分析，研讨其值得学习借鉴的做法，指出存在的不足，并进一步结合本地区实际情况提出完善改进的建议。

某高级技工学校职业指导工作管理体系和工作职责实施方案（节选）

一、指导思想

认真贯彻全国职业教育工作会议精神，以学生为本位，以就业为导向，总结学校十余年来的职业指导工作，全面落实职业指导全员化、全程化的思想，构建完整的职业指导工作体系，使学校职业指导工作更加科学化、系统化和规范化，树立全面的教育服务意识，努力提高学生的综合职业能力，使学生毕业时能顺利、稳定地就业。

二、基本原则

（一）责任性原则。责任性原则即落实各层级管理干部职业指导工作主要责任的原则，又称"一把手工程"原则，也就是说，各层级各部门的一把手就是职业指导工作的第一责任人。学校内各层级从上至下的责任系统为：校长→处长或主任→行政科长→专业科长→教研组长→班主任。

（二）方向性原则。方向性原则又称导向性原则，即以就业为导向，学校职业指导的教学与训练的各项工作，必须围绕就业做文章，工作的最终目的是要实现学生顺利、稳定就业。

（三）服务性原则。服务性原则的含义是，学校的职业指导工作必须树立为服务对象服务的思想，围绕服务对象的需求做文章。学校的直接服务对象是学生、间接服务对象是家长、最终服务对象是用人单位，所以学校的职业指导教学与训练工作的内容、形式和方法必须围绕这三类服务对象的需求来展开。

（四）全程性原则。全程性原则的含义是，学校的职业指导工作必须贯穿学生在校学习的全过程，甚至延续到学生毕业后的相当长一段时间。即从学生入学的第一天起至学生在校的最后一天，均要覆盖系统的职业指导教学与训练工作，对于优秀毕业生，或贫困家庭毕业生等属于"弱势群体"的毕业生，在毕业后相当长一段时间内还必须实施跟踪指导服务工作。

（五）全员性原则。全员性原则有两层含义：一是指学校职业指导教学训练的对象必须面向全体学生，而不是仅针对即将下厂实习或即将毕业的学生抑或难以就业的少数学生；二是指职业指导工作必须由学校全体员工参与，并且学校要尽可能动员相关部门、全体学生家长以及社会力量参与其中。

（六）系统性原则。系统性原则的含义是学校职业指导的组织管理和具体实施均要系统进行，而不能零敲碎打。学校应将职业指导工作纳入现有的组织管理体系并成立职业指导工作领导小组，以确保职业指导工作组织管理的系统性；学校教务处、学生处、就业指导中心将组织各专业科按照人社部《职业指导教学训练大纲》，并结合学校多年积累的职业指导工作实践经验，对学生进行系统的教学训练。

三、学校职业指导组织管理机构

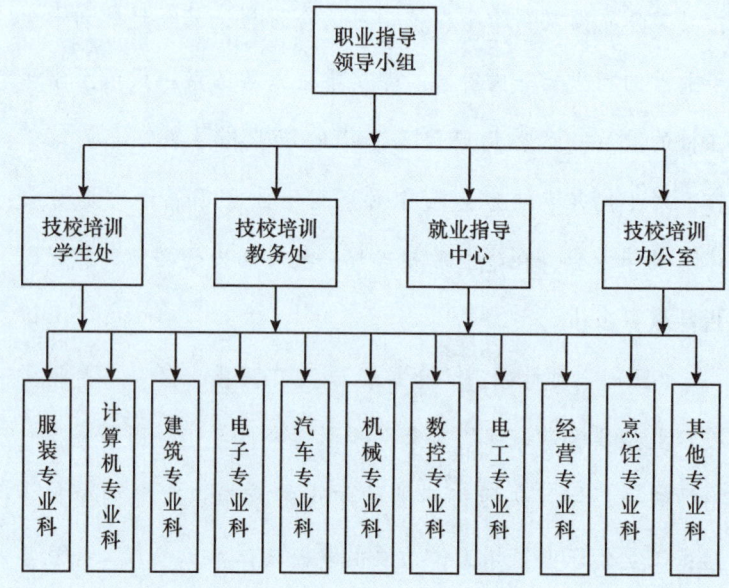

四、职业指导领导小组成员

组长：校长

常务副组长：副校长

副组长：各专业负责人

成员：各行政、专业科副科级以上干部、各专业科学生干事

五、领导小组职责分工

（一）组长全面负责职业指导工作的指导、检查、督办、协调和大项工作的决策。

（二）常务副组长负责统筹职业指导工作总体的策划和实施，包括方案的制定，文件的起草，有关工作研讨会议的组织，工作的检查、督办和协调等。

（三）A副组长负责第一至第四学期技校学生和培训学生职业指导教学方案的制定和组织实施等。

（四）B副组长负责职业指导综合性讲座、主题班会方案的制定和组织实施等。

（五）C副组长负责第五到第六学期技校学生和要求推荐就业的培训学生职业指导工作方案的制定和组织实施。

（六）D副组长负责职业指导的宣传工作，包括校园氛围的设计、网上宣传、报纸杂志宣传、橱窗宣传等，并协助组织安排有关会议。

（七）行政科级干部的职责是对挂钩专业科的职业指导工作进行指导和跟踪，确保各专业科按照职业指导实施方案的要求开展职业指导教学训练。

（八）专业科级干部和学生干事的职责是按照职业指导实施方案的要求，创造性地开展职业指导教学训练工作。

六、教务处职责

教务处负责针对第一至第二学年的技校学生及在校学习期间的专科培训学生开展的职业指导教学工作的组织管理，

具体事宜包括：

（一）确定职业指导教学训练的课时。例如，在第一学年和第二学年开设职业指导教学训练课程，共计132课时，其中，教学76课时、专业教育8课时、参观实习24课时、主题班会16课时、职业指导讲座8课时。

（二）修订教学计划。针对专科教学实际，对职业指导教学训练课程进行相应的修订，并纳入教学计划。

（三）教材征订。负责职业指导教学训练课程教材选定、请购手续办理及教材发放组织工作。

（四）师资培训。组织职业指导教学训练课程的师资培训。在过渡时期通过专家讲座的方式进行培训，然后有计划地组织教师参加职业指导资格培训与考试，逐步实现任课教师必须持证上岗的目标。

（五）审核课表。审核各专业科是否将职业指导教学训练课程按要求编入课表中，对于不符合要求的申令其限期整改。

（六）教学过程管理与监控。负责对职业指导教学训练课程的教学过程管理和授课质量进行监控，对各专业科教学工作进行考核，要求各专业科对教师的教学工作情况进行考核，不断组织课堂教学观摩，防止出现教学"走过场"的现象，并将考核结果与教学绩效分配挂钩。

（七）组织学生考核。组织职业指导教学训练课程学习成绩考核、成绩登记和质量分析工作。

七、学生处职责

学生处负责针对第一至第二学年的技校学生及在校学习期间的培训学生开展的职业指导讲座和主题班会的组织、策划、实施和管理工作，具体包括：

（一）制订讲座计划。配合教务处每学期职业指导教学训练课程内容的安排，制定第一至第二学年技校学生每学期1次、专科课程班每期2次和中专课程班每期1次的综合性职业指导讲座计划。

（二）制订主题班会活动计划。结合教务处每学期职业指导教学训练课程的重点，制订第一至第二学年技校学生每学期2次、专科课程班每期4次、中专课程班每期2次、短期培训班每期1次的职业指导主题班会活动计划。

（三）编写主题班会教案。组织各专业科编写有专业特色的职业指导主题班会教案，并收集整理、汇编成册。

（四）检查主题班会实施情况。组织对职业指导主题班会实施情况的检查、督办工作，对职业指导主题班会"浮在面上""走过场"的现象进行及时纠正和处理。

（五）组织专家讲座。负责讲座专家的联系、聘请和接待工作，组织相关学生按规定时间进场听讲座，对讲座过程中的会场秩序进行有效的管理。

（六）与家长沟通。加强与家长的沟通，撰写动员家长参与、重视学生职业指导工作的专门信件，争取家长对职业指导工作的支持，每学期在"给学生家长的一封信"中增加与职业指导工作相关的专项内容。

（七）实施相关考核。对各专业科职业指导讲座和职业指导主题班会的实施情况进行考核，要求各专业科对班主任实施职业指导主题班会的情况进行考核，并与学生管理绩效挂钩。

八、就业指导中心职责

就业指导中心负责第三学年的技校学生及要求推荐就业的培训学生的职业指导工作，具体包括：

（一）制订下厂实习期间职业指导工作计划。按下厂前夕、实习过程中、毕业前夕三个阶段制订第三学年技校学生以及要求推荐就业的培训学生的职业指导工作计划。

（二）组织进厂实习。组织技校学生下厂实习前夕的职业指导教育工作，重点是技校学生下厂实习工作规范、应聘技巧和厂纪厂规教育，及时安排第三学年技校学生下厂实习。

（三）开展职业介绍和指导。收集企业用工信息，邀请企业来校招聘实习生，联系校外实习单位，组织现场供需见面会，通过企业来校招聘或其他途径全力解决学生的就业问题。对要求推荐就业的培训学生组织开展职业心理测评及个性化职业指导，争取100%解决其就业问题。

（四）指导实习教师。定期组织召开校外实习指导教师工作会议，及时了解校外实习指导教师职业指导工作情况，并针对有关情况进行工作指导。定期对校外实习指导教师进行考核，并将考核结果与绩效分配挂钩。同时，将企业用工需求及时反馈给教学部门，以促进教学改革。

九、办公室职责

（一）校园氛围设计。负责校园职业指导氛围的设计及实施。

（二）网页及宣传。负责职业指导网页、报纸、杂志、橱窗等宣传内容及外发职业指导信函内容的审核。

（三）会议组织。协助有关会议的组织和邀请职业指导专家来校的接待工作，协助有关会议资料的打印、装订与发放工作。

（四）部门间的协调。协助组长和常务副组长做好各职能部门职业指导相关工作的协调工作，完成院校领导交办的其他工作。

十、专业科职责

专业科在教务处、学生处和就业指导中心的指导下，具体负责本专业科职业指导教学、职业指导讲座开展、职业指导主题班会举办、学生下厂实习和推荐就业工作，具体包括：

（一）修订教学计划。协助教务处，根据职业指导教学训练课程，按照技工班132课时、培训大专班36课时、培训中专班24课时、培训短班14课时的标准修订教学计划。

（二）组织实施职业指导。

1. 组织职业指导教学训练教学工作的实施，将职业指导教学训练课程编入正式课表之中，选派教师担任职业指导教学训练课程的讲师，对教师教授职业指导教学训练的教学工作进行检查、指导和考核。

2. 按教务处的安排，组织职业指导教学训练课程的学习成绩考核、成绩登记和质量分析工作。

3. 按学生处的统一安排，组织学生参加大型的职业指导教学训练讲座，负责讲座过程中本专业科学生的管理工作，并组织各班级的职业指导教学训练主题班会工作，通过班会对职业指导教学训练的教学工作进行有益的补充。注重与家长的沟通，积极争取家长对职业指导工作的支持。

（三）组织实习。委派校外实习指导教师，在就业指导中心指导下建立稳定的企业网络，安排学生下厂实习，积极收集企业用工信息并将这些信息及时运用于教学之中，促进教学改革，对学生进行个性化职业指导。

（四）组织就业。在就业指导中心的指导下，联合各方面的力量，以各种形式、各条渠道解决学生的就业问题。负责优秀毕业生或结业生的跟踪调查工作，建立优秀毕业生或结业生档案。规模较大的专业科应利用专业优势组建校友会，为学生的实习、就业和专业建设发挥积极的作用。

第04章

职业指导工作理念的创建

　　创建职业指导工作理念主要有两个层面：一是战略层面，二是战术层面。在战略层面上创建工作理念，可以在指引工作方向，打开工作思路，为工作开展打开新局面、建立新格局等方面起到重要作用。例如，职业指导全员化、全程化的思想，开展预防性职业指导的思想以及职业指导与职业介绍和职业培训结合进行的思想等，都属于战略层面，其对打开新局面、建立新格局、形成新模式等都有举足轻重的影响。在战术层面上创建工作理念，则可以在克服工作困难、冲破工作阻力、实现问题解决、走向不断进步等方面起到意想不到的良好效果。显然，推动职业指导会面临各种各样的问题，也会遇到来自不同方向上的阻力，只有不断创新工作理念、工作思想，才能使得职业指导破茧成蝶，不断走向壮大。毫无疑问，创建职业指导工作理念必定会成为推动职业指导工作开展时需要重点学习掌握的内容。

创建职业指导工作理念，应当遵循三点基本原则。一是紧密结合职业指导工作实际需要。例如，我国在经济改革初期，下岗失业人员迫切需要实现再就业，所以当时提出了要"修条路、搭座桥、扶上马、送一程"的职业指导工作理念。二是紧密结合职业指导本质特征，职业指导的核心本质就是促进个人职业生涯的发展。我国教育家黄炎培提出的"使无业者有业，使有业者乐业"的思想便是该原则的体现。三是结合职业指导的发展需要。例如，当前我国职业指导亟待走向规范化、专业化，亟须提高其工作质量和效果，于是人们提出了科学开展职业指导，提供精准、精细化的职业指导工作理念。"三结合"原则是职业指导工作理念创建的出发点、落脚点，更是创造性地提出职业指导新思想、新智慧的源泉。

多年来，我国广大公共就业服务基层人员在推动职业指导工作的实践中，创建了很多好的工作理念，积累了许多宝贵的思想，这些内容无疑为我们丰富认识、举一反三、促进职业指导工作的开展提供了极为重要的实践经验。本章将从战略、战术两个角度对这些宝贵成果进行重点归纳和举例说明，以供各地学习借鉴。第一节，从战略上引领全局开展。归纳了推进人本服务、主抓"一硬一软"、促进规范化建设等八个推动职业指导工作开展的重要战略。这些战略对形成全方位职业指导工作格局，形成职业指导可持续性发展具有重要的指导作用。第二节，从战术上促进问题解决。归纳了给职业指导师"画像"、组织专项活动、打造服务品牌等八条推动职业指导工作开展的实用策略。这些策略在战术层面上为推动职业指导工作的开展、解决实际问题、克服工作中的困难阻碍提供了极具操作性的示范。实践是检验真理的唯一标准，只有实践才能出真知，相信随着我国职业指导工作的深入推进，一定会有更多富有智慧、极具创新的先进思想产生，从而指引我国职业指导工作前行。

第一节　从战略上引领全局开展

一、推进人本服务

提出人本服务并把它作为公共就业服务和职业指导的核心理念，具有极为重要的战略意义。人本服务就是以人民为中心，把满足服务对象的需要作为职业指导全部工作的出发点和落脚点。推进人本服务理念对开展职业指导的战略意义有三。一是指明了一个方向。各地在改进和完善服务工作时，提出的真情服务、精细服务、上门服务、贴心服务等，都是在这样的理念指引下产生的。二是工作有了一个重心。什么是人本服务？具体来说就是服务更加人性化，更加贴近求职者个人和用人单位的需求。正是在这样的理念引导下，各地找到了开展职业指导的重心，这可以用"五个服务"概括：主动服务、个性服务、贴心服务、诚信服务、高效服务。而这五个服务可以总结为令服务对象满意的服务。三是建立起一个信仰。"始于您的需要，终于您的满意"，在各地公共就业服务场所中，经常能看到入口处悬挂着这样的口号，这就是一个很好的写照。长久地、不间断地推进人本服务，无疑是改善职业指导工作、推进职业指导工作深入、促进职业指导工作开展最核心、最重要的工作理念。

二、主抓"一硬一软"

职业指导工作千头万绪、错综复杂，怎样才能取得突破并带动全局呢？抓好"一硬一软"就可以取得很好的效果。其中，"硬"指的是职业指导服务场所建设，"软"指的是服务队伍建设。那么，为什么要以"一硬一软"作为推动职业指导工作的重要抓手、它的战略意义又在哪里呢？

首先，服务场所建设必须回答四个问题。一是服务对象是谁？这是工作的根本性问题,只有解决了这个问题,职业指导服务才能够找到落脚点。二是要在场所中做什么?看上去这是功能建设的问题,但正是这个问题决定着职业指导服务是否存在服务的措施和手段。三是采取什么运作模式?这是工作推动、发展必然会涉及的问题,只有在这个问题上有了想法,职业指导工作才能有张有弛、有条不紊地开展。四是服务特色是什么?特色是服务充满生命力的关键,结合地方特点创造性地开展工作,形成自身的特点,这是职业指导服务永远追求的话题。显然,没有搞清楚这四个问题,没有一个经过深思熟虑的解决方案,服务场所建设就无法正确展开,职业指导工作自然更无法推进。所以,抓住了服务场所建设,就等于抓住了推动职业指导工作的"牛鼻子"。

其次,开展服务队伍建设还必须回答三个问题。一是为服务对象提供什么服务?不知道服务对象需要什么,就无法提供有效服务,而不知道提供什么服务,则必然难以开展队伍建设。这是队伍建设的核心问题,这个问题解决了,职业指导工作就有了规划的原点和重心。二是应当执行什么服务理念和要求?从队伍建设而言这既是一个方向性的问题,也是一个规范性的问题,这个问题如果能够得到解决,就意味着职业指导工作有了明确的方向和目标。三是专业化如何实现?这是职业指导能力提升无法回避的问题,搞清楚这个问题,就意味着职业指导工作的开展有了重要手段,职业指导工作的深入实施有了最基本的前提。显然,不能很好地回答这三个问题,队伍建设就无从开展,这也意味着职业指导工作失去了重心、方向和前提。所以,抓住了服务队伍建设,就等于抓住了推动职业指导工作的咽喉命门。

基于这样的理解,可以说"一硬一软"就是职业指导服务的"穴位",是思考问题的"出发点",是反映职业指导服务的"标尺"。把这两件事情抓好了,职业指导推动工作就会有起色;把这两件事情当作"把手",职业指导推动工作就必定能够更上一层楼。毫无疑问,抓好

"一硬一软"对促进职业指导工作迅速推动、稳住全局、拓展深入具有至关重要的战略意义。

三、促进规范化建设

促进职业指导服务规范化是有力推动职业指导工作深入开展的又一个重要理念。其具有的战略意义主要有三点：一是可以全面促进职业指导服务工作升级迭代，二是可以全面促进职业指导人员队伍素质提升，三是可以全面提升职业指导服务的社会形象。而促进职业指导规范化建设的现实意义还远远不仅如此，提高职业指导服务的效率和效果、实现职业指导服务信息化等都需要走好这一步。从这个角度讲，促进规范化建设可以带动职业指导工作各个方面的改进和发展，其具有广泛性和深远性，影响职业指导工作全局，对促进职业指导工作的开展极具战略意义。

职业指导规范化建设的基本原则是统一制度、统一管理、统一服务标准和统一信息系统，例如，建立职业指导的制度体系，统筹职业指导布局服务网点，合理设置服务窗口，开设重点群体专门服务平台、窗口和绿色通道，设立自助指导服务区域，完善职业指导服务设施和设备，合理配备人员，编制通俗易懂的办事指南，改进指导性标准，建立健全职业指导标准体系。表 4-1 具体地给出了职业指导服务规范的基本架构，列举了需要重点规范的内容。

表 4-1　　职业指导服务规范的基本架构

服务规范类别	规范内容	作用
工作规范类	工作人员职责	满足服务对象服务需求和业务特性要求
	工作规范要求	
	首问负责制	
	一次性告知制	
	限时办结制	
	服务承诺制	

续表

服务规范类别	规范内容	作用
服务公开类	公开依据	规范权力公开透明运行、方便群众办事和监督
	公开内容	
	公开范围	
	公开形式	
	公开程序	
	公开时限	
	公开责任	
	公开审查	
组织管理类	考勤	保障组织管理正常运行
	岗位责任	
	业务学习培训管理	
	考核奖惩	
	安全保密	
	后勤保障	
服务监督类	岗位权力制约	加强服务，责任追究
	人员廉洁规范	
	行为法律责任	
	日常监督检查	
	投诉举报渠道	
	投诉举报回复	
服务创建类	优化服务流程	创建服务品牌
	拓展和延伸服务	
	服务品牌的宣传推广	

四、全力推进信息化

　　信息化的最大魅力在于它对传统的改变。对推动职业指导工作而言，推进信息化能够带来众多的，甚至是意想不到的改变。利用"互联网+"、移动应用、自助终端等信息化渠道，可以建立专门的服务平台、提供有针对性的网上查询服务、宣传劳动保障政策、推送职业信息等，可以更好地为服务对象答疑解惑，实现更为广泛意义上的自助指导；利用信息化手段，可以把天南海北的专家组织起来共同开展工作，实现网上专家指导；利用信息化技术，可以建立多种多样的信息采集和发布渠道，在职业指导信息服务方面做得更深、更活、更广。可以肯定，通过推动信息化建设来推动职业指导工作广泛深入的开展，其带动、促进的作用是不可估量的。线上的改变促进了线下的进步，线上线下一体化，会使服务质量和效率明显提高。推进信息化建设看上去是建立一个网上指导平台、研发一套帮助指导系统、建立一个职业指导数据库、发布一个职业晴雨表、实现网上查询服务、开展短信指导服务甚至实现简单的温馨提醒服务等，但正是这些小事在不知不觉地改变着人们的认识和行为，促使职业指导工作产生深刻变革。

五、利用典型引路

在推动职业指导工作过程中，总会不断涌现出各种先进做法、创新实践、典型模式，以至于出现先进个人、优秀模范等。充分利用这些典型的示范效应，唤起更多人员的学习和响应，带动工作全局，长久以来都是一种极具推广意义的好做法。典型引路理念的积极意义有三点：一是具有积极的示范效果，使学习者知道应如何去做；二是具有很强的说服力，使学习者能够看到努力的结果；三是具有推广的号召力，示范、模范、典型等都会使学习者无形中受到其影响。典型引路这些独特的本质特征，使它越是在工作秩序未能建立时、越是在工作遇到困难和阻力时、越是在人们信心不足时等关键时刻，就越具有应用的价值，越具有促进推广的战略意义。

六、坚持简单便捷

在职业指导服务工作中，坚持简单便捷的理念是至关重要的。例如，操作流程要简化，服务内容要简明、获取帮助要便捷。树立简单便捷的工作理念对推动职业指导的积极作用主要有三点。一是便于对外宣传引导。越是简单的东西，人们就越容易理解、越容易记忆，也越容易自然地接受。二是便于对内学习掌握。简化的流程、简明的内容、清晰明了的行动规则，是最容易让基层一线的服务人员学习掌握的。三是便于普及推广。要让更多的人参与到职业指导工作中来，工作就必须简单便捷，一学就会、一听就懂、一干就能够产生好的效果，这对唤起人们职业兴趣，激励人们努力前行，使更多人能够参与到职业指导工作中来是非常重要的。

值得强调的是，简单不是简陋，简化不是挂一漏万、粗制滥造。事实上，坚持简单便捷有着丰富的内涵：从工作理念上，可引导人们树立以人为本的服务意识和努力贯彻满足服务对象需求的服务精神，职业指导服务始终如一地坚持简单便捷，可以潜移默化地改变人们的服务观念和行为；从操作规范上，更需要精准地梳理、精确地表述，使逻辑更清晰、文字更精练、重点更突出、形式更生动。而简化需要的是操作更简单、流程更便捷、效果更直接，显然这些思想对推动职业指导工作、提升职业指导服务质量和效果都具有不容忽视的应用价值，应当贯穿于工作始终。

七、积极唤起自助

我国职业指导服务面临的挑战与发达国家有两点不同：一是服务对象众多，二是需求多元化。要解决每个服务对象的职业指导问题，就公共就业服务机构所占有的资源而言是很难做到的。如何才能解决这个矛盾呢？最好的策略就是使每个人都能够自己帮助自己。积极地唤起自助是推动职业指导工作开展的重要理念，其意义主要在于三点：一是可以在最大限度上使人们广泛参与，实现打一场"人民战争"的思想；二是可以在最大限度上实现服务覆盖全域、贯穿全程，落实"全方位"的服务宗旨；三是可以促进职业指导帮助模式产生深刻变革。通过帮助人们学会自助，可使其获取信息靠自己、了解自我靠自己、认识职业靠自己、做出明智选择还是靠自己，从而真正实现自我成长和发展。这样的帮助模式会使占就业总体90%的人群，即由于信息不对称而产生的"无问题人群"得到及时的指导和帮助。毫无疑问，自助服务远比传统的"一对一"帮助模式要更有价值，其意义也更加深远。

八、开展针对性的服务

开展针对性的服务即开展个性化指导和精准帮扶，仅从这个意义上讲，长期坚持贯彻针对性服务就可以很好地促进职业指导工作科学深入发展。开展针对性的服务要从四个角度入手：一是从数字化、智能化的角度，充分利用大数据技术，建立服务流程分阶段、服务对象分类别、就业难度分等级、服务项目分维度、服务主体分层级的职业指导服务模式；二是从指导服务功能的角度，实施开展分类智能推送、"画像"精准推送、分级指导服务、专家重点服务四阶段递进式服务；三是从分类指导的角度，对高校毕业生、退役军人、农村转移劳动者等不同群体提供分类指导服务；四是从疏困解难的角度，对劳动者就业困难程度和维度进行评级，以便提供个性化指导服务。

上述对针对性服务的内涵分析表明，贯彻推动针对性服务可以有力地促进职业指导的智能化，从而利用大数据技术改变传统职业指导运作模式，提升诊断、帮扶的精准性；可以大大提高职业指导的功能作用，使职业指导资源分配更加合理，功能作用更加突出，从诊断到帮助指导的阶段性矛盾的分析更加明确清晰，问题解决也更加具有针对性；可以科学地促进就业群体指导的系统化，从根本上解决就业群体特征、核心问题、帮助指导模式、帮助指导流程和内容以及特殊的帮助形式等一系列的专业性问题，使职业指导更加科学、系统、专业；可以大大促进支持性帮助指导重要策略的制定，最大限度发挥职业指导的作用和优势。总之，开展针对性服务充分体现了以人为本的思想，反映出职业指导服务立足于问题解决，立足于有效促进个人职业成长和发展的本质追求。可以肯定，贯彻针对性服务对推动职业指导服务的开展，对职业指导科学发展进步，都具有重大的现实意义和战略意义。

第二节 从战术上促进问题解决

一、给职业指导人员"画像"

一项工作的推动最怕的就是士气低落、人心涣散，开展职业指导服务工作更是如此。职业指导服务需要队伍中每一位成员都具有高度的工作责任感、奉献精神和聪明才智等优秀品质和良好的工作作风。但这样的高标准对大多数基层人员来说无疑是非常不容易满足的。如何有效地调动基层人员的工作积极性，如何有针对性地提升基层人员职业指导专业化水平，如何使其能够不断地自觉强化自我、约束自我，能够担负起职业指导服务工作的重任，自然成了推动职业指导工作开展必须首先破解的一道难题。实践表明，给职业指导人员"画像"是一种有效的措施。

所谓给职业指导人员"画像"，就是用最简单的概念，形容一位称职的职业指导人员应当是什么样子，让所有人一听就明白，从而引发联想、便于牢记。这里不妨用三个关键词来描述一位称职的职业指导人员。一是温暖。职业指导人员的温和耐心、善解人意、认真负责等都会给服务对象带来温暖感，这种效应对解决服务对象的问题具有重要的破冰作用，同时也是职业指导人员必须具备的职业道德规范。二是干练。职业指导人员装束简洁、讲话简单明了、反应迅速等都是"干练"的表现，这些职业品质可以反映出职业指导人员基本的职业素养和专业化程度。干练的职业指导人员可以给服务对象带来信服感、安全感，更容易促使他们接受指导和帮助。三是智慧。目标明确、逻辑清晰、富有创造性、善于化解矛盾、善于破解疑难等职业品质会使服务对象产生信赖感，增强其克服困难的信心，提升其应对挫折的能力。同时，也可以帮助职业指导人员不断走向成熟、走向专业化。

给职业指导人员"画像"的做法对解决职业指导队伍素质提升问题有三个优势。一是概念简单。仅仅三个关键词，就对职业指导人员的职业道德、行为规范、职业能力以及职业胜任特征等多角度提出了要求，相比教科书中所描述的数十条要求，更便于记忆和推广。二是重点突出。三个关键词实际上是根据职业指导服务工作的本质需要提出的最核心的要求，抓住了这三点，就等于使职业指导服务有了基本的保障。三是易于接受。三个关键词都是积极的、充满正能量的，它不仅为基层工作人员指出了完善自我的具体目标并帮助其找到了与工作要求的差距，还不会引起反感抵触，易于被普遍接受、积极响应。显然这种积极的推动策略在调动积极性、规范服务行为等多方面都具有更大的意义。

二、组织专项活动

组织专项活动是人们推动工作，促进问题解决最常用的策略。这种做法的应用一般总是伴随着三种典型情境。一是一项新的工作开始。此时，专项活动工作需要起到引路和示范作用。例如，某地区开展职业指导进社区、进企业的"职业指导大篷车专项活动"，由于该活动的成功，职业指导大篷车最终成为这个地区的一个品牌。二是工作面对重要的挑战和困难。此时，专项活动工作需要加大力度、迅速形成短期明显效果。例如，对城镇就业困难人员职业指导就业援助的专项活动，可在最大限度上助力平时的职业指导工作。三是保持工作态势的持续性。此时，专项活动工作目标需要不断地强化、落实，使其维持一种常态。例如，职业指导进高校、农民工就业指导等专项活动，都是应每年大学生毕业、农民工春节后返城的关键时刻及时开展的，这些专项活动的组织举办如今已经成为某些地区职业指导的常规工作。由此可见，鲜明的示范效果、高效的集聚效果、积极的强化效果是组织开展专项活动的重要实用价值所在。

组织专项活动应当具备三个要素。一是指向性。之所以谓之"专项",是因为其存在非常明确的目标,意味着要直接针对某个问题进行解决。因此所有的专项活动都会在活动的指导思想、总体要求、工作目标中有非常具体、清晰的指向和表述,即活动范围务必要有限度、目标一定要明确、靶向必须要精准。二是实操性。之所以谓之"活动",是因为其要一切以目标为导向、以解决问题为导向,活动计划要由一系列的"活动"构成,每一项活动又由若干工作任务构成,环环相扣、步步为营,形成解决问题的各项措施和方法。专项活动的实操性特征是推动工作深入开展必须具备的核心要素,理解这一点不仅对选择并采用符合当前情境的专项活动策略具有实际意义,而且对制定有效的行动方案也提供了应当遵循的标准。三是突破性。专项活动总是具有集中性和爆发性的特点,也就是说,集专门的力量、特有的资源,在关键时刻举全力解决一个问题,这样的特点自然也就决定了专项活动具有在战术上攻坚克难的实际作用。

上述三个要素表明,在推动工作深入开展的过程中,组织专项活动总是可以收到较好的效果,尤其是在遇到老问题、新困难等复杂情况下。为了使专项活动取得更好的预期效果,这里需要强调三点注意事项。一要防止雷声大雨点小,仅仅为了造势。若"专项"变成了虚张声势,"活动"变成了"花架子",这样的专项活动不仅无助于问题的解决,还会给工作带来非常负面的影响,导致工作更难以深入。二要防止千篇一律。事实上,这也是一种形式主义的做法,虽然看上去每年都在组织专项活动,事实上却没有任何新意,没有任何改变,更没有针对新情况、新问题进行解决,无非是"既治不好病,也治不死人"的安慰剂。三要防止专项活动搞得轰轰烈烈,平日工作却干得冷冷清清。专项活动是推进工作的重要策略,但是仅仅依靠专项活动来巩固工作成果是难以做到的,只有久久为功才能更好地使专项活动发挥作用,才能真正促进工作的深入开展。

三、打造服务品牌

打造职业指导服务品牌是推动职业指导工作深入开展的又一重要策略。实施这一策略有两个主要目的。一是更深层次地对职业指导的内涵进行表达。这种表达可以使职业指导服务在服务对象脑海中形成一种个性化的印象，促使服务对象与职业指导服务之间形成一个统一的价值取向。二是更大力度扩大职业指导的积极影响。服务品牌是可以带来溢价、产生增值的一种无形资产，增值的源泉来自服务对象心中形成的综合印象，如果服务品牌打造成功，就会深入人心、口口相传。

打造服务品牌可以很好地帮助达到以下三个效果。一是由于品牌更注重意识形态和心理描述即对服务对象的期待和需要进行规划、引导和激发，可以使人们对服务品牌的模糊认识更加清晰化。二是可以在提供服务前对服务需求做出正确的判断，从而有效阻止不正确的操作，避免损失，为职业指导服务推广提供了基础保障。三是职业指导服务品牌会更好地促进公共就业服务总体品牌战略的实施，反过来还会对推动职业指导工作的长期、整体发展起到促进作用，两者结合会产生良好的整体效应。例如上海市在"乐业上海"品牌的引领下，市区协同、探索创新，共同构建起专业化、精细化的职业指导服务体系，使上海公共就业服务能效不断升级，上海市举办的"东方讲坛—职业生涯系列讲座"，带动了杨浦区的"乐业空间—区域品牌服务"、静安区的"创新职业指导能力—提升新形式"、普陀区的"我行我秀—职场挑战赛"、徐汇区的"校园职业指导—精品课程"、虹口区的"职立方—职业苗圃"等就业品牌的发展。

打造职业指导服务品牌要把握三个关键。一是了解自己。在建立品牌之前，必须了解自己能够为服务对象提供什么价值？自己的品牌在行业和领域中的优势和劣势是什么？这就是说，在进行品牌建设之前必须先对自身进行评估，只有这样，才能真正为品牌的定位和品牌战略的实施提供正确的方向。二是了解服务对象。打造服务品牌要充分了解职业指导本质特色、服务环境、服务对象的认知等多方面信息，若单从传播层面去评估是片面和不客观的。这个环节可以让我们认识到创建品牌的重要性以及如何站在服务对象的角度上思考问题。三是设计完成品牌的各个部分。品牌名称、品牌说明、品牌口号、品牌图案表述以及品牌故事这五个部分相互独立且密不可分，这是将品牌作为一个整体必须把握的，也是服务品牌打造成功与否的关键。需要强调的是，在打造职业指导服务品牌的环节中，必然要涉及做出服务承诺，也就是品牌给服务对象许下的保证，做出服务承诺有两个原则：一是要站在服务对象的角度考虑问题；二是服务对象在接受服务之后，能否达到功用以及情感方面的良好效果。

打造职业指导服务品牌要处理好三个过程。一是聆听反馈。在这个过程中要洞察服务对象实际需求，聆听他们对服务品牌的感受和反馈。聆听服务对象的心声是打造"品牌声浪"（品牌声浪指利用各种传播手段使服务对象与品牌之间产生共鸣，形成统一的价值观）的首要任务，只有真正洞察服务对象背后的真实想法和需求，发现隐藏在他们背后的行为和心理，才能做到传播品牌声浪。二是构建双向性的传播通道。所谓"双向性"是指既能接收、融合服务对象反馈的品牌信息，又能结合职业指导服务特性宣传富有吸引力、影响力的品牌信息。在这个过程中，构建双向性的传播通道是整个服务品牌传播的基础，其目的是更具针对性地迎合服务对象的需求，同时结合自身实际状况不断提升品牌的核心竞争力。三是促进服务品牌传播。在品牌传播的过程中，运用多维立体的传播手段，缔造持久强势的品牌声浪区。品牌声浪区是职业指导人员与服务对象进行良好互动的外表层，服务品牌的内涵就是通过品牌声浪区反作用于服务对象的，而他们积极主动的反馈会使品牌更具影响力。服务品牌传播主要是通过蜂鸣传播、公关传播、口碑传播、虚拟社区等现代化传播手段与平台多角度、多层面配合实现的。

四、实施跟踪服务

实施跟踪服务本来就是职业指导服务的重要一环，这项工作不仅技术性很强，更重要的是它对推动职业指导深入开展还有着极为重要的促进作用，其促进作用主要体现在三方面。一是可以充分体现职业指导以人为本、精准化的本质特征。坚持开展跟踪服务的意识，对培养队伍的服务境界和专业化素质都具有重要的意义。二是可以大幅度提高重点帮扶对象的就业成功率，帮助指导取得的良好效果就是一种最好的宣传。实践表明，"扶上马还要送一程"的情景，让许多就业困难人员印象深刻，几乎是全部服务对象对此种做法都表达出感动、感激之情。三是跟踪服务是服务过程的最后环节，也是新工作的开始。加强推广跟踪服务不仅能加深服务对象对职业指导服务的信任，促使其积极投入，同时通过跟踪服务还可获得各种反馈信息，也为职业指导人员积累经验，开展新的服务提供更加有效的途径和线索。

将实施跟踪服务作为推动职业指导工作的抓手，应当注意把握三个要点。

一是坚持建立跟踪服务意识。在广大职业指导人员中坚持强调"跟踪服务"就是贯彻以人为本的思想，倡导创造令服务对象满意的服务理念。这就是说，跟踪服务意识的建立可以潜移默化地改变职业指导工作队伍的服务理念，对服务对象负责、追求服务效果有效、提升服务对象的获得感等想法都会在"跟踪"的理念下产生。毫无疑问，跟踪服务意识的不断强化必定对提升职业指导人员职业素质，促进职业指导服务深入开展产生深远影响。

二是不断强化掌握跟踪服务技术和技巧。跟踪服务要围绕关键环节和问题节点开展、跟踪服务要围绕服务对象的需求开展、跟踪服务要围绕指导流程和规范开展、跟踪服务要有跟踪指导实施方案、要掌握一系列的跟踪服务技巧等。这些内容虽然看上去都是技术上的问题，但实际上通过这些强化和培训，可以实现促进人们服务意识内化的效果，即一方面是技术规范的强化，另一方面是将深化职业指导的意识植入人们的意识和行为之中，而这种效果远远要比掌握技术本身重要得多。

三是灵活控制跟踪服务的"度"。跟踪服务固然会对实现职业指导服务效果起到非常好的作用，但是这样的做法会占用比较多的人力物力，尤其是基层资源普遍匮乏，人手少、任务重，如何在这样的情况下坚持跟踪服务，就需要结合本地实际情况，把握好跟踪服务的"度"。把握"度"一般可采取三种做法。第一种，频次上的科学处理。即将服务对象按情况分类，予以不同频次的跟踪服务。例如，初期跟踪服务频次要密一些，后期可疏一些；事情紧急的可先行跟踪，不紧急的可稍后跟踪。第二种，形式上的科学处理。即依据服务对象的问题性质，采取更为科学的形式进行跟踪服务。例如，简单的问题可通过电话、短信等便捷的形式进行跟踪，复杂的情况可采取入户、入单位的形式进行跟踪服务，遇到情况变化的时候，还可采取不同形式结合的方式。第三种，利用移动终端等现代信息化手段进行跟踪服务，例如，定时、定期发送短信、语音进行跟踪服务，或者利用智能化的小程序进行跟踪服务等。

总之，跟踪服务是职业指导的重要技术，更是推动职业指导深入开展的强有力手段，应当在最大范围内、在最可能的情况下大力推广，尤其要在基层第一线将此作为解决就业困难人员问题的一把钥匙，作为提升基层职业指导人员队伍素质的一个抓手，以充分发挥它对推动职业指导工作开展的积极作用。

五、对典型问题"定点爆破"

随着就业环境的变化，职业指导服务总会遇到一些典型问题，例如，城乡一体化带来的失地农民就业问题、高校扩招带来的大学生就业问题、产业行业转型带来的城镇失业人员就业问题、新就业形态下的就业问题、抗疫期间人们的就业问题等，这些问题总是具有情况紧急、影响力大的特点，而结合这些典型人群的典型问题，及时进行集中性"定点爆破"的做法，可以对推动深化职业指导服务产生积极的促进作用：首先，随着新问题的解决和处理，会带动职业指导服务的不断完善和创新；其次，就业服务的新要求、服务对象的新需求会使全体职业指导人员对职业指导工作产生"带入感"，会很自然地激发出积极投入到服务中的朴素意识和动力；最后，由于采取"定点爆破"方法，服务对象的体验会更深入，服务人员的注意力会更集中，社会的反响会更强烈，这些现象无疑是深化职业指导工作的"催化剂"和"助力器"，具有重要的推动作用。

采用"定点爆破"开展职业指导服务要坚持三点原则。

一是结合重点就业人群实施"爆破"。重点就业人群永远是职业指导服务的主战场，寻找主战场，啃硬骨头，实施全力的集中突破，会在最大限度上锻炼队伍，促进队伍快速走向成熟。例如，在我国改革开放初期，出现了大批下岗失业人员，面对这个主战场，在全国就涌现出许多以戚秀玉、卫宝玲等为代表的优秀职业指导人员。

二是结合关键问题实施"爆破"。关键问题的解决，不仅会赢得服务对象的高度认可，还会使服务人员建立起一种注重问题解决的工作意识，这对深化职业指导服务具有重要作用。例如，高校毕业生的关键问题不是求职技巧的掌握，而是建立积极的职业意识问题；失地农民的关键问题不是失地后的受挫，而是立足于当地的就业出路问题等。解决这些关键性的问题，就是在培养强化职业指导人员的问题解决意识。

三是结合重大事件实施定点"爆破"。抗疫过程中的复工复产就属于重大事件，结合复工复产工作的推进，顺势开展职业指导服务势必会带动、唤起职业指导人员开展工作的热情。例如，在抗疫期间，北京、广东等地区组织职业指导人员，利用新媒体、广播、网站等各种线上传播手段，录播了大量的视听资料开展职业指导，充分发挥了职业指导的作用，取得了可喜的效果。

六、建立服务模式

建立职业指导的服务模式是促进职业指导走向规范化、科学化的必由之路，也是推动深化职业指导服务的有力措施，其实际意义有三。一是促进服务更加理性化。建立服务模式的过程，正是人们对职业指导工作和效果进行理性化梳理的过程。在这个过程中，人们会注意到建立职业指导理念的重要性，会对服务目标进行靶向确认，会对服务的流程、内容进行梳理，更会关注服务的效率和效果，这些行动的内容无疑对贯彻落实职业指导服务起到极好的推动作用。二是促进服务创新的开展。建立服务模式的过程也是人们开展职业指导服务的创新创造过程，这个过程中人们会整合服务资源，学习先进做法和经验，结合本地实际开展工作，从而萌生出更实际、更具针对性的创新思想和做法，不断探索、不断实践，形成线条、形成结构、形成系统，最终形成具有创新性的工作模式。例如，北京市原宣武区的塔形职业指导工作模式[1]、东城区的情景效能职业指导"八平台"工作模式[2]、大连市戚秀玉职业指导法和南昌市"职业大篷车"职业指导法[3]、上海市黄浦区"三五"职业指导法[4]，以及烟台市在开展企业用人指导的过程中探索推行的分步引导"四步法"（调查诊断、研究论证、对症下药、持续跟踪），许昌市在为

---

[1] 指"大群体授课式法规政策指导教育（塔底）"+"小群体互动式成功求职策略培训（塔中）"+"个体多维模式的分类指导（塔尖）"形成塔形结构，建立求职指导、跟踪指导、特殊指导、专家指导的四级分类指导体系，并以视听、资料、职业素质测评等为辅助手段，从社会、心理、职业与素质构成等多角度，连贯性地对不同求职者进行指导的职业指导服务模式。

[2] 指面向城镇失业人员开展谈心会、政策课堂、流动党员之家、心理测评、职业培训、用工指导、职业供求信息传递、青年职业生涯策略八种形式的具体指导。

[3] 这些做法体现了服务进企业、服务进街道、服务进社区、服务进家庭的主动服务工作理念，在最大限度上发挥了职业指导的辐射作用，扩大了职业指导的影响。

[4] 指对城镇失业人员开展职业指导要实施"三个五"，即"五心"（爱心、热心、真心、耐心、细心）、"五清"（清楚下岗原因、清楚家庭现状、清楚所具有的技能、清楚择业要求、清楚思想动态）；"五勤"（脚勤、手勤、眼勤、脑勤、嘴勤）。

企业开展用人指导时，为帮助企业完善招聘方案并制定科学的人力资源管理制度，总结出的"对比法、算账法、保障法"等。三是促进职业指导服务工作全面开展。显而易见，各地职业指导服务工作模式的建立就像雨后春笋一般，在经历了实践风雨的检验后不断涌现，又在问题解决的过程中不断成长并走向成熟。这些实践充分表现出基层职业指导服务人员无限的想象力和创造力，也进一步有力地证明了建立职业指导服务模式对推动深化职业指导工作具有极为重要的战略意义，职业指导在就业服务中起到至关重要的引领示范作用。

建立职业指导服务模式应当注意把握三个工作要点。

一是鼓励基层服务人员大胆实践。职业指导服务模式的建立是在大量的服务实践中逐步形成的，因此，平时鼓励基层服务人员大胆实践是非常重要的。应鼓励人们结合服务对象需求，结合本地实际，不断探索、不断实践，在实践中获得灵感和收获；引领人们学习理论，学习先进经验和做法，吸收各家之长，努力形成自己的特色；倡导人们敢于向传统挑战、向书本挑战、向困难挑战，以问题解决为导向，取得适用于本地实际的有用成果。

二是帮助基层人员及时总结、科学梳理。及时总结服务规律，科学梳理工作程序和内容是建立服务模式的重要方法。应组织人们不断地开展集体交流和研讨，相互启发、相互借鉴，寻找问题解决的最佳途径；引导人们主动征求服务对象的反馈，认真听取他们的亲身体验，仔细寻找服务中的不足和漏洞，对服务随时进行调整和改进，力争在最大限度上做到工作落地、服务有成效。

三是激励基层人员坚持初心，不断将成果发扬光大。这个环节是针对服务模式建立后的情况，目的是将来之不易的成果巩固下来、坚持下去、扩大推广、发扬光大。职业指导服务模式是基层职业指导人员的智慧与就业服务实践的结晶，是职业指导科学实践带来的宝贵财富。对于已经取得的成果，要杜绝因为人员变动、形势变化而使其丧失。坚持贯彻已经形成并且得到实践检验的服务模式，通过制度将这些服务做法固定下来，利用机制有效地进行管理，继承前人的优良传统，防止人走茶凉；坚持根据新形势、新目标、新要求，对原有的服务模式进行不断改进，不断地升级迭代，提升服务的"版本"，使其在理念和技术方面更加先进，使服务程序更加简捷，争取服务内容更加充实，同时还要保证基层服务人员学习掌握起来更加得心应手。职业指导服务模式就像一颗火种，当工作要领付诸实践，推动深化职业指导工作必将水到渠成，星星之火就可以形成燎原之势。

七、总结推广案例

职业指导作为一门学科，对于整天疲于应对日常业务工作的基层就业服务人员而言，学习掌握其中的知识和技能绝非是一件简单的事情，而通过总结推广职业指导服务的典型且富有多种意义的案例，以帮助基层就业服务人员快速熟悉掌握其中要领，是一种最朴素的想法。然而事实上，总结推广案例的做法对推动深化职业指导还有着更为重要的作用和意义，其主要作用和意义有四点。一是有利于积累实践经验和成果。职业指导工作的深入开展离不开平日里点点滴滴的经验积累，将这些零散的、微小的事件以案例的形式记录下来，积少成多，就能构筑起职业指导服务实践的参天大厦。二是有利于专业素质和行为的养成。如果每位职业指导人员都能将自己所经历的服务事件进行有意截取，对自己的行为予以总结和梳理，为他人学习、掌握、研究提供借鉴，则必将对提升个人乃至于全体就业服务人员的专业素质起到重要的养成作用。三是有利于培养基层实战人员。案例推广最适于培养具有实战技能的基层服务人员，这主要是因为它不仅可以作为一种工具以便于说服、便于理解、便于培训，还可以作为最有效的载体直接向人们传递有针对性的培训内容，其情景真实、聚焦问题、通俗易懂、便于掌握，有极高的培训成果转化效果。四是有利于挖掘规律，开展研究。职业指导案例存在标准样式，具体来讲就是对诊断、帮助指导方法等方面进行详细记录，以便有据可查。这不仅为人们更好地适应案例情景提供更多方便，更重要的是还可以根据案例对相关问题进行深入的研究分析，从中寻找带有规律性、普遍性的成分。作为应用学科，职业指导应当发挥推广案例这个最行之有效的研究工具以推动工作的开展，并使职业指导案例总结和分析在整个学科体系、服务系统中占有重要位置。显然，案例的总结、借鉴效应可以在无声无息的运作中对职业指导服务产生巨大的内部推动力，促使其不断前行、不断进步、不断发展。

利用案例推动职业指导工作，最重要的前提就是将案例总结到位。但是，要做到将一个看似平凡的事件进行系统而又有针对性的总结，并挖掘出有价值的内容，在实际操作中并非易事。理论水平高的学者往往缺乏实践经验，总结案例难以落地；实操经验丰富的基层人员往往理论基础薄弱，总结的案例难以在更深层面、更广范围指导实践。以上原因导致了多年来职业指导典型案例库始终未能成功建立起来。这里就进行案例总结重点提出三项措施。

一是将平时的职业指导服务事件记录在案。

医生看病所做的病例在多年后都可供翻阅查询，职业指导也应当采取这种做法。记录服务事件首先可以将职业指导的所有信息"记忆"下来，防止信息流失，为提炼典型案例提供必要条件；其次，可以促进专业行为的养成，通过这个行为促使基层服务人员在实际工作中学习撰写案例的本领，学习如何抓住问题要点并反映问题，掌握如何诊断，如何建立帮助思路、帮助策略等。案例是一种叙事性的追忆，带有明显的叙事风格，但同时又要以非常专业的方式对典型事件进行追述和归纳，若记录不完整、情况反映不真实，则会严重影响案例的质量和推广效果。这要求职业指导人员应像医生看病一样，养成随手记录的专业习惯。在下班前及时完成服务事件的记述，在事后反复研读并不断修订补充是实施这项措施的重要前提。

二是严格规范职业指导案例撰写的标准结构和形式。

首先，职业指导案例要从结构上具备四方面内容。

1. 背景情况。主要包括三个方面。第一，个人背景情况。如个人自然信息、职业优势与局限、求职意愿、从业背景、教育和培训情况等。这方面的信息直接影响帮助决策的制定等一系列行动，是案例撰写的重点内容。第二，职业环境背景情况。如就业所涉及行业、行业政策、用人单位招聘情况、相关的重大事件等。第三，家庭背景情况。之所以将这方面专门列举是因为格外强调这方面的信息对个人就业以至于职业成长发展的影响非常大，应当予以其高度的关注，尤其面对就业困难群体时更需要对其进行全面了解和记录。如家庭的经济状况、家庭成员的生活和健康状况、家庭成员对当事人就业的影响性质和程度等。

2. 诊断情况。主要包括四个方面。第一，主要诊断方法和手段。第二，采用何种辅助性诊断。第三，说明鉴别性诊断方式及其特征和指标。第四，详细说明诊断结果情况，并附上相关测验、探查等报告。

3. 帮助指导情况。主要包括四个方面。第一，帮助指导的思路和决策。重点说明帮助的思想、策略和方案等，通过这方面的说明能够反映出问题解决的战略战术意图。第二，帮助指导的措施。重点说明帮助的途径、方法、手段、技术等，通过这方面的说明能够反映出实施问题解决行动的关键细节。第三，帮助指导的过程。重点描述帮助过程中的程序、内容、问题及其结果反馈情况等，通过这方面的描述能够反映出帮助指导在具体实施中的细节和相关变量的各种影响，尤其是还可对预期结果进行多方面的评估，更好地帮助职业指导人员调整思路，修正行为。第四，其他重要的相关情况和信息。指案例撰写人认为有必要特别说明的重要情况和信息。

4. 案例分析。前三个方面内容的描述都是对现实事件的真实反映，而这部分内容则是案例撰写人对事件的高度概括和思考。一般主要涉及四个方面。第一，原因分析。主要包括引起问题发生的原因、机制、特征、产生的影响等。第二，方法、措施和手段的效果分析。主要是诊断与帮助指导的方法、手段的应用，帮助指导过程中应对措施的效果分析等。第三，主要结论。即对案例所反映的问题、解决方案、关键措施等重要事宜进行简明扼要的小结。第四，延伸思考。主要是结合案例问题或焦点引发的更加深入的理解和建议。显然，案例分析和内容归纳得越有高度，分析得越透彻，其所指出的问题就越具有典型性，提出的建议就越具有操作性，案例就越具有推广借鉴价值。

其次，职业指导案例要在形式上具备三个要素。

1. 具有完整的情景表述。撰写职业指导案例要有完整的情景再现，但其绝不是讲故事、写流水账。完整的情景再现是以案例主题为基点的，即围绕案例将要反映的焦点，"截取"最重要、最关键、最核心的情节和信息，给人一个典型的故事情景。通过这个典型情景的描述，可以说明案例细节，帮助人们了解事件真相，从而带入思考、产生共鸣。

2. 具有典型的问题冲突。能给人以启迪、给人以借鉴的好案例总是与三个关键词有密切关联：冲突、危机、高潮。这听起来像是在谈论戏剧，其实，案例与戏剧在这方面异曲同工。冲突讲的是案例要提出典型问题、疑难问题，并解决问题，而没有典型问题、没有疑难问题、没有实打实的问题解决，就等于没有了冲突。而案例提出的问题越尖锐、越典型，就意味着冲突越激烈，问题解决就越具有戏剧性，就越发容易使人感同身受、带入情景、引发思考。危机讲的是冲突解决前的最后节点，案例要以解决问题为主线，环环相扣、步步紧逼，将事件推向一个又一个危机，将人们自然地带入化解冲突的探索和思考中去。高潮讲的是危机的最终解决，可以想象，没有危机解决的案例，有谁会愿意读这样的"故事"呢？值得强调的是，三个关键词意图说明的是职业指导案例内容要以问题解决为导向，力争有典型意义、实用价值，易于使人学习掌握。

3. 具有多元的意义未尽性。不是所有事件都可以成为一个优秀的职业指导案例，这是因为一个优秀的案例应含有多种可能性，存在丰富而有价值的信息，能够启发人们更多地思考，能够促使人们进行学习、探究问题解决的方法并将其付诸行动，能够引导人们进行知识迁移并在实践中进行验证、尝试和应用，这就是所谓的意义未尽性，而这种现象表现得越强烈、越多元化，就越能反映出案例本身所包含的潜在价值。需要指出的是，真实而复杂的情境勾画、典型事件原委的简洁交代、多个问题的有条理呈现、特别关注焦点的精准陈述、一个或者多个解决方法等，都是案例在形式上应努力追求的重要表现特征，毫无疑问，这些特征是构成案例中所具有的丰富而多方面的意义和价值的基础。

三是坚持职业指导案例集体创作。

这项措施有三层含义。一是指争取更多的人撰写案例。写的人多了，好的案例就有可能涌现出来，就意味着会有更多的人参与到职业指导工作中来。二是指成立一个案例撰写小组，由一个人执笔，其他组员共同研讨完善。共同研讨过的案例总是可以集中更多人的智慧，使案例更全面、更系统、更容易被人认可。三是将写好的案例放在线上，邀请各方人士提出意见，号召同业人员进行研讨并将其补充完善，不断提出建议，不断进行补充，经过长时间的磨砺形成经得起时间检验的优秀案例。

八、孵化器推动

在创业板块里，"孵化器"有着比较明确的界定：通过为新创办的科技型中小企业提供物理空间、基础设施以及一系列的服务支持，进而降低创业者的创业风险和创业成本，提高创业成功率，促进科技成果转化，培养成功的企业和企业家。推动职业指导工作的深入开展不妨借鉴孵化器的概念，即在职业指导工作初创期间，公共就业服务机构提供工作场地、基础设施以及一系列的服务支持，以促进职业指导工作快速开展、迅速推开。"孵化器"对推动工作的作用显而易见，但针对职业指导工作推动，它还有着更为重要的三个作用：一是通过孵化器的基线标准，可以在最大限度上贯彻职业指导服务规范，形成统一规范的职业指导服务；二是利用孵化器的"复制"特点，可以在最大范围内扩展职业指导服务窗口，形成职业指导服务窗口的"连锁"，实现覆盖全域的战略目标；三是利用孵化器众创、孵化、加速三大功能，形成服务种子期、初创期、成长期等围绕职业指导发展的全孵化链条，在最大限度上建立起得以使职业指导蓬勃开展的生态系统。

作为推动职业指导服务开展的孵化器应当具备四大功能。

第一，提供服务空间。提供开展服务、研发的场地，并提供通信、网络与办公等方面的共享设施，降低服务风险和服务成本，加快服务窗口开展工作的推进速度。

第二，提供资源和相关服务。提供软件配套设施，如包括职业指导服务规范、职业指导服务操作手册、职业指导案例、职业素质测评等相关软件设施，并给予系统的培训和咨询，提供政策、法律和服务推广等方面的支持。

第三，孵化服务窗口。职业指导孵化器的一项主要功能是不断孵化出有资质能力的服务窗口，例如，在街道、学校等设置职业指导工作室，为了保障这些服务窗口在最初创建阶段能够稳步运行，公共就业服务机构可予以技术、资金、管理方面的支持，为这些新兴的服务窗口创造良好的服务环境和条件，帮助并促进其迅速成长，获得较好的生存和服务能力。

第四，孵化队伍。实现这个功能主要应从两个方面着手：一是提供一系列服务思维模式和行为模式的专业辅导，使职业指导人员更加快速地理解职业指导服务理念，掌握开展相关服务的规范和技能；二是提供人文管理方面的强化服务，即开展服务人员心态管理、规章制度设计、合作模式研究、信用体系管理、企业文化设计等，只有把人员强化到一定标准，才能把服务做强做大。人力资本管理是长远增值的举措，队伍的孵化需要在这方面建立一套完整的人事管理机制和规章制度。

总之，通过服务硬件与软件设施的提供、技术服务咨询和专家指导、服务项目的推荐以至于人员培训和管理等一系列的支持性服务，必定可以在短时间内迅速完成区域职业指导服务窗口的布局，带动社会各方面力量参与到就业服务工作中来，培养出一批基层职业指导人员等，这些孵化效应会大大拉动地区职业指导服务广泛深入地开展。

阅读与思考

本章通过对战略、战术两个层面的阐述，说明了建立职业指导工作理念的重要意义和作用，同时提出了建立各种操作理念的可能性，但是，这些内容显然还不能完全解决各种复杂环境下推动职业指导工作开展的问题，这就需要人们在实际工作中结合本地实际，灵活机动地运用本章所阐述的思想和精神，实事求是、求真务实并具有创造性地开展工作。下面以中职学校开展职业核心素养发展训练为例，请从战略、战术的角度进行研讨，理解体会其对职业指导工作开展的促进作用和积极意义。

一、背景情况

1. 课程性质

职业核心素养发展训练是中等职业学校学生的一门必修课。在形式上，本课程要与入学教育、德育、职业指导、班会、社团等相关课程和活动紧密融合，并渗透于公共基础课及专业课的教学过程。

2. 教学目的

以帮助学生实现高质量就业为基本目标，通过实施有针对性的职业核心素养发展训练，使学生了解职业核心素养要求，熟悉职业道德和规范，提升职业素养，建立正确的职业意识，养成良好的职业行为和习惯，为学生顺利进入社会，走上工作岗位，实现职业生涯发展奠定良好基础。一句话：促入职、促进步、促成功。

二、主要思路

本课程主要以结合教育教学各项课程、各项活动的形式开展。力图将职业核心素养养成贯穿于职业教育教学过程中，改进职业指导单一的课程教育形式；围绕职业核心素养教学目标和内容，加强各课程核心教学点的联结，加强系统性和针对性，提高训练力度和强度；整合与职业素养相关程度较大的课程，减少、减轻学生课程负担，提高教师教学效率和效果，努力形成以职业核心素养养成为主线的中等职业教育教学模式。具体形式如下。

1. 结合德育、职业指导课程开展训练教学。在执行教育部原大纲基本框架和内容基础上，以职业核心素养养成为重点，精简原大纲内容，整合重复课程，联结专业、岗位职业素养要求，课课融入职业素养成分，课课联结职业素养要点，课课练习行为养成，形成以此类课程为主要形式的职业核心素养养成训练教学。

2. 结合入学教育、社团活动及班会开展训练教学。围绕职业核心素养养成目标和内容，以学校组织开展的各项活动为载体，高度融合和联结职业素养养成内容，突出职业素养养成活动目标，细化职业素养养成活动内容，规范养成教育训练流程，实施活动效果反馈和评估。

3. 结合公共基础课、专业课开展训练教学。围绕职业核心素养养成目标，结合公共基础课、专业课教学内容，渗透职业核心素养精髓，找到联结点所在，巧妙设计联结形式。尤其是专业课要紧密结合岗位要求，结合业内规则进行联结，力图形成与职业素养先进理念的联结、与核心内容的联结和与良好行为养成的联结。

4. 结合毕业实习开展训练教学。将毕业实习作为职业核心素养养成的最后阶段，实施更加系统、更加贴近业内及岗位实际的职业核心素养养成计划，完全进入现实环境，完全从实际要求出发，明确养成目标，规定养成内容和标准，强化防范意识、养成意识，规范职业行为，多指导、多示范、多反馈、多激励，做好毕业前职业核心素养发展的最后强化和提升。

第4章 职业指导工作理念的创建

第05章 职业指导服务窗口和平台的建设

要做好职业指导服务窗口和平台的建设必然涉及两个关键点：设计模板和建设实例。设计模板可以帮助人们顺利开展顶层设计，从根本上把握建设规范的核心要素，从操作上掌握设计流程和内容等；建设实例可以帮助人们更好地理解设计思想，学习到更直接的宝贵经验。服务场所建设[①]是一个跨专业的问题，涉及心理学、建筑装饰、信息化等多学科、多领域，对基层职业指导人员而言存在许多挑战和困难，但实践表明，一旦人们掌握了这两个关键点，有了看得见、摸得着的范本，就会大大降低这方面工作实施的难度。

要做好职业指导服务窗口和平台建设应该高举"三面旗帜"。第一

---

① 服务窗口和平台从广义上讲可以认为是服务场所。下文中服务场所与服务窗口和平台两种说法之间会互换使用，其意义相同。

面是以人为本的旗帜。服务场所建设只有以服务对象为本，从服务对象的需求出发，以服务对象的满意为工作目标，建设好的服务场所才能具有亲和力和生命力。第二面是功能至上的旗帜。功能是服务场所的灵魂，没有功能的服务场所就如同没有灵魂的躯壳。服务场所建设应一切从功能出发，场所内所有的设施、设备，都应有用、实用、好用、耐用，徒有形式没有功能的坚决不用。第三面是科学建设的旗帜。服务场所建设要按照科学规律办事，要结合地区经济发展需要，结合当地工作基础，做好总体规划和顶层设计，要结合服务对象需求并重视功能需求分析，控制好时间节点并在关键环节做好质量控制和进度管理。只有做到这些，才能保障服务场所建设的质量。

本章将力求为基层提供三方面的参考。

第一节，职业指导工作室的建设。本节主要包括两方面内容。一方面介绍职业指导工作室设计核心内容，从应用的角度阐述职业指导工作室的主要设计流程和主要设计内容，从需求分析、功能分析与设计、布局设计等方面提供参照线索，以帮助人们解决怎样设计功能方案、怎样进行深化设计等服务窗口和平台建设过程中可能遇到的重大问题。另一方面通过提供职业指导工作室建设的设计模板，为人们提供了服务窗口和平台建设所需的重要工具，帮助其掌握关键技术和技巧，从而使其能够更加顺利地完成设计全过程，并始终从整体上把控设计工作全局。通过对这两方面内容的介绍，使人们从概念上理解职业指导工作室设计的关键所在，从应用上把控实现设计细节的重点与难点。

第二节，职业指导线上服务平台的建设。本节主要包括两方面内容。一方面是职业指导线上服务平台设计核心要点，该方面从基本思路、功能设计、模式设计和运营规划的角度说明了建设线上平台需要重点把握的内容和要点。另一方面通过提供职业指导线上服务平台设计模板，帮助人们通过实例学习如何解决设计平台建设目标、设计平台框架结构、进行功能需求描述等平台建设过程中的核心问题，帮助人们掌握职业指导线上服务平台的重要设计环节。

第三节，职业指导工作室和线上平台建设实例。本节选择了职业指导工作室建设指导手册和职业指导线上平台建设实例这两个案例，深度剖析其中的核心设计要领和细节，以此提供更直接的设计体验，引导设计规范，促进服务创新。

第一节　职业指导工作室的建设

一、职业指导工作室设计核心内容

（一）主要设计流程

职业指导工作室的主要设计流程可简要概括为两个大的步骤：一是方案设计，二是深化设计。

1. 方案设计。方案设计主要是以项目报告书的形式，用文字说明职业指导工作室建设的指导思想、设计目标定位、实施原则等具有整体定位性质的框架性内容。具体来说，就是要重点回答如下九个问题。

（1）服务对象是谁？职业指导工作室的服务对象可能是高校毕业生，可能是城镇失业人员，也可能是失地农民，还可能是进城务工人员，甚至可能同时面向多类服务对象。不同的服务对象有不同的需求，要满足不同的需求，就需要提供不同的服务内容、采用不同的服务形式、体现不同的服务特点等，这一切都要在硬件建设过程中首先予以考虑。

（2）目标是什么？由于各种复杂的情况，职业指导工作室的功能并不是千篇一律的，而要根据本地实际情况设定更具针对性的目标。

（3）功能区域和服务窗口有哪些？职业指导工作室有一些基本的服务区域和服务窗口，但是往往由于服务对象和服务需求不同，设立何种服务区域和服务窗口要在进行职业指导工作室设计之前认真进行梳理，否则会直接影响工作室的全局建设。

（4）重点和特色是什么？强调重点就是强调工作的重心；强调特色就是倡导结合本地实际，创造性地开展工作。只有把握住工作的重心并形成独有的工作特色，才能更好地发挥职业指导工作室的作用。

（5）服务功能和服务细节有哪些？服务功能和服务细节是职业指导工作室提升服务效率和效果的重中之重，必须认真梳理、反复研讨，在最大限度上予以强化。这方面的策划突出体现了功能设计的专业性特征。

（6）如何进行布局？功能区域和服务窗口的整体布局决定着职业指导工作室整体功能的发挥，也决定着工作室的空间能否合理应用、是否美观等方面。

（7）基调和风格是什么？职业指导工作室的基调应当是温馨且具有亲和力的，设计风格要简洁大方、美观舒适。通过这方面的设计使服务对象进入到工作室里就会产生安全感，就能感受到温暖的氛围，起到稳定服务对象情绪的作用。

（8）需要什么样的设施和设备？如必要的线上服务设施和设备、线下阅读所使用的视听设备以及相关的书籍资料等。

（9）运作模式是什么？职业指导工作室采用的运作模式是平台模式，还是多边模式等务必要在方案设计过程中加以明确。之所以把这个问题排在最后，是因为在实际操作中它最容易被人们忽略。事实上，这个问题是决定工作室"生死存亡"的大问题。

2. 深化设计。深化设计主要是在方案的工作基础上进一步设计出更加具体、更具技术性的内容，这些内容更直观、更具操作性。从建筑装饰设计的角度，主要是编制"二图三表"：工作室的平面布局图、效果图，设施设备配置表（含书籍资料）、家具配置表和宣传装饰配置表。

（二）主要设计内容

主要设计内容包括需求分析、功能分析与设计、布局设计、服务细节设计、风格设计等方面，以上方面既相互独立又相互联系，既要体现专门的内涵，又存在着构成上的整体和统一性要求。

1. 需求分析。工作室的设计应遵循以目标为导向的原则，目标就是使受助者满意，因此首先应当进行需求分析。

（1）需求分析的内容。需求分析的内容主要包括五个方面。

①明确谁是具体的服务对象。

②明确服务对象的基本需求。

③明确服务对象的特殊需求。

④明确地方特色和发展的需要。

⑤明确其他需求。

（2）主要方法。要做好需求分析，就需要掌握主要着眼点和方法。

①从主要经办业务角度进行总结。

②从主要服务对象特点角度进行总结。

③从地方经济发展角度进行总结。

④从工作现状及发展角度进行总结。

⑤专访不同层面的有关人员。

⑥开展专题研讨。

⑦进行多次的现场调研。

2. 功能分析与设计。工作室功能分析与设计是需求分析的具体化，也是工作室设计的核心内容，是最关键的环节之一。其主要涉及功能区域、服务窗口、服务功能三项内容，以及特殊服务功能要求。

（1）功能区域的设置和划分。

（2）服务窗口的设置和划分。

（3）服务功能设计。

（4）特殊服务功能要求。

进行功能分析主要采取两种方法。一是参照基本模式。工作室功能设置有其基本模式，参照基本模式再结合本地区的实际情况进行功能上的增加或删减，这样可达到事倍功半的效果，它既保障了功能定位的大方向，又可以大大提高工作效率。二是功能分析表。功能分析表分为简表和繁表，二者都是专门用来开展功能分析的工具，前者可以快速地梳理出所需要的功能；后者则可以更详尽地针对功能细节进行完善，可以视工作复杂情况加以选择。详见下文"设计模板"。

3. 布局设计。布局设计是工作室功能在二维空间下分布、设置的设计，其主要包括功能区域和服务窗口的分布和衔接，通过这一环节，可以更准确地反映场所功能的主要需求，是场所建设的核心内容和重要环节。

（1）区域分类。布局设计主要涉及四类区域。

①功能区域。

②服务窗口。

③主要设施。

④特殊部位。

（2）实施原则。进行布局设计应当遵循如下原则。

①保持通透感。不能让人的视觉受到过多的阻挡，否则会给人带来压抑的感觉。

②动静分开。人流走动的地方是"动区"，个别会谈之处是"静区"，这两个区域不能离得太近，否则会相互影响。

③开闭结合。职业指导信息查询区域来往人员较多，宜做成开放区域；个别指导、团体指导区域需要具备研讨问题、保护隐私的功能，宜做成封闭的区域。

④功能叠加。希望更好地利用空间或空间上存在局限时，都可采取功能叠加的方式巧妙地利用有限的空间，以增强功能作用。

⑤空间布局适宜。功能区之间、物体之间均要留出间隔，不能把空间塞得太满，否则不仅不能帮助人们缓解压力，还会使人心烦意乱。

⑥巧妙利用空间特点。利用每一个空间的特点，巧妙借势，将空间优势更好地发挥，将劣势变成优势，形成独特的风格。

⑦区域间的科学衔接。如功能区、服务窗口的衔接就要遵循工作流程先后次序进行布局。

⑧其他一些必须注意的问题。如安全、美感等。

4. 服务细节设计。服务细节是以人为本、服务精细化等理念的具体体现，其内容直接作用于服务对象，决定着服务对象的满意度，其效果直接反映服务质量和水平，对场所功能建设的成功与否有重要影响，是工作室建设的精华，应予以高度重视，并深入研究、不断改进。

（1）细节分类。服务细节可以分为 10 个方面，并据此做出一张表格，然后像"填空"一样，对照表格将所要设计的服务细节一一列出。设计服务细节是一个全心全意为服务对象着想的过程，也是一个不断完善工作并发挥创造力的过程，人们总是将其作为衡量工作室服务效果的重要指标之一。服务细节的 10 个方面如下。

①功能区域在空间上衔接的细节。

②引导的细节。

③简化操作环节的细节。

④规范服务的细节。

⑤宣传展示的细节。

⑥周到服务的细节。

⑦即时处理的细节。

⑧主动服务的细节。

⑨环境美化的细节。

⑩附加服务的细节。

（2）实施原则。要有创造性地设计服务细节，在设计过程中应遵循如下原则。

①从服务对象的需要出发。只要是服务对象需要的做法和行为，就要千方百计地实施。

②最大限度地创造服务，使服务对象满意。只要是使服务对象感到满意的做法和行为，就要尽最大努力实施。

③力求精细化。在服务时应做到周到、体贴、便捷、温暖。

④提供附加服务。如提供具有创新性的服务。

5. 风格设计。职业指导工作室有其独特的文化内涵和鲜明的特征，它不同于酒店、餐馆、银行、手术室等。工作室整体设计风格应为简约型，但简约不是粗制滥造，而是以温馨、具有亲和力为基本目标，即一方面要保持简洁明亮，另一方面还要保持朴素大方。具体来讲主要应注意如下五个方面。

（1）基色调。屋内基色应选择暖色调，如麦芽黄。

（2）辅色调。辅色主要用于点缀。辅色应与基色的色系保持一致，但要形成鲜明的反差，如采用麦芽黄做基色，可用中国红做辅色。

（3）主材料。建议多用木，少用石、玻璃、铝合金，以保持温馨感并减少距离感。应注意实用性和经济性。

（4）地面材料。宜选择暖色调瓷砖。

（5）家具。尽量多用木质、布质家具，色调宜选择鲜艳色调、暖色调。

总之，对工作室风格设计的把握要遵循美学、人文等要素，即具有统一感、整体感，要以暖色调为基调，家具要有适宜的比例和尺寸，家具的颜色选择要注意突出与对比，力求满足心理适宜性、人文倾向性及人体工学的要求，要努力使服务对象感到满意。

二、职业指导工作室设计模板

（一）工作室设计的工具模板

工作室设计的工具模板主要包括"功能分析表""功能 WBS 图解"

"人本服务细节设计模板"等，这些模板都是方案深化设计过程中专门用来帮助完成重点、难点任务准备的，对设计工作顺利进行具有非常有效的助力作用。

1. 功能分析表。功能分析表主要用于功能梳理，功能梳理与设计要考虑场所实际情况、服务对象需求、运营模式等因素，绝不可照猫画虎、千篇一律。从基本服务功能而言，职业指导工作室主要包括"一台三区"，即服务台、信息发布区、职业指导区、综合服务区，每个区域又设具体的服务窗口或功能。职业指导工作室功能分析设计表具体样例见表5-1。

表5-1　　　职业指导工作室功能分析设计表

序号	主要功能区	序号	服务窗口及功能	设计要求
1	服务台	1	分流与咨询	同时可供1~2人咨询，宽度不大于1.5 m
		2	服务台展示牌	显示要明晰，用液晶屏显示
		3	叫号系统	紧邻服务台，为个体职业指导室、特殊群体窗口、创业指导窗口等提供叫号服务
2	信息发布区	1	大屏幕区	环境安静，半开放，可兼容开放指导培训功能
		2	触摸屏区	环境安静，全开放，触摸屏台数设置依情况而定
		3	大学生自助查询区	环境安静，半封闭，有2个服务岛，一岛四座。可与咖啡吧部分叠加
		4	液晶屏发布区	根据区域实际情况可集中，也可分散设置，但应相对设置在一个大区域中，与职业展示区相结合
		5	专屏区	本区域应少使用大幅广告屏、电子屏，应多使用大幅信息栏，应色彩鲜艳、明显，专播：1. 重要职业岗位信息，2. 企业广告信息，3. 合作机构信息等
		6	信息传媒加工、整理室	相关配套设施、设备，如自媒体录制设备、打印机、摄像机、照相机、计算机等

续表

序号	主要功能区	序号	服务窗口及功能	设计要求
3	职业指导区	1	个体指导室	环境私密、温馨，可以和素质测评、远程指导、办公区叠加
		2	团体指导室	环境私密、温馨，可作为会议室
		3	自助指导角（含职业展示）	环境相对安静，全开放，可与大学生自助查询区的功能相叠加
4	综合服务区	1	咖啡吧	配套简餐设施，全开放。沿窗设1.2 m吧台；设茶座若干，有坐有站，灯光柔和舒适
		2	书刊阅读区	环境舒适温馨、半开放，可以与自助指导区的功能相叠加
		3	小超市	根据地形和服务窗口，灵活摆放2~3个货架，专售职业指导相关读物等

2. 功能分析图解。功能分析图解主要用于功能分解，在进行较复杂的工作室场所设计时，非常有必要选用这一工具，具体模板如图5-1所示。

3. 人本服务细节设计表。人本服务细节设计表主要用于服务细节的梳理和设计，可以根据此表给出分类，针对每一类下的细节逐项进行梳理，具体样例见表5-2。

(二)工作室设计的参照模板

工作室设计的参照模板主要包括"工作室功能设计流程模板""工作室功能设计方案模板""工作室宣传展示设计模板"等，这些模板主要用于帮助设计人员把握全局、关注重点，对设计工作取得成功可以起到决定性作用。

1. 职业指导工作室功能设计流程模板。该模板主要用于初学者，可以帮助设计工作有条不紊、循序渐进地进行操作，具体如图5-2所示。

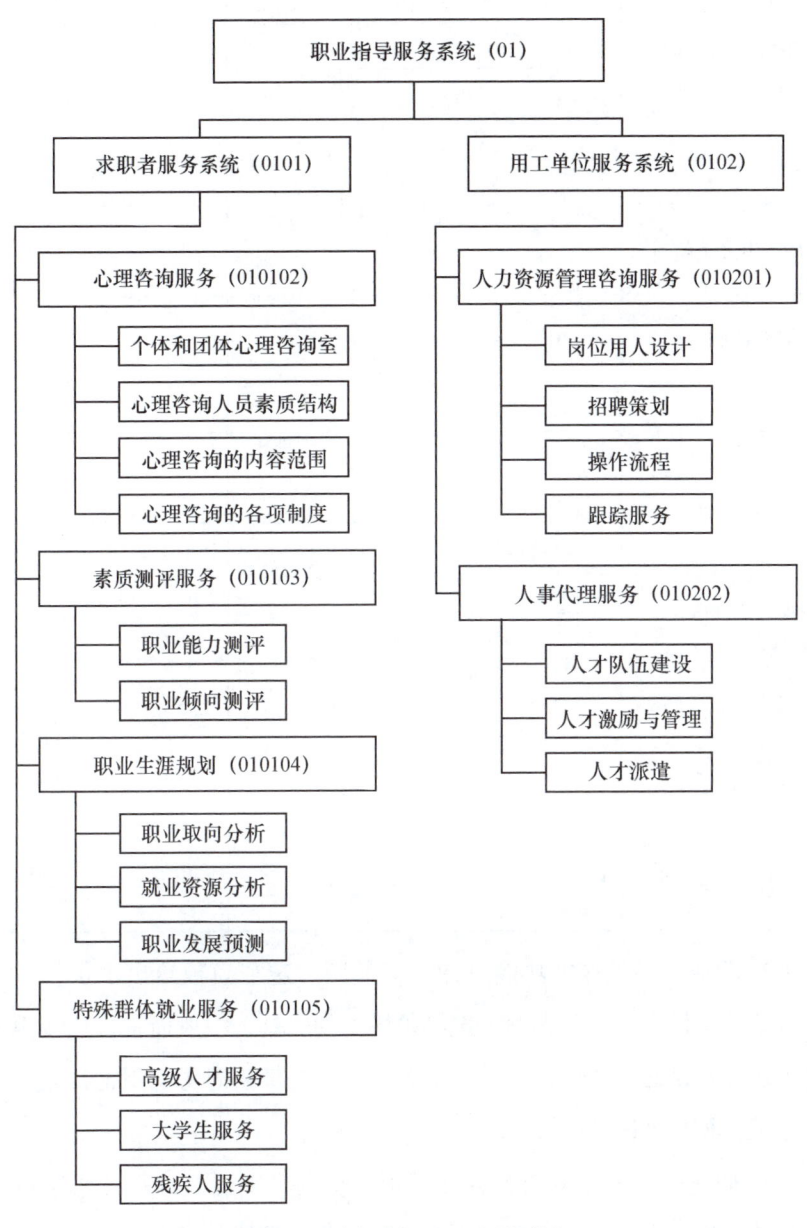

图 5-1　功能分析 WBS 图解模板

表 5-2　　　　　　　　　　人本服务细节设计表

服务细节分类	功能区域	功能点名称	改造动意	改进措施和细节
功能区域在空间上衔接的细节				
引导的细节				
简化操作环节的细节				
规范服务的细节				
宣传展示的细节				
周到服务的细节				
即时处理的细节				
主动服务的细节				
环境美化的细节				
附加服务的细节				

2. 职业指导工作室功能设计方案模版。这个模板给出了工作室设计方案的主体框架，是撰写方案必须用到的工具。一般而言，这些内容是工作室建设必须予以澄清的关键要素，应当缜密思考、周密计划、反复论证，模板如图 5-3 所示。

3. 职业指导工作室内容设计模板。从内容上看，这一工具也可用来反映工作室设计框架，但它更加直观、更加具体，可以帮助人们把握整体、减少遗漏、引发探索、唤起创新。其具体内容主要包括硬件组成部分建设、软件组成部分建设、项目建设、获取技术服务支持四个样例

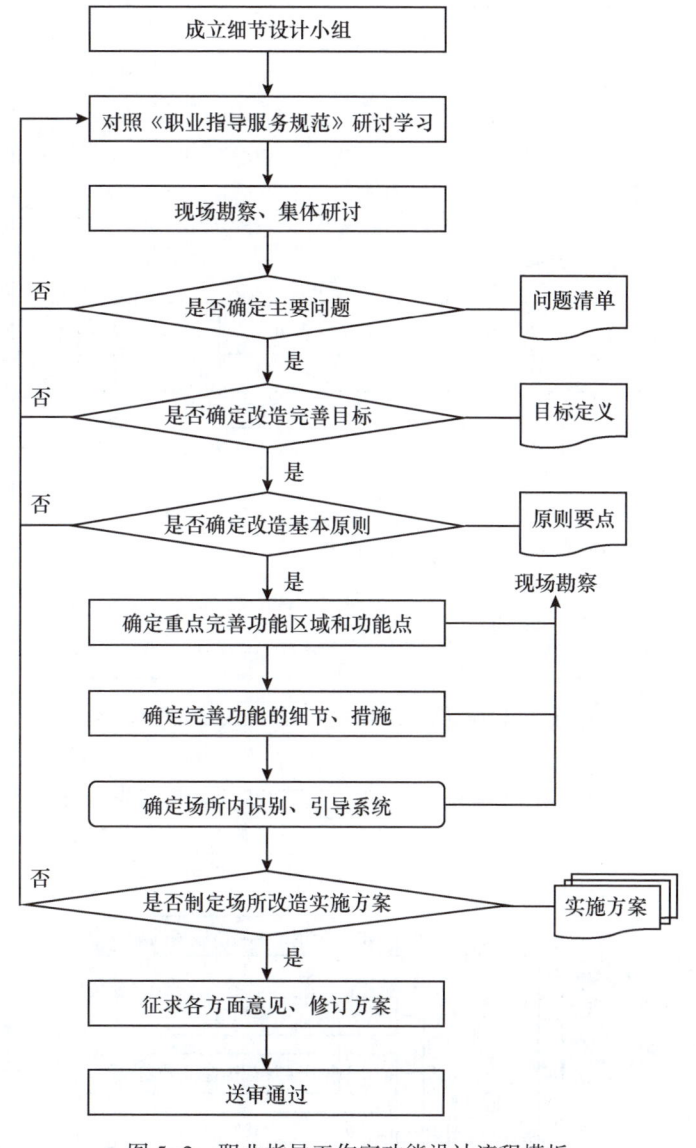

图 5-2 职业指导工作室功能设计流程模板

模块。

模块1：硬件组成部分建设。主要包括场地和场所与专业基础设施两个方面，每个方面均涉及不同的设计要素。一般认为，这些内容是工作室开展正常工作不可缺少的物质基础，具体要点如图 5-4 所示。

```
一、指导思想

二、目标

三、基本原则

四、重点区域和功能

| 序号 | 功能区域 | 改造完善重点 | 改造目的 |
|------|----------|--------------|----------|
|      |          |              |          |
|      |          |              |          |

五、主要特色

六、时间表和责任人

七、预算
```

图5-3　职业指导工作室功能设计方案模版

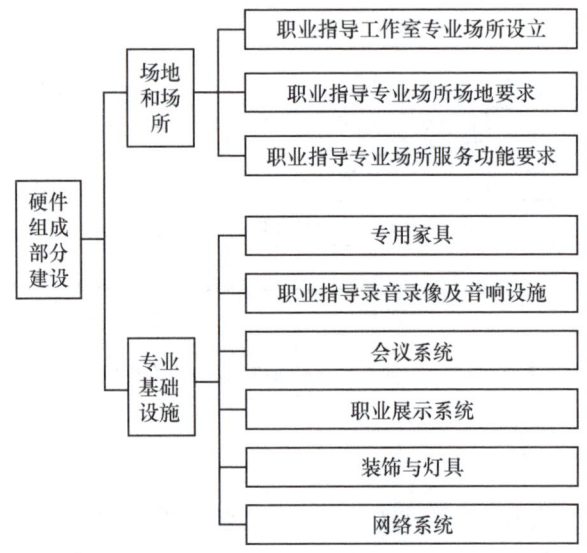

图5-4　职业指导工作室硬件组成部分建设参考

模块2：软件组成部分建设。主要包括专职职业指导人员管理、工作制度建设、采取的服务方式、服务内容及流程等诸方面。这些内容都是工作室开展工作的必备条件，工作室设计的重要内容应逐一进行规划、设计、确认，如图5-5、图5-6所示。

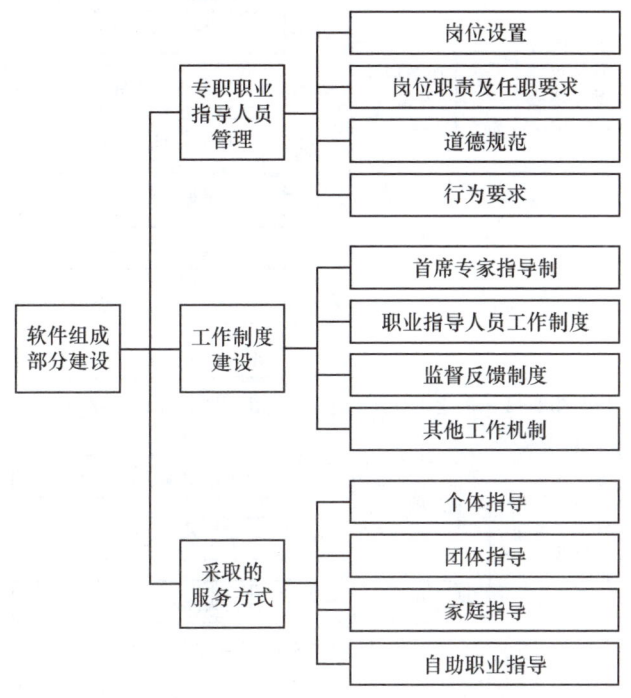

图5-5　职业指导工作室软件组成部分建设参考1

模块3：项目建设。主要包括基础项目和研发项目。这方面内容的建设直接决定着工作室运营和产出的效果，在具体实践中，可以沿着这两个大的线索酌情进行设计规划，具体示例如图5-7所示。

模块4：获取技术服务支持。意指为使工作室工作顺利开展，在队伍建设和技术支持等方面，能够且力争获取外界的技术服务支持，不论是初建的还是已在运行的工作室，都应当不断地对这部分内容进行规划并予以高度重视，具体内容样例如图5-8所示。

4. 职业指导工作室宣传展示设计模板。在工作室内，通过展板、

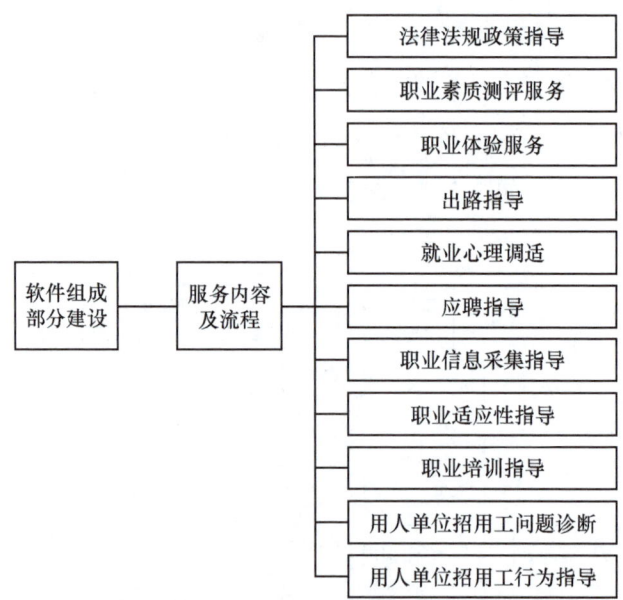

图 5-6　职业指导工作室软件组成部分建设参考 2

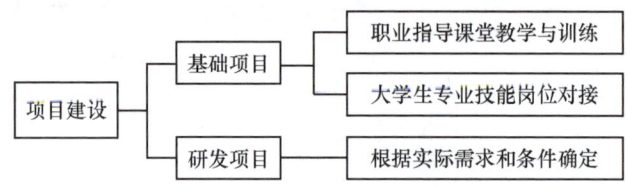

图 5-7　职业指导工作室项目建设设计参考

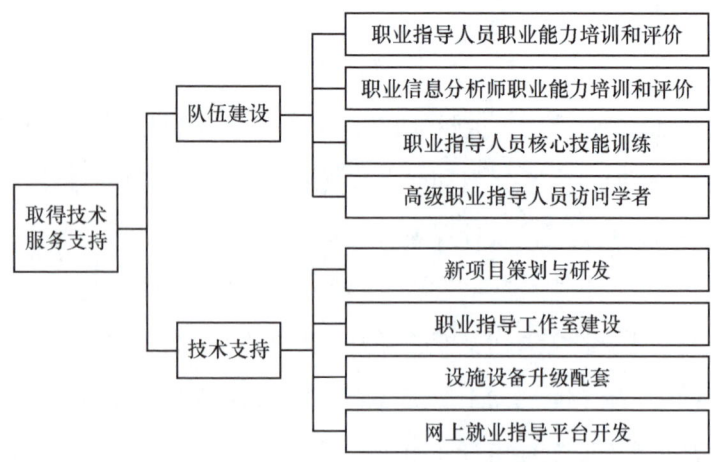

图 5-8　职业指导工作室获取技术服务支持的设计参考

信息栏、电子屏等多种形式，对公共就业服务政策、服务理念、服务内容、服务流程以及与劳动者求职、就业、创业有关的内容进行宣传和展示，具体样例见表5-3。

表 5-3　　　　　职业指导工作室宣传展示设计模板

类别	内容
政策类	1. 就业政策
	2. 创业政策
	3. 高校毕业生就业政策
展示类	4. 创业项目
	5. 企业宣传
	6. 县、区及街道机构宣传
	7. 再就业明星
	8. 创业明星
	9. 优秀工作者
	10. 优秀企业家
	11. 模范社区
	12. 地方特色产业
	13. 服务理念、政务公开
	14. 职业宣传展示
功能类	15. 家政服务
	16. 零工服务
	17. 劳务输出
	18. 职业培训
	19. 人力资源和社会保障事务代理
	20. 农民工服务
	21. 服务流程
	22. 岗位职责
	23. 行为规范
提示类	24. 温馨提示
	25. 引导系统
指导类	26. 劳动维权
	27. 职业指导
	28. 创业指导

第二节　职业指导线上服务平台的建设

将职业指导工作室建设与线上服务平台建设分开阐述，并不等于上述内容不适用了。相反，有些内容在这里还应更加重视和强调。不论是进行线上还是线下服务都要首先进行需求分析，讨论清楚服务对象是谁、他们有什么需求、他们最需要解决的问题是什么等。工作室如果不进行功能分析，就是一间空屋子，而线上平台没有了功能甚至连空屋子都不算。可见功能问题走到哪里都不能疏忽，线上平台的建设就更要充分论证。由此可见，工作室的建设要义对建设线上服务平台具有借鉴作用，在建设线上服务平台的过程中应当尽可能地予以贯彻。

从另一个角度讲，线上服务平台与工作室毕竟在性质、形态等许多方面有着根本的区别，尤其是近年来"互联网+"的浪潮此起彼伏，带动了职业指导线上服务平台的建设，职业指导线上服务的态势愈发高涨，再加上新冠肺炎疫情的影响更促使人们加速走到线上，开启了职业指导服务的新篇章。毫无疑问，线上服务可以在很大程度上为促进职业指导这门应用性学科的发展、功能拓展和影响扩大等多方面带来深远影响，使人们对它的未来产生无限的美好遐想，但要使梦想变成现实却并不容易。事实上，许多职业指导服务平台无人问津，没有资源、没有功能、没有运营，这样的"三无"设施不在少数。为此，有必要就其建设上的关键性问题进行澄清，从而帮助人们理清思路、走出瓶颈、化解难题。

一、职业指导线上服务平台设计核心要点

（一）基本思路

职业指导线上服务平台建设是公共就业服务信息化建设的重要组成部分，应按照"完整、正确、统一、及时、安全"的要求，紧密围绕

促进就业和促进就业服务的重点工作和发展方向，以完善功能、保证质量、提高效率为目标，将其纳入建立健全覆盖城乡的公共就业服务信息平台的整体工程建设中，为劳动者和用人单位提供优质高效的职业指导服务。

1. 坚持应用为先，突出实效。全面树立服务优先、业务优先、应用优先的思想，以为劳动者服务、为用人单位服务为重点，兼顾为业务管理和宏观决策服务。

2. 坚持数据集中，服务延伸。以地市或省一级统一数据中心为基础，建立集中式数据库，统一管理各类劳动者和用人单位的职业指导服务相关信息，并实现与职业介绍、职业培训、社会保障等系统间的信息共享；通过信息网络将服务延伸到区县、街道、乡镇、社区和行政村，为城乡各类劳动者和用人单位提供更加便捷、有效的职业指导服务。

3. 坚持统一规划，统一建设。将职业指导线上服务平台建设纳入当地公共就业服务信息化建设中，统一规划，统一建设。依据部颁相关业务规范和工作要求，按照完善功能、规范流程、强化服务、高效管理的要求，进行整体规划设计和整体建设，实现本地区职业指导服务与各项业务管理的全程信息化。

4. 坚持统一标准，资源共享。严格执行人力资源社会保障信息化建设的统一技术标准，遵循公共就业服务信息系统业务指标体系要求，并充分利用现有技术成果和设备资源，努力实现与公共就业服务信息系统及其他系统间的互联互通，做到标准统一、网络互联、数据共享。

5. 坚持分类指导，有序推进。结合本地就业工作实际及公共就业服务发展要求，制定公共就业服务信息化工作规划和信息系统建设方案，并根据不同地市的建设现状进行分类指导，有重点、分步骤地逐步推进公共就业服务信息化建设工作。

总之，要通过建立统一的职业指导线上服务系统，统一线上服务入口，实现全业务、多渠道的便捷服务；要运用计算机网络、音视频、综合控制等技术，建成集互动、管理和突发事件处置等于一体，高智能化的服务平台，满足职业诊断、帮助指导等各项功能需求；要利用大数据技术，通过对服务诉求的动态深度分析，为各类服务对象提供更具个性化的主动服务，变"服务对象找我"为"我找服务对象"；要形成开放共享的"互联网+职业指导"生态环境，促进职业指导社会参与度大幅提升，促进服务资源的充分开发利用。

（二）功能设计

平台建设中的功能设计仍然是重中之重，这里主要说明两点。

1. 规避三种偏颇倾向。

（1）仅仅注意到网站风格的建设而忽略了服务功能的设计。这种倾向会导致服务平台看上去光鲜但实质上没有服务内容，会直接影响服务平台的访问量，一些平台自诞生起就一蹶不振正是出于这种原因。

（2）仅仅关注到职业指导的服务功能而忽略了与职业指导服务紧密联系的职业介绍及职业培训服务。这种倾向之所以出现，主要是因为对职业指导本质特征缺乏认知。开展职业指导必须要实施两个联结，即联结职业介绍和职业培训。人们接受职业指导是为了找到工作，是为了接受培训，服务如果"掐头去尾"，就会直接影响到服务对象的体验和平台的点击率。从资源生态的角度讲，整合职业介绍与职业培训的资源是开展线上职业指导的前提，更多采集这些资源并更快、更准确地实现人与资源的合理匹配，才是职业指导的根本所在，才是服务平台的运营之道。

（3）仅仅注意到职业指导的基本功能而忽略了服务对象的真正需要。这种倾向看上去好像是缺乏针对性的"用药不对症"，但实质上是职业指导的形式化，即看上去是在做动作，但从根本上并没有起到作用。线上的服务功能都是定制的，不像工作室中的服务还有临时调整的余地，一旦线上服务对象体验不好，平台就将无人问津。

2. 遵循三条设计原则。

（1）功能要更加精准。之所以提出这一原则是针对满足细分群体服务的需求，登录到平台的服务群体一定是经过细分的，这就意味着他们有着非常具体的期待和需求，什么功能是他们迫切需要的，什么功能真正能够满足他们，如何增加他们对平台的黏性，如何保持服务关系的稳定等问题，都必须要认真思考并实打实地进行解决。显然，这些问题的"解"没有标准答案，它必定是多元的，例如为服务对象提供更加简便的登录和获取信息的方式、帮助求职者快速寻找与专业相关度高的工作、提供就业市场综合数据的实时分析、提供计算机及智能手机均可登录的服务平台、提供跨地区共享公共就业服务数据库和岗位空缺门户服务、提供多种语言支持等，可以肯定，这些服务功能都能很好地丰富以上问题的答案。除此以外，还有一些更加具体实用的线上服务功能能够提供一些破题的思路。

• 帮助建立和修改在线简历。职业指导人员可以提供互动式帮助和提示服务，协助服务对象提高简历内容质量。

• 建议求职者允许职业指导人员进入其个人账户。职业指导人员可以借此监控求职者的求职活动，分析简历，分析技能或培训的差距和不足，搜索、存储并直接发送岗位空缺给求职者。

• 根据求职者的个人取向匹配岗位。依据其过去职业选择实时提供更加优化的岗位匹配。

• 智能搜索岗位并存储求职者的搜索情况。通过不断实施智能搜索，为求职者寻找更可能实现的岗位，并将全过程记录下来。

• 接收进行中的岗位匹配信息。根据这些新的信息提供的线索，在最短时间里为求职者提供帮助。

• 通过电子邮件发送信息。发送电子邮件为求职者提供各类信息。

• 告知岗位匹配的相关信息。以最简单的文字告知求职者岗位匹配的原理、程序以及对结果的评估。

· 提升求职者找工作的能力，使其能找出自己与理想岗位所需求的技能之间存在的差距。

· 使求职者能够查看匹配到本人账户中的提供岗位的用人单位信息。

· 提供进入帮助和支持功能。提供更加深层次的职业指导及相关的帮助指导。

总之，一切促进职业信息更对称、人岗更匹配、资源供给更充足、服务更便捷的以服务对象为中心的功能，都是建立线上职业指导服务平台的重要目标。

（2）功能要更加综合多元。要求功能的设置实现综合多元化主要是从力争形成多边平台运作的角度提出的，若平台上仅存在一个细分群体、服务功能只考虑针对这一个群体，平台的多边效应就无法形成，就很难使更多服务对象加入平台、集聚平台，也很难保持稳定的服务关系。实践表明，努力实现功能的综合多元化可以帮助打开局面。

"综合"是指围绕服务对象的核心需求，集合更多的相关功能，以形成更深层次的应用逻辑并能够融合多方面需求的生态服务环境。设置这些功能有两点依据。一是与核心功能有着密切关系，这些功能与核心功能联结，可形成更加完备的服务链条，实现能够满足更加复杂需要的服务系统。例如提供就业信息是一种核心功能，当这一功能与岗位匹配、职业素质测评、生涯规划与指导等功能结合在一起时就会形成一个服务链，就能够提供更加全面深入的职业指导服务，显然，这对许多求职者而言是非常欢迎的。二是附加服务功能的设置是根据服务对象更加广泛的内在需求而定的，它并不一定与核心功能高度相关，但一定是服务对象需要的，当得到这些服务后服务对象会感到有意外的收获，从而产生良好的服务体验。例如，一位进城务工人员来到服务平台上是为了寻找岗位信息的，结果不仅很快获取到满意的岗位信息，还意外地解决了租房问题。服务平台上这些附加功能与核心功能看上去并不存在密切的关系,但从个人就业环境生态的角度看又显得十分必要。这种做法会有效地提高平台的点击率以及人们在平台上的黏性。

"多元"是指在职业指导共同的基础框架下设置更多的通用功能,以形成最大范围的就业群体覆盖,以就业为主线,满足不同就业群体普惠性质的基本需要。这些功能的设置依据有两点。一是作为职业指导必然要涉及的广谱性的,最基础、最基本的功能,这些功能往往既是开展职业指导的重要基础,也是服务对象普遍需要满足的服务,例如就业政策信息快速发布,岗位需求信息汇集、整理与发布等。值得强调的是,这些服务功能往往不具备激励作用,提供这些功能人们并不见得会满意,但是如果功能不存在,人们就一定会怨声载道,这是"多元"中能够代表主流且具有"广谱性"的功能,诸如就业政策解答、提供劳动权益保护典型案例、进行高技能人才展示、制定职业岗位规范、编写职场宝典等都可以算作具有广谱性质的基本功能。二是主要针对不同就业群体的特殊需要设置的具有针对性的服务功能。广谱性的基本功能通过广泛的适应性吸引服务对象,而这种针对性的服务功能则是通过"对症下药"吸引具有专门需求的就业群体,例如,针对高校毕业生的生涯指导、针对进城务工人员的专场指导、针对失地农民的出路指导等,这些服务功能反映了不同就业群体的特殊需要,体现了职业指导基本框架下的均等化服务的普惠思想。

总之,功能的综合多元化不是大拼盘,不是盲目地设置功能,而是更加讲究满足服务对象的需求,强调功能设置的内在逻辑,强调利用对功能精准化、精细化的设置,保障核心功能的发挥、辅助功能的助力和附加功能的增值效应,形成平台的多边态势,即边与边相辅相成、相互依赖,且带动更多细分群体加入,形成良好生态。

(3)功能要更有利于自助。一是自助是关键因素。线上职业指导基本上靠自助来完成,如果自助的功能过于简陋,职业指导的转化效果就会大打折扣，平台上群体的集聚效应更是无法实现。登录条件是否简单、阅读信息是否直观、查询信息是否准确、推送的信息是否有效、匹配是否精准、建议是否具体等显然会影响自助效果，影响人们的线上体验。二是自助功能类型。结合职业指导的特点，应首先考虑的自助功能，也是最基本的自助功能主要包括三类：一是快速精准的查询，例如快速查询职业岗位信息、用人单位情况等；二是简单准确的诊断，例如职业人格特点、技能状况诊断等；三是个性化的咨询建议，例如就业出路咨询等。三是实现自助的基础。自助功能的良好体现并不依赖于平台自身建设，而是依赖于平台建设背后的一系列职业指导技术研发以及大数据、智能化现代技术的广泛应用。提升服务对象的自助体验效果重点需要加强七个方面。

- 最大程度上简化流程。如完成一项事务的步骤应不超过三步。

- 最大程度上简化文字。文字要简练且通俗易懂，多用图片、音频、视频进行表述。

- 提供典型案例。以典型人物、典型事件为中心的案例故事可以更好地促进人们学习思考。

- 提供智能化的帮助。如开发新的算法，实现自动精准检索职业岗位信息。

- 提供现成的咨询模板。如依据典型问题，提供可供选择的问题解决模板。

- 提供数据分析工具。如将个人的信息和数据输入，可以利用数据模型进行深度分析帮助决策。

- 和线下保持畅通。利用线下线上紧密结合的方式，弥补线上难以提供复杂帮助的不足。

(三)模式设计[1]

1. 坚持三项原则。多边平台模式是职业指导线上服务平台最理想的模式选择,若要实现这一设想,模式设计的过程中就需要坚持三项原则。

(1) 坚持政府搭台。充分发挥政府政策整合和资源整合的作用,通过制度设计、提供服务、强化监管等方式,引导和鼓励社会各方面共同参与建设和运营。主要体现在三个方面:一是充分运用公共就业服务机构的主导作用,积极联结教育机构、残联、妇联等公共就业服务组织提供职业指导服务,解决服务人员匮乏问题;二是充分运用市场机制,引导教育研究、人力资源服务等相关机构,根据用人单位和劳动者需求开发职业指导服务资源,解决服务项目、功能开发短缺问题;三是充分运用公共就业服务机制,引导用人单位主动提供职业岗位需求信息以及人力资源状况,以解决职业岗位信息不对称的问题。

(2) 坚持用人单位站"主边"。多边平台的"主边"决定着整个平台的活跃程度,将用人单位作为"主边"则是最佳选择。其原因就在于我国就业矛盾总体态势是供大于求,只有抓住"求",才能更好地解决"供",这不仅是平台建设形成集聚效应的基本逻辑,更是解决就业问题的关键。鼓励和引导各类用人单位走到平台上来应主要做好三方面工作:一是敦促引导用人单位主动提供岗位需求信息、工资报酬和职业晋升信息、人力资源需求状况信息,实施动态发布;二是鼓励引导用人单位尤其是企业主动提供行业企业概况、职业岗位道德规范、价值取向、企业文化等相关信息,加强优秀企业形象塑造和宣传;三是鼓励引导龙头企业在新技术、新职业和新业态培训中发挥引领作用,实时发布相关课程,以吸引劳动者积极参与。

---

[1] 参考《构建新型职业培训供给平台和创新资金使用管理研究报告》,中国就业促进会,2020年。

（3）坚持免费服务与市场运行并行。新型平台在开发建设与服务方式上，应引入市场竞争机制，动员各类市场服务主体参与其中，按照市场规则聚合优质资源，提供高效服务。同时强化政府监管，实行以培训信用正面清单或负面清单为基础的管理制度。

2. 推荐三个模式。综合各地公共就业服务机构及相关组织机构的具体做法，目前，"互联网+"就业服务或"互联网+"职业指导平台建设主要有集中式、分布式和集中分布式三种模式。

（1）模式1，政府整合的集中式平台。由政府统一动员并聚合社会资源，统一集中搭建平台，组建职业指导队伍、筛选职业指导资源、配合大型就业创业活动扩大公共就业服务的声势，通过计划指导和政策支持鼓励各类用人单位、院校、社会机构等组织参与到就业服务中来，为供、需双方提供职业指导服务和信息沟通交流。

（2）模式2，市场整合的分布式平台。即由市场组合社会资源，由政府监管。该种平台以多家优质社会人力资源服务、就业服务平台为主体，由各类专业性平台、职业院校和社会组织机构提供相关资源，由公共就业服务机构通过政府购买服务成果，为供、需双方提供职业指导服务。

（3）模式3，分层整合的集中分布式平台。即社会资源按需分层聚合，由政府认定并购买服务。该种平台在多元协同框架下，由公共就业服务机构主导搭建聚集合作的平台，通过建立信息和资源认证标准统一管理，各类用人单位和社会人力资源服务机构均按照规则要求提供职业指导服务平台和职业指导服务项目，服务对象凭账户自主选择职业指导服务项目。

总之，集中式平台有利于集中管理，但不利于社会资源的广泛有效参与；分布式平台在社会参与上具有明显优势，但覆盖面存在局限性；分层整合的集中分布式平台有利于相关资源广泛聚合，有利于服务对象自主选择，有利于服务对象需求与提供的职业指导服务有效匹配。因此，可将"模式3"作为平台开发与运行的基本模式，构建基础模型和分级功能。

（四）运营规划

1. 立足实现多层级服务。市、县、乡镇（街道）三级就业服务机构可以在统一的平台上开展职业指导服务，并支持向村组、社区等就业服务网点进行延伸拓展，形成一个多层级、覆盖范围广泛的职业指导服务网络，并在此基础上拓宽和延伸平台覆盖的广度和深度。将就业服务、职业培训等多方面数据纳入系统中来，力争形成多部门合作、信息资源共享的区域公共就业服务平台。

2. 立足实现多形式服务。服务对象可以更方便地选择自身需要的服务形式，既可以通过互联网、手机终端享受"不见面"的职业指导服务，也可以通过场所内"职业指导角"进行自助服务，或走进"职业指导室"接受职业指导人员提供的线下服务。

3. 立足实现多功能服务。利用互联网、短信、微信、语音、视频等手段，加大各种职业指导资源推送力度，向服务对象提供更加智能化、便捷化、个性化的职业指导服务。通过建立职业指导服务平台，促进公共就业信息资源库建设，为服务对象提供线上线下全方位、多功能的各项就业服务，最大限度上满足服务对象的个性化需求。

4. 立足实现多角色协作。职业指导服务仅仅依靠公共就业服务人员是远远满足不了服务对象需求的，通过平台可以让求职者和用人单位直接利用系统发布信息，保障信息的及时性和有效性，实现多边模式效应，有效提升职业指导服务效率。

5. 立足实现信息数据深度分析。进一步做好数据挖掘工作，探索职业指导数据分析的新算法、新模型，充分利用已有的职业指导研究成果、数据建模等，对职业指导服务信息数据进行更加科学的评估和更加准确的预测，掌握职业指导服务现状，为提升职业指导服务效率提供数据支撑。

二、职业指导线上服务平台设计模板

（一）设计平台目标

1. 总目标。总目标主要涉及平台覆盖范围、运行模式选择、信息采集渠道、信息处理方式、功能设置等重大事宜在宏观方面的定位。这决定着平台日后运行的基本模式和发展态势。例如，可将平台建设总目标定位为"一句话"和"四要点"。

一句话。即建立城乡统一、功能齐全、运作高效、服务完善的职业指导服务信息平台。

四要点。一是全市联网，信息共享。形成以市级为网络中心，各县（区）、街道（乡镇）、社区为节点的覆盖全市的网络结构，达到"数据集中、服务下延、全市联网、信息共享"的目标，并通过就业服务信息网络将服务延伸到社区，为全市就业服务部门提供即时的职业指导信息服务。二是信息采集网络化。充分发挥职业指导服务信息网覆盖面广、采集面宽的作用，全市就业服务机构通过网络将收集到的信息实时地传递到市级数据中心，实现全市共享，同时通过职业指导信息网享受即时的信息服务。三是信息处理现代化。利用信息技术手段加强职业指导信息处理能力，建立数据库，实现数据积累，加强数据分析，开展对全市职业指导服务业务及数据资源状况进行分析及预测预报工作，为政府宏观决策提供依据。四是服务提供人性化。树立以人为本的服务理念，使劳动者通过职业指导服务信息网享受到方便、快捷、优质、高效的职业指导服务。全面开展网上查询、求职登记、政策问答、劳动维权、资料统计等服务，实现职业指导服务业务实时办理。

2. 具体目标。具体目标主要是为了将总目标进一步进行分解，没有说清的要说清，没有确定的要确定，使平台建设方向更加明确具体、有据可依。设立具体目标是模板内容的重中之重，决定着平台建设所有工作的进一步分解进行，决定着平台建设顺利与否、成败与否。例如，结合上述平台建设总目标可以将其分解为如下三个具体目标。

三个具体目标。一是建立全市统一的职业指导服务资源数据库。即所有的数据都上传到市中心服务器上，各区县不需要存放本地数据，下属各区县级的网络工作站直接访问市级中心数据库，对就业服务业务信息进行集中统一管理，及时准确掌握全市各种信息，创造与其他信息系统对接的条件，实现职业指导服务基本信息和就业业务信息的管理、存储和发布。二是建设完善的职业指导服务体系和先进的职业指导业务管理信息系统，主要实现四个方面：一，统一资源数据库，以服务对象为中心，实现对劳动者全生命周期的监管，根据劳动者的信息变化，提供主动、被动多样化的管理服务；二，业务管理现代化，实现职业指导业务处理计算机化、标准化、数据资料完整可靠的目标；三，业务流程规范化，对职业指导服务体系实施优化设计，规范业务，在全市统一业务流程，统一有关账、表、卡、册的格式设计；四，业务经办自动化，按照服务业务流程，保证系统的一致性和可靠性，保证经办的自动化，尽量减少人工干预。三是初步形成功能综合的社会化服务。即为用人单位和劳动者提供多样化、社会化的管理和服务功能，为政府及有关部门提供相关就业管理信息和决策参考，通过多种渠道向社会发布就业服务政策信息、用工信息和培训信息等。

3. 特色。说明平台特色的主要目的是在设计初期对平台的重点、突破点进行梳理和归纳，以在实现平台整体建设目标前提下，体现特点及个性。例如，在业务方面使服务办公网络化、服务内容模块化；在功能设置方面具备实时互动、功能齐全、业务清晰、重点突出、服务及时的特点；特别注重结合用户需求进行功能设计，具备如打印、资料下载、多条件信息检索等功能，体现出以人为本的设计理念；在管理层面上实现所有网上服务、办事业务均可记录并进行统计分析，以便于管理部门洞察全局工作。除此之外，在形式上应突出简洁方便、着重服务体验和功能实现；在内容上应实现动静结合，实现文本、视频、图片、音频等多种内容形式相结合。

（二）设计平台框架结构

1. 平台网络拓扑结构。平台网络拓扑结构示意图主要说明用传输媒体把计算机等各种设备互相连接起来的物理布局，表示出在互连过程中网络服务器、工作站的网络配置和互相之间的连接，属于平台硬件部分的设计内容，多由网络工程技术人员完成，如图5-9所示。

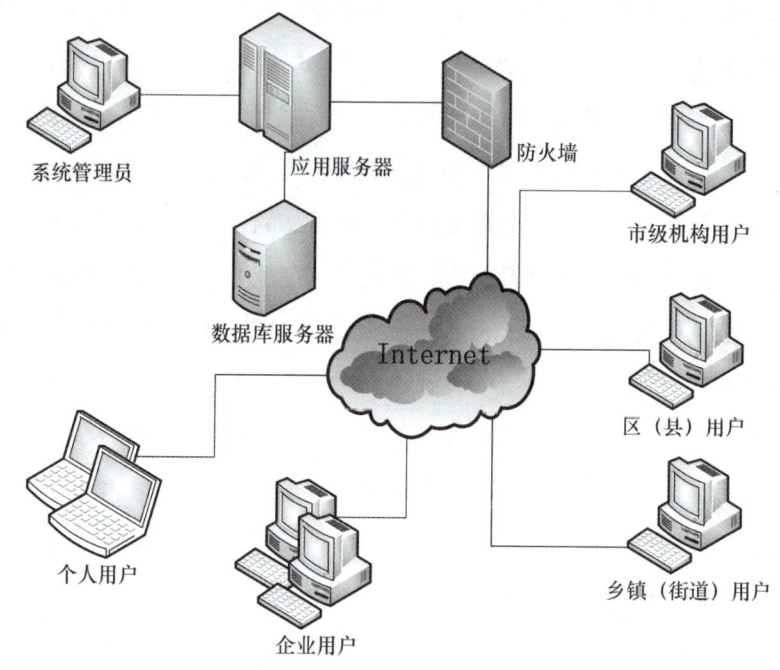

图5-9 平台网络拓扑结构示意图

2. 平台技术总体架构。平台技术总体架构设计主要涉及五个方面的问题。一是选择层级结构技术。例如根据业务管理特点，可能需要采用基于J2EE（Java 2 Platform Enterprise Edition，Java 2平台企业版）的浏览器/应用服务器/数据库服务器三层结构技术。二是选择程序语言和编程软件。采用Java技术开发的产品具有跨平台性，可做到客户端零配置化，即无须安装任何客户端软件，用户就可以在任何安装有浏览器的计算机等设备上通过 Internet/Intranet 进行信息业务的处理。三是最小权限定义机制。采用三维权限表（操作者，操作对象，操作权限）管理整个系统的访问权限。其中操作对象可以是软件功能模块、软件菜单或菜单项，也可以是各种表单等。通过权限设置，系统管理员可以根据每个操作人员的工作职责和权限许可量身定制该用户可访问的对象内容以及访问权限。四是岗位角色赋权支持。要求平台以岗位角色为核心，允许各级系统管理员根据本辖区的实际管理需要，灵活进行各类角色的定义，推进赋权工作。这样可体现现代管理中的定岗定员、对岗不对人的管理思想，同时支持操作用户身兼多职，降低由于人员调动及岗位变动为系统设置带来的影响。五是要求系统可以通过流程设置功能对各种办公审批、请示报告、业务受理等流转环节进行完全的自定义设置，实现各类业务环节的自由流转。

总之，这部分内容设计决定着平台设计的先进性，决定着日后平台的结构性功能，对后期平台的应用效果影响深远。应务必组织软件设计人员、职业指导服务管理和技术人员等一并讨论并设计完成。

3. 相关技术要求。诸如用户识别、多级权限控制、数据维护、数据库加密、数据交换的安全性、日志管理等相关技术要求都需要一一加以说明。

（三）功能需求描述

平台的功能需求可分为前台需求和后台需求，前台的功能是保障对外服务顺利进行，后台的功能是保障平台管理工作顺利进行。不论平台的功能设置简单还是复杂、多还是少，都要逐一进行详细说明。每个具体功能的需求表述一般要从四个方面进行，下面分别以"个人求职（我要找工作）"及"就业指导"两个具体的功能为例，说明功能需求描述的方法。

例1：

个人求职（我要找工作）功能需求描述

● 整体描述：主要用于个人用户浏览招聘信息，对符合自身条件的岗位进行简历投递（需登录/注册）和简历管理。系统根据个人填写的基本信息在企业招聘的职位库中检索，符合基本条件的将自动推荐匹配的职位给用户。

● 操作流程：如图5-10所示。

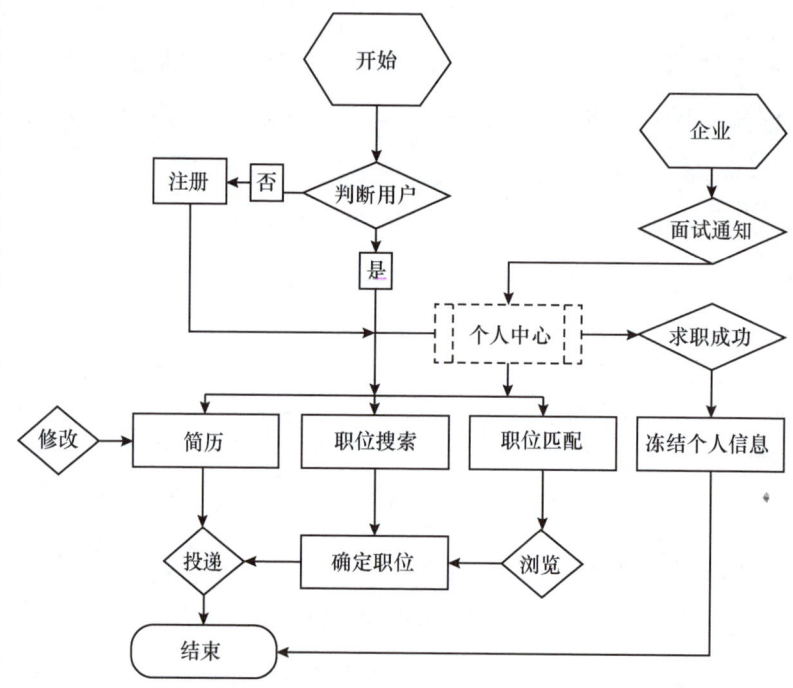

图5-10　个人求职功能操作流程设计示意图

● 主要功能和要求：未登录用户可查询、浏览企业的招聘信息，但不能看到企业的联系方式。当投递简历时，要求用户登录/注册，登录后的用户在浏览页面中可直接投递简历；对于初次注册的用户，要求其完善个人信息和简历信息。如简历被企业通过，面试通知将发送到用户个人中心的"我的消息"中；求职成功后的用户，可在个人中心将自身状态修改为求职成功，并冻结个人信息；如果用户在求职有效期过后没有进行冻结个人信息操作，系统将自动发送邮件（短信息）询问其是否求职成功。

- 相关数据/细节：见表5-4。

表5-4　　　　个人求职功能相关数据/细节表

数据项名称	必填	数据项约束条件
职位搜索	否	地区：市、区（县）、乡镇（街道）
	否	行业：见国民经济行业分类（GB/T 4754—2017），仅门类
	否	薪酬：1 200元及以下，1 201～1 500元，1 501～1 800元，1 801～2 500元，2 501～5 000元，5 001元及以上
	否	岗位名称可从下拉菜单中选择，可录入查询
	否	时间：当天、3天内、7天内、15天内、1个月内、3个月内
个人信息	是	参照本地个人求职登记表相关信息
简历信息	否	参照本地个人求职登记表相关信息，可上传生活照和视频
职位匹配	否	自动推荐。地区、薪酬两个值自动匹配1个月内的有效信息
冻结个人信息	否	冻结后的信息企业将不能再撤下，个人再次求职时可取消冻结
	是	填写求职成功登记表

例2：

就业指导功能需求描述示意

● 整体描述：所有拥有角色账户的业务经办人员，登录后台系统后都可选择就业指导功能，该功能主要用于为服务对象进行指导过程记录，最终形成指导案例。

● 操作流程：如图 5-11 所示。

● 主要功能和要求：见表 5-5。

表 5-5　　就业指导主要功能和要求描述表

功能名称	功能描述	经办部门
指导登记备案	就业指导人员根据个人求职登记表或录入的个人信息，对指导的过程进行记录	市、县、乡、社
指导案例交流分享和评估	就业指导人员对自己和他人的案例进行点评，案例可通过查询条件进行检索	市、县、乡、社
分析和统计	管理员对各级就业指导记录根据指标并依据设定的条件进行查询和统计	市、县、乡、社
在线指导	用户登录就业服务网，可选择在线的职业指导人员进行在线指导和交流，同时可以在职业指导人员专家坐班门诊页面选择专家预约服务 用户注册完善个人求职登记表后，可选择在线服务人员并与其进行文字交流 用户可根据所在地区、专家姓名设置检索条件，查询专家并预约服务	市、县、乡、社

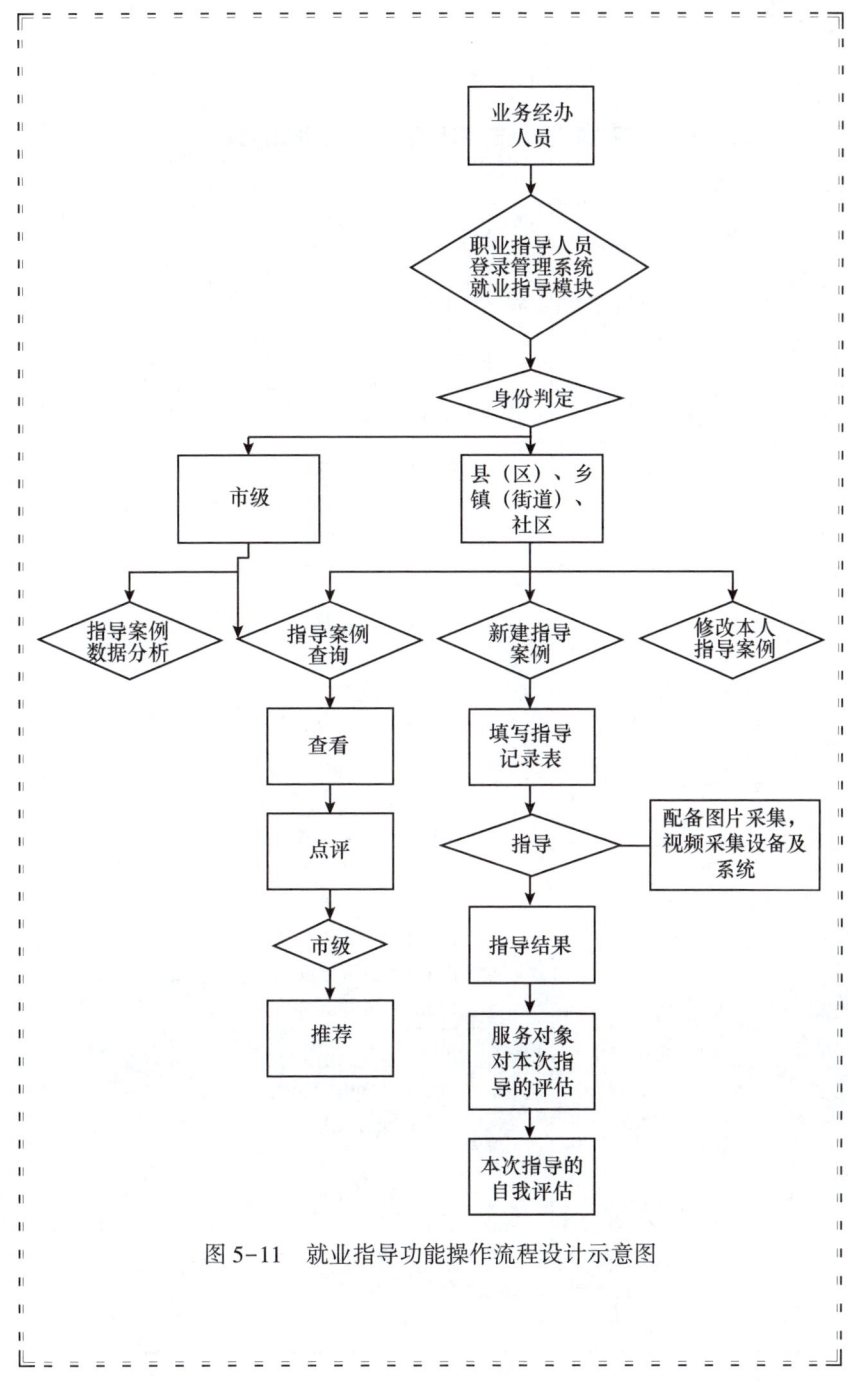

图 5-11 就业指导功能操作流程设计示意图

- 相关数据/细节：见表5-6、表5-7、表5-8、表5-9。

表5-6　　相关数据/细节描述示意：指导登记备案

数据项名称	必填	数据项约束条件
查询（创建）个人信息	否	录入姓名、身份证号
指导形式	是	个体指导 团体指导 专项小组指导
服务对象姓名、身份证号	否	通过查询个人信息创建的，可自动提取，直接创建的需录入
指导日期	是	录入年、月、日
指导人数	是	如果指导形式选择"个体指导"，此处默认为1，如果选择其他指导形式，应录入
职业指导人员姓名	是	录入
职业指导人员类型	是	高级职业指导师 职业指导师 助理职业指导师 职业指导员 其他
职业指导人员所属机构	是	市人力资源市场 A区人力资源市场 B区人力资源市场 C区人力资源市场 D区人力资源市场 E区人力资源市场 F区人力资源市场
指导方法	是	录入
服务对象类型	是	新成长劳动者 农村富余劳动力 进城务工人员 城镇失业人员 失地农民 在职人员 离退休人员 复转军人

续表

数据项名称	必填	数据项约束条件
专项小组名称	是	录入
共性描述	是	录入
指导记录	是	背景 诊断 难点和重点 帮助思路 帮助程序 主要措施 帮助结果
指导用时	是	录入，以分钟为单位
跟踪指导	否	指导时间 指导地点 指导内容 指导记录 指导结果
上传附件	否	上传图片和视频
保存	否	
修改	否	对本人的指导记录可进行修改，对他人的指导记录不可修改，只可进行评价操作

表 5-7　相关数据/细节描述示意：指导案例交流分享和评估

数据项名称	必填	数据项约束条件
查询	否	机构名称、指导人员姓名、服务对象姓名和身份证号、指导时间、服务对象类型、指导形式、自我评价满意度、同事评价满意度、星级得分、意见和建议
查询结果列表	是	所属地区、服务对象姓名、指导人员姓名、指导时间、同事评价满意度、星级得分
自我评价满意度	是	1 非常满意 2 满意 3 一般 4 需要修改完善

续表

数据项名称	必填	数据项约束条件
同事评价满意度	是	1 非常满意 2 满意 3 一般 4 需要修改完善
星级得分	否	5★★★★★ 4★★★★☆ 3★★★☆☆ 2★★☆☆☆ 1★☆☆☆☆
意见和建议	否	录入

表 5-8　相关数据/细节描述示意：分析和统计

数据项名称	必填	数据项约束条件
统计指标	是	起始时间、结束时间、所属地区及机构、服务对象类型、自我评价满意度、星级得分

表 5-9　相关数据/细节描述示意：在线指导

数据项名称	必填	数据项约束条件
筛选专家信息	是	专家姓名、专家所属地区和机构
专家信息	是	姓名、性别、年龄、职务职称、联系电话、E-mail、照片、地区、工作单位、专家称号、专家简介、专业特长、主要成果
在线专家	是	在线（亮，可点击）、不在线（灰，不可点击）、今日当班（亮，可点击；灰，不可点击） 在线和不在线状态由就业服务人员本人登录系统后台，选择自己的状态；今日当班状态可以由系统管理员选择，为就业服务人员排班，作为网站固定在线的值班人员
统计指标	是	起始时间、结束时间、所属地区及机构、服务对象类型、自我评价满意度、星级得分

第三节　职业指导工作室和线上平台建设实例

一、职业指导工作室建设指导手册

职业指导工作室建设指导手册

1　适用范围

本手册是贯彻国家对职业指导行业发展要求的规范性参考文件，是实施职业指导工作质量控制和履行质量义务的纲领性文件，它为保证职业指导工作的有效开展提供了统一的设置标准和行为准则。本手册适用于所有公益性和经营性职业指导工作从业机构。

2　功能设置

2.1　功能设置

职业指导工作室应具有如下四个方面的功能。

2.1.1　为社会提供各类职业指导服务

工作室首先是一个职业指导服务机构，是一个经营实体，它能为求职者和用人单位提供相应的职业指导服务。每项服务的提供方式都应该是规范化、专业化和标准化的。

2.1.2　为职业指导工作高端人才提供培训和督导

职业指导工作室通过与相关的高校进行联合授课、实践指导以及跟踪服务，培训职业指导工作高端人才。

2.1.3　提供创业指导服务

创业的成功受到多种因素的影响，因此，创业指导和帮助就包含更为广泛的内容。其不仅是对来访者个体潜能和资源的发掘，更重要的是能够为创业者提供具体而有效的帮助，如政策信息、产品市场信息、市场竞争信息以及相关资金帮助等。

2.1.4 开展职业指导的国际交流与合作

国际交流与合作不仅是核心研发的需要，也是体现国家级职业指导工作室权威性的重要标志。其中包括国际先进技术的引进、国际性的合作研发以及双向交流考察等。

3　位置设置

职业指导工作室应避开人流，选择安静方便的位置。房间应有窗户，以保证自然光照，改善空间的开放性，以满足来访者释放压力的心理要求。

4　风格设置

4.1 色彩

职业指导工作室使用的色彩应温馨亲切，包括桌椅、沙发、资料柜、茶几、窗帘的颜色，都应采用暖色调如米黄色，光线要含蓄柔和，色彩要温和，色彩感觉与光照环境应融为一体，保证和谐统一，以便来访者情绪保持平静、轻松，精力能够集中，而不至于注意力分散。

4.2 光源

除主光源外，还要注意用台灯、地灯、壁灯作为辅助光源，以烘托出安静祥和的氛围，并美化空间视觉焦点。

4.3 配饰

在显眼的地方放一些盆栽、花瓶、工艺品、摄影作品等，使室内具有高雅、亲切、宜人的氛围，并赋予文化内涵和遐想空间，有助于来访者安定情绪、放松精神。

5　设施设备配置

5.1 个体职业指导室

个体职业指导室使用面积一般为 $10\sim15\ m^2$，设施设备配置如下。

5.1.1 简约式桌椅一套

5.1.1.1 桌子应足够大，以便于放置计算机、资料架等物品。

5.1.1.2 座椅两个，带扶手，保证柔软舒适。

5.1.1.3 来访者和指导人员座椅之间要有一定角度，避免双方直接面对，从而影响咨询效果。桌上应备有笔记本等用具。

5.1.2 单人布艺沙发和茶几一套

5.1.2.1 单人沙发两个，高靠背，要有扶手，配置沙发垫，使来访者身体能够放松并受到支撑。

5.1.2.2 沙发大小可根据房间面积确定，两个沙发摆放时夹角应约呈60°。

5.1.2.3 茶几放置在两个沙发之间

5.1.3 书柜两个

5.1.3.1 书柜不宜过大，一般宽1 m、高2 m、厚0.4 m，装有透明玻璃门。

5.1.3.2 书柜中应备有足够的专业书、工具书和教材。要求书刊资料不少于200册，测评工具不少于5种。

5.1.3.3 专业书一般包括职业生涯规划、心理咨询、测评理论等。

5.1.3.4 工具书一般包括劳动保障政策、职业词典等。

5.1.3.5 教材一般包括职业资格鉴定教材、学校职业指导教学教材等。

5.1.3.6 除此之外还应配备常用的测评工具和量表、宣传材料（如职业指导海报）、资讯材料、自助期刊（如《职业》杂志）、背景音乐材料等。

5.1.4 台式计算机和打印机各一台

5.1.4.1 计算机应选用液晶显示器，配置应满足互联网信息查询、进行素质测评、播放音像视频等功能。

5.1.4.2 配备激光打印机。

5.1.5 灯具

5.1.5.1 可调明暗的落地灯一个，放置在沙发后。

5.1.5.2 台灯一个，放置在咨询桌上。

5.1.5.3 灯具应简约大方，色彩淡雅，忌颜色过于鲜艳。

5.1.6 备品和装饰

5.1.6.1 主要包括挂钟、揭示板、无声计时器、名片、纸巾盒、衣柜（架）、矮壁柜、职业展示照片、装饰画、照片、绿植、小盆栽、干花等。

5.1.6.2 钟表要放在来访者背后咨询人员容易看到的地方。

5.1.6.3 装饰既要考虑功能需要，也要为温馨典雅的大环境提供点缀，并保证协调统一。

5.1.6.4 墙壁还要悬挂《职业指导人员工作守则》《个体职业指导工作室使用规范》。

5.1.7 饮水机

5.1.7.1 饮水机一台，配备茶叶和一次性水杯。

5.1.7.2 饮水机应放置在房间角落。

5.1.8 录音设备

5.1.8.1 录音设备可根据条件选择录音机、录音笔等，应放置在两人之间的隐蔽处，避免被来访者看到后对其造成压力，同时便于录音操作。

5.1.8.2 录音资料用于咨询记录、分析、跟踪、案例研讨等。

5.1.8.3 所有录音资料均应妥善保管，以保护来访者隐私。

5.1.8.4 有条件的地区还可配置录像及音响设施。

5.1.9 咨询信箱和电话

5.1.9.1 在职业指导工作室门外墙壁悬挂一个信箱，可以为犹豫不决的来访者留出一些空间。

5.1.9.2 如有条件，可以考虑开设电话咨询。

5.1.10 记录文件

5.1.10.1 职业指导工作室使用的各类记录文件没有固定模式，但应有以下种类的文件，即：指导室日记、咨询记录簿、案例集、活动计划方案、心理测查记录单等。

5.1.10.2 有条件的应配备职业指导管理系统软件。

5.2 团体职业指导工作室设施设备配置

团体职业指导工作室使用面积一般为 45~60 m²，参考布局见附图2，有条件的地区可设置一面半墙身单向玻璃墙。设施设备配置如下。

5.2.1 简约式桌椅

5.2.1.1 会议桌一个，外观应简约大方，易于搬动，色彩明快。

5.2.1.2 带扶手的简易座椅 15~20 把。

5.2.1.3 桌上应配备纸巾盒，放置小盆栽。

5.2.2 投影和音像设备

5.2.2.1 悬挂式投影仪一台，配备自动升降幕布。

5.2.2.2 音响设备一套。

5.2.2.3 如有条件，还可配备液晶电视一台，将其悬挂在墙上。

5.2.3 讲台和白板

5.2.3.1 矮式讲台一个，活动白板一个。

5.2.3.2 讲台可放置专用计算机，同时预留便携式计算机、音响、宽带网络等接口。

5.2.4 灯具

5.2.4.1 主光源应保证足够的照度，光线柔和且分布均匀，可通过配置壁灯若干以烘托室内温馨的气氛，避免单调刺眼的光照环境。

5.2.4.2 壁灯应安装在距地面 180 cm 的位置，以保证良好的视觉效果。

5.2.4.3 灯具应简约大方。

5.2.5 矮柜

5.2.5.1 长 150 cm 矮柜 3~4 个。

5.2.5.2 讲台侧面放置一个，主要用于存放各种教学用具、用品，如白板笔、板擦、彩纸、海报纸、纸签、彩笔、剪刀、曲别针、激光教鞭等。

5.2.5.3 其他矮柜沿墙摆放，可存放资料和档案。

5.2.6 装饰和其他备品

5.2.6.1 装饰主要包括：职业展示照片、装饰画、绿植、干花等。

5.2.6.2 其他备品主要包括：饮水机、挂钟、揭示板、无声计时器、名片等。

5.2.6.3 装饰镜框应注意线条简约、色彩温馨。

6 人员配置

6.1 指导人员

设置专岗，配备至少2名具备中、高级职业指导专业资格的工作人员，负责提供专业化的指导和咨询服务。

6.2 工作人员

配备至少一名普通工作人员，负责电话接听、来访预约、文档整理等日常办公性事务。

二、职业指导线上平台建设实例

（一）基本情况

1. 全媒体服务平台。北京市顺义区人力资源和社会保障局人力资源公共服务中心多年来持续开展"互联网+公共就业服务"建设，建立了"网、线、群、屏、移动客户端"全媒体服务平台。

"网"是指北京市首家公益性就业服务网站——绿港就业快车，该网站能实现网上求职、招聘、网上预约招聘会、预约名师指导、职业测评、地图找工作、提供就业培训政策资讯等诸多功能。

"线"指的是顺义区69405180"就业找工作，我们帮助您"服务热线，该热线为服务对象提供岗位信息、政策解释等服务，月均接听电话500余次。

"群"指的是依托"户均劳动力手机备案制度"建立的覆盖全区劳动力的短信服务群及就业服务 QQ 群,实时为求职者发送岗位信息。

"屏"指的是覆盖全区重点镇、人口聚集区的 236 个服务站点的 LED 信息屏,老百姓在家门口就能看到全市同步滚动发布的空岗信息。

"移动客户端"指的是就业快车网页版和微信公众号,服务对象利用手机终端就可享受所有网络化服务。截至目前,微信公众号的关注人数已经达到 7.4 万人,月均净增关注人数 2 000 人。

2. 职业指导线上服务。职业指导诸项服务功能均镶嵌于"就业快车"网站内(http://www.lgjykc.com/)。主要有"求职宝典""名师指导""职业测评"三大功能服务模块。

(1)"求职宝典"模块包括"求职技巧""用工指导""市场分析""市场解读""工种介绍""电子书阅读"和"视频求职宝典"七大项内容。

(2)"名师指导"模块包括"预约日期""预约时间段""查询""职业指导团队介绍"和"职业指导专家个人信息介绍"五项内容和功能。

(3)"职业测评"模块包括专业的职业素质测评和趣味测评两项内容。其中,专业测评即 CETIC 职业测评系统,分为"就业资源评估""创业资源评估""职业人格测验""职业兴趣测验"四方面,是由 30 种职业测验组成的专门用于各类职业人员素质诊断、选拔和预测的大型职业素质测评工具。趣味测评即职业指导人员通过日常积累、案例佐证获得的能够反映职业价值观、职业取向等生活化问题的测评。

(二)主要做法

1. 普惠的服务功能。从平台运行情况看,职业指导线上互动平台打破时间、空间限制,为服务对象提供专业、便利、高效的指导服务,尤其是"名师指导"及"职业测评"模块的启用,强化了专业化服务的普惠程度。

（1）实现了服务对象自行约洽。服务对象可浏览导师在简介中公示的擅长领域，结合自己在择业、就业等方面遇到的疑难问题，实现"四个自选"，即自选导师、自选时间、自选内容、自选方式。

（2）专门提供"一对一"专业帮扶。职业指导人员接到预约，24小时之内与服务对象沟通了解咨询方向，确定指导内容和方式，实施包括心理调适、职业测评、简历制作、情景模拟、优先匹配推荐等内容在内的专家坐诊式服务，帮助服务对象剖析就业形势、全面了解自身、快速找准职业定位，从而实现人岗匹配。同时，为用人单位提供就业政策、招聘方式、班组建设等多方面的指导，解决招人难、用人难和留人难的问题。

（3）线上实现对接共享。职业指导线上互动平台已经与"顺e就业"（微信号：syrlzysc）实现了对接共享。互动平台服务团队每日都会向求职者推送企业招聘信息、职业指导信息、资讯类信息、专场信息等与就业相关的资讯。服务对象可以以手机替代计算机，利用手机版的名师指导等模块进行实时预约，即时享受各项职业指导专业服务。

2. 专业的服务团队。职业指导线上互动平台共由14名工作人员负责。其中，"求职宝典"模块配备2名信息采集分析人员，主要负责模块内容的填充、完善、更新以及对职业指导视频、音频、文档等相关资料的收集与整理、数据统计分析等。"名师指导"及"职业测评"模块由顺义区职业指导专家团的11名高级职业指导师分批次、分时段为服务对象提供QQ在线答疑回复、在线即时通信职业指导服务、线上线下互动名师一对一指导及线上职业测评等公益性指导援助。该团队平均年龄35岁，100%本科以上学历。

3. 便捷的统计分析功能。平台对各工作人员、各职业指导专家的服务时间、服务次数、指导结果等进行实时动态统计和量化考核，可为日后提升服务效能提供参考借鉴。如"求职技巧""用工指导""市场分析""市场解读""视频职业指导""实施线上职业能力测评"等十余项指导服务的累计发布信息数量和点击量等都可进行统计,还可对服务对象情况进行实时统计,如年龄、学历、户籍性质等。

(三)几点建议

1. 强化政府的导向性作用。主要加强两方面导向。一是完善就业服务体系建设的制度,对就业服务网络平台建设、服务人员配备、服务流程等进行相应规范。二是广泛动员社会力量开展就业服务,在提供求职、招聘、培训、职业指导、创业指导、就业困难人员援助等服务时,充分发挥社会力量更具专业性的特点,让专业的人干专业的事。政府通过奖励、补贴等政策手段购买服务,从而实现就业服务的多元化发展。

2. 优化服务平台的用户体验。主要完善并改进三个方面。一是提高政府对电子政务的重视程度。以服务对象为中心,突出以人为本,不断改进服务,优化电子政务的服务能力。二是实现信息共享和业务协同。由主管部门牵头研究,建立统一的服务入口、统一的数据标准、统一的服务理念,整合多部门网络平台资源,建立信息协同和共享机制,共同促进群体就业。三是打造"一站式"网络服务平台。不断强化业务的全面性和互动性,信息构建的科学性以及基于"互联网+"的流程再造。

3. 建立基于"互联网+"的绩效评价体系。通过对公共就业服务流程的再造和绩效评价架构的升级,逐步摆脱以结果为导向的公共就业服务绩效评价体系,强化服务过程的绩效评价。

阅读与思考

职业指导服务窗口和平台建设涉及内容广泛且专业性很强，做好这项工作需要遵照以人为本的就业服务要求，通过专题研究、技术革新、技术扶持以及项目合作等多种形式，立足完善服务窗口和平台的功能和细节，规范视觉形象设计，探索服务新途径、新方法，改进服务流程和规范，解决重点疑难问题，完善建立公共就业服务窗口功能建设技术体系，打造一流公共就业服务窗口。为更好推动这方面工作的开展，下面提出五点基本思路，请结合本章内容进行研讨和补充。

推动职业指导服务窗口和平台建设的基本思路

1. 对各地服务窗口和平台功能建设情况进行摸查。通过问卷调查、实地调研等形式，摸清各地功能建设基本现状、主要问题和需求、功能建设过程中的重点和难点、先进经验和做法及技术改进和创新，为示范性基地建设进一步提供技术支持，为全面促进功能建设提供依据。

2. 选择典型机构作为示范性基地。典型机构主要是指市、区（县）两级公共职业指导服务场所。这些机构应具有较好工作基础，在地区内具有代表性，并积极响应示范性基地目标。示范性基地的认定将按照申报→审核→签订框架协定→认定→挂牌的程序进行。示范性基地发展将本着因势利导、突出功能、解决实际、不断创新的原则，依据实际情况稳步发展，不求搞多而求搞精、搞出特色、形成系统。

3. 选择重点内容、重点部位作为突破口。确定示范性基地工作内容应以服务对象为出发点，事先经过充分论证，选择重点内容、重点部位作为突破口。结合首期示范性基地特点和需要，拟以场所功能布局、场所视觉形象设计、职业信息发布方法和途径、创业项目展示、职业指导等方面作为主要完善内容，同时全面梳理总结人本服务功能细节。

4. 开展系列活动，重点进行经验推广。为了使示范性基地能够起到更强的带动作用，应联合相关部门共同组织召开经验交流及现场观摩会，会前发放调查问卷，了解功能建设现状和需求，总结先进经验和做法，会上组织各地交流，观摩研讨示范典型，推广先进技术手段，介绍最新技术成果。按照地区发展特点和需求，分期、分批、分主题地组织中小规模功能建设现场经验交流会。现场交流会强调人本、务实、交流、互动、创新，其主要形式是交流先进经验、现场观摩示范和案例分析、技术讲解和研讨、推广优秀案例和创新案例、技术成果展示。主题内容初步分三大类：综合版，功能布局和技术实现；重点版，重点区域和功能的设计及技术实现；技术版，功能技术实现与成果展示。

5. 结合部中心工作，功能建设常抓不懈。按照部整体部署精神，在建立首批示范基地的工作基础上，不断积累经验，努力建立职业指导服务窗口功能建设技术体系，根据各地实际需要开展工作，建立示范，重点推进区、县级服务窗口和平台功能建设，开发各类配套技术和成果，规范服务流程和内容，创新服务理念和方法，推行人本服务功能细节，建立功能指标体系，开展绩效评估，将功能建设常抓不懈。

第06章 职业指导资源库的建设

推动职业指导服务的开展不仅需要先进的理念、适用的标准规范、成熟的技术方法、便捷有效的工具，还需要资料、书刊、案例等一系列的资源，这些资源的开发和应用决定着职业指导服务的效果和效率，决定着职业指导服务的技术水平，更决定着职业指导未来的整体发展格局。

近20年来，随着我国职业指导工作的推动，职业指导资源得到不断的开发和应用，例如，职业指导人员国家职业标准、职业指导服务规范、各地区根据工作实践开发的职业指导案例、职业指导教材等。这些资源对促进职业指导服务水平的提升起到了重要的作用，取得了明显的应用效果。但是，如果从职业指导服务实际发展需要角度来看，职业指导资源库的建设至今仍然面临诸多问题和挑战，这里从技术层面上指出亟待解决的三个问题。

一是总体资源匮乏。"书到用时方恨少"这句话可以用来描述基层对职业指导资源迫切需要的实际状况。职业指导服务面对不同服务群体、覆盖职业人生全过程、面临各种各样的复杂问题，从这个层面上看，职业指导的资源开发远远未能满足实际需要。

二是资源分布失衡。主要反映在三个方面。一是资源开发与需求脱节。非常需要的资源不能及时得到开发甚至长期得不到补充的例子不胜枚举。二是资源的开发与职业指导脱节。职业指导资源的开发和应用应当随着职业指导的客观过程进行，不可挂一漏万形成脱节，而显然这种现象在实践中随处可见，例如，职业指导分为诊断、指导两大环节，资源开发不仅要考虑诊断过程中的技术方法和工具配置，更要重视帮助指导过程的技术实现。三是资源开发和职业指导技术构成的脱节。例如，在职业诊断中多使用职业素质测评，而对其他诊断方法的开发和应用远远不足；又如，帮助指导的流程、技术方法、工具等资源的开发和应用少之又少等。

三是资源开发的含金量低。这主要表现在重要资源，如帮助指导的模型、不同就业群体的服务规范和服务流程等开发不足，而开发出的多是一些简单案例，甚至是一般性的经验总结。

结合上述分析，本章将从职业指导资源库技术实现的角度，重点阐述两个方面。第一节，职业指导资源库建设思路。本节主要介绍职业指导资源库建设的指导思想和基本原则与职业指导资源开发的主要途径，帮助人们把握职业指导资源库建设的基本方向，抓住资源库建设的核心要点，促进职业指导资源的有序开发。第二节，职业指导资源库建设参照。本节提供职业指导资源库结构设计参照和资源开发的文案设计参照，力争使人们从实操角度全面了解职业指导资源库总体结构和维度的设置，发现自主开发的不足，掌握职业指导资源开发的基本技巧，为日后职业指导资源开发奠定基础。

第一节　职业指导资源库建设思路

一、指导思想和基本原则

（一）指导思想

以问题解决为导向，总体规划、分步实施、突出重点、解决急需，广泛吸收相关学科技术成果，紧密结合职业指导服务实践，边实践、边总结、边应用、边提高、边推广、边优化，从实践中来，再到实践中去，广泛集聚各方面的开发力量，逐步实现职业指导资源库建设的整体推进，规范职业指导服务行为，提升职业指导服务技术水平，提高职业指导服务效果。下面进一步归纳指导思想的三层内涵。

1. 以问题解决为导向。一是针对职业指导服务的现实问题，通过资源项目的成功开发，解决服务中的实际问题。例如，通过开发就业困难群体分类指导手册，提供更有针对性的帮助指导，彻底解决"一刀切"的粗放式帮助指导方式。二是结合职业指导服务的核心问题，通过关键性问题的解决，实现服务的重大突破。例如，通过开发跟踪指导服务手册，规范跟踪指导服务行为，从本质上提高跟踪指导的服务效果。三是结合职业指导服务薄弱环节，通过资源项目开发从整体上改变职业指导服务失衡的格局。例如，加强对各类就业群体帮助指导方面的资源项目开发，从根本上改善与提升帮助指导的效果和效率。

2. 总体规划，分步实施。一是做好顶层设计。资源项目开发要按照职业指导科学以及实际工作开展的需要，从结构上做好框架性的设计，把握资源开发的整体布局，保障资源内部的系统性和完整性，从整体上提升职业指导资源应用的覆盖效果。二是有序进行。资源项目开发要边开发、边组织，保证开发的持续性，从全局上推进资源库建设有条不紊地开展，保障资源开发的数量和质量，最终真正形成完善的资源系统，从根本上提升资源库的综合实力。三是突出重点难点。资源项目开发要结合服务需求，结合服务中亟待解决的重点难点问题，应服务所需、解服务所急，切实保障职业指导服务不断有所突破、有所提升、有所发展。

3. 借鉴与实践。一是要在更大程度上吸收和借鉴国内外相关学科的技术成果。资源库建设要通过对这些技术成果的充分吸收，在更大程度上汲取他人的先进经验，加速推进职业指导专业化。例如，利用心理咨询的技术方法来解决帮助指导方法的不足，又如，借鉴劳动经济学的理论解决人力资源市场要素预测和诊断问题，再如，借鉴国外职业指导成功实践，结合我国具体情况，开发职业指导新模式。二是立足于实践。资源库建设依靠借鉴只能解决燃眉之急，若要彻底解决资源匮乏问题，就要从根本上建立起职业指导自身学科体系，而要全面提升资源开发的数量和质量，就必须立足于广大职业指导服务一线人员的宝贵经验，只有从实践中来再到实践中去，资源才能取之不尽、用之不竭，才能真正使职业指导资源成果不断涌现并落地生根。三是立足于实践的检验。资源库建设要经得住实践的检验，所有资源成果要在实践中不断改进，在实践的磨砺下不断进行调整完善和优化，真正产生高质量的、经典的资源成果。

（二）基本原则

职业指导资源库建设是一项系统工程，具有涉及面广、开发周期长、技术要求高等特点，若要保障资源项目开发顺利进行应遵循三条基本原则。

1. 保障做好顶层设计。保障做好顶层设计主要应注重三个方面。

（1）统筹规划。运用系统论的方法，从全局的角度对职业指导资源库的各方面、各层次、各要素进行统筹规划，实现资源库科学的整体结构和布局，提出资源库建设的运作思路和方法，保障资源库系统与最终目标的紧密衔接。

（2）结构合理。保障资源库内部要素围绕核心理念和顶层目标所形成的关联、匹配与有机衔接，同时确定不同形势下阶段性的开发重点。

（3）实用好用。保障资源项目开发的可操作性，遵循建设的基本要求即表述简洁明确，技术成果具备可行性。保障能够集中有效资源，高效快捷地实现目标，开发成果可实施、可操作、实用、好用，为基层人员所认可。

2. 保障紧密结合实际。保障紧密结合实际主要应注重三个方面。

（1）获取第一手资料。深入一线实际调查研究，切实把握现实的、具体的、生动的职业指导服务进展状况，保障项目开发的针对性。

（2）解决实际问题。增强主动服务意识，不断认识新情况，探索新途径，解决新问题，保障项目开发的可靠性。冲破传统禁锢和束缚，克服不符合实际的"习惯思维"和"主观偏见"，努力适应发展变化，保障项目开发的创新性。

（3）攻克重点难点。着力于研究和解决职业指导应用的深层次问题，结合职业指导服务需求重点、难点进行开发，以解决服务对象面临的重大问题为导向进行建设，保障项目成果开发的高水平、高质量，在实际工作中不断完善、不断延续，实现在更大程度上的应用推广，保障项目阶段性成果优化的可持续性。

3. 保障集聚资源开发力量。要广泛推进职业指导就必须形成大规模的资源聚合，这需要集聚大规模的资源开发力量，需要构建职业指导资源共享机制，需要形成资源开发的联动机制，在更大程度上争取形成长期发展的战略伙伴关系。主要应做好三个方面。

（1）实现资源共享的建设。这是调动各方面力量的前提，通过技术手段创造随时随地获取资源的条件，实现资源的大面积应用推广和利用最大化，同时将后期技术服务、培训、指导作为资源分享的重要组成部分，结合职业指导人员职业能力培训及职业指导服务设施建设等，并与当前职业指导重点工作紧密联系起来，充分调动各方面力量参与资源开发的积极性。

（2）组建资源开发的主力军。公共就业服务机构一线人员既是职业指导资源库的主要使用者，也是资源开发的主力军。要充分发挥各地各级公共就业服务机构一线人员，尤其是有实践经验的一线职业指导人员的重要作用，统筹规划部署，利用各地的优势和特点组织联合联动，合理配置开发团队人员结构，分层分片实施资源开发，全面挖掘一线宝贵做法和经验，加速资源开发整体进程，在最大程度上实现大规模的职业指导资源集聚。

（3）建立资源开发集聚的互动机制。一是形成公共就业服务机构与企业之间的积极互动，保证职业指导资源开发有企业人员的参与，形成资源开发与企业岗位需求的对接，使之能够建立在满足企业需求的基础之上；二是形成公共就业服务机构与各类教育培训机构之间的积极互动，动员各地院校及专家学者积极参与资源项目开发，通过自身资源和社会资源合理调配以保证开发成果的质量和进度，保证资源项目开发的持续性；三是形成公共就业服务机构与残联、妇联等社会团体之间的积极互动，形成联合联动态势，整合集聚开发资源，分解、协调开发任务，突出就业群体特点，确定服务对象需求和开发重点，建立资源开发项目进程和成果发布制度，按照资源库建设总体走向和职业指导服务任务，实施方向性引导，形成广泛的资源开发集聚以及成果的应用和传播。

二、资源开发的主要途径

（一）在实践中总结提炼

这是职业指导资源开发最重要的途径，是推进职业指导资源库建设的重要战略。无论从我国职业指导工作推动情况上看还是从职业指导资源开发实践上看，通过在实践中总结提炼来实现资源库建设目标，都具有重要的现实意义和实用价值。其意义和价值主要体现在四个方面。

1. 通过服务对象的需求，实现资源开发的重新定位。在实践中，一线人员每天面对各类不同的服务群体，这些服务群体虽然看上去都有着相似的诉求和共同的问题，但实际上却有着千差万别的服务需求。通过对这些需求的认真分析和归纳整理，就会发现职业指导服务工作的重心所在、困难所在，就可以确定资源开发的切入点；通过不断地重新定位，就可以准确地把握资源开发的主攻方向。例如，面对就业困难群体存在的不同情况，在通过分析整理确定了更加有针对性的需求后，才得以对其进行分类细化，制订分类指导、分层帮扶的研发目标。

2. 通过一线人员的服务行为，提炼服务规范和标准。在实践中，一线人员每天都会从事繁杂重复的工作，这些工作看似平凡单一、周而复始，但就是这些平凡的工作蕴含着职业指导服务的工作条件和基础，表现出职业指导服务工作的基本形态，反映了职业指导服务的程序和内容。毫无疑问，梳理这些内容可以为规范职业指导服务，优化服务流程和内容等提供宝贵的一手信息。例如，有了每天都对来访者进行个别指导咨询的服务内容，才产生了对更高效指导咨询的需求，才得以确定规范咨询指导行为、开发咨询指导技术的目标。

3. 通过典型事件，提炼典型案例。在成千上万的职业指导个案中，始终存在着具有典型意义的事件，事件中总要涉及相关人物、事件发生的原因、事件的本质特征、疑难问题、事件解决等一系列要素，通过这些要素就会发现事件中的客观规律，就会发现其借鉴价值所在，总结提炼这些内容就可以使人们以典为鉴、举一反三。例如，通过总结高校毕业生就业指导典型案例，可以了解这个群体的就业基本特征、存在的问题和解决办法；通过总结失地农民再就业帮助指导典型案例，可以掌握提供什么出路才能够引导帮助他们实现再就业等。

4. 通过处理一般性的事务，提炼技术方法。一线人员的日常工作看似没有什么技术含量，许多人也并不重视，但事实上，正是这些不引人注意的工作却往往蕴含着解决问题的方法和技术，经过提炼完善的这些方法和技术会成为解决职业指导问题的钥匙，具备非常高的价值。例如，一线人员发现长期下岗失业人员上岗后，对其实施跟踪指导可以帮助他们稳定岗位，于是对其中的规律进行研究，将什么时间进行指导、询问什么问题、采用什么语气、怎样提供指导等都写在了一张表中，而正是这张表极大地提升了跟踪指导的效率和效果。这样的例子在实践中不胜枚举，对一般性事务进行认真总结、深入提炼，无疑将大幅提升职业指导服务的技术含量。

（二）借鉴相关学科技术成果

用借鉴的方式推动职业指导资源库的建设快速上马，是使职业指导资源能够迅速集聚的有效途径，但这种策略绝不是单纯的"拿来主义"，不是东拼西凑的临摹复制。例如简单拿来国外的东西，就会有水土不服的问题；盲目地拿来其他学科的成果，就会发生误导、滥用，甚至出现职业指导自身学科体系丧失的问题。这里针对如何更好地实现"借鉴"提出如下三点原则。

1. 坚持取其精华。借鉴并不是生搬硬套，不能理解成只要用上别人的东西就万事大吉了。借鉴不仅是学习别人的优点，引进别人的成功做法，更是要学习别人的宝贵思想，坚持取其精华、去其糟粕，这是决定借鉴最终效果的重要原则。例如，在职业指导中借鉴预防医学的思想，布置三级预防，针对就业人员强调职业指导提前入手，早发现、早干预、早解决，强调自助指导，使服务对象自己来帮助自己、自己来拯救自己。显然，预防性指导抓住了预防医学的精髓，将提前入手、唤起自助这些宝贵的思想引用到职业指导服务中来。毫无疑问，取其精华是借鉴的最高境界，是所追求的终极目标，它必定对丰富职业指导资源产生积极的促进作用。

2. 坚持学以致用。借鉴不能搞教条、走形式，借鉴的根本目的在于应用，在于把好的东西真正为我所用。这其中蕴含着两层含义。一是要研究别人的东西是用来做什么的，什么情况下才能"借用"，要清楚应用的背景和条件，否则不仅不好用、不能用，甚至还会因为滥用、误用产生负面效果。例如，利用心理测验来对求职者进行诊断，这本无可厚非，但如果逢人必检、逢人必测，甚至用诊断神经症患者的测验方法评价求职者，显然会产生负面效果①。二是要研究怎样才能更好用。别人的东西有其应用环境，而我们面临的环境和条件必定和别人有所不同，所以要借鉴就需不断尝试运用，不断试错并改进，不断总结经验并优化，不断地使其适合我们的具体工作和预期目标。

3. 坚持自主创新。借鉴是促进快速成长的策略，但它并不排斥自主创新。职业指导服务更需要在借鉴同时走出一条自主创新之路。借鉴不能没有自主，职业指导资源库若都是"借"来的东西，就成了一个"杂货店""万国牌"，就失去了前进的方向，没有了自我的发展。借鉴不能没有创新，职业指导资源若只是停留在"借"的基础上，就不能围绕自身实际情况和自身发展需要开发出具有创新性的技术成果，职业指导服务就会难以走出困境，职业指导应用体系也就无法建立起来。从这一点上看，坚持自主创新对职业指导资源库建设极具战略意义。

（三）集中力量重点突破

集中力量实施重点攻关、重点突破是建设资源库的重要途径之一，它的最大优点是面对大课题、大项目可以集各方面资源，在短时间内产出重大成果。集中力量是我国的一种优势，职业指导资源库建设应当充分发挥这一优势作用，促进资源成果在数量上快速提升、在质量上实现重大转变。结合当前职业指导发展现状，集中力量重点突破需要做好三

---

① 心理测验编制的常模参照是人的心理发展水平，而职业测验编制的常模参照的是人们对职业活动的胜任水平。因此将心理测验用于职业诊断属万不得已之下策，而不问东西左右盲目施测，不仅不会有任何益处，还会产生负面效果。

方面工作。

1. 瞄准战略性目标实施突破。所谓战略性目标是指那些对职业指导服务会产生广泛深入影响的资源成果，这些成果的突破往往举足轻重、意义重大，如能在这些成果上取得进展，就会大大促进职业指导工作的开展、促进职业指导服务水平的提升等。例如，职业指导服务规范、职业指导人员职业标准等成果就属于战略性的资源成果。编制职业指导服务规范就可将职业指导服务设施、服务内容等形成全国一盘棋，就可以使职业指导服务纳入一个基本框架之中；开发职业指导人员职业标准就可以将职业指导人员的职业道德、行为规范、需要掌握的理论和技能统一起来，就可以保证职业指导人员队伍建设有基本的依据。显然，实现对战略性目标的成功突破，无疑对推动职业指导工作具有重要的促进作用。

2. 瞄准普遍性问题实施突破。所谓普遍性问题是指那些具有广谱性的问题，这些问题往往最普遍、最集中、最典型，且涉及人群广、影响面宽，一旦这些问题得到解决就会产生良好的社会效应，带来明显而广泛的帮助指导效果。例如，某城市集聚16个区职业指导人员的力量，针对本市长期失业青年、农村劳动力、低收入农户、离校未就业毕业生和企业分流安置人员五类重点群体开发职业指导实操手册。该手册结合这五类重点群体的典型问题及亟待解决的问题，确定帮助指导目标，提出解决思路和策略，设计服务流程和内容，提供具体的帮助指导措施，以问题为导向，聚焦实际问题解决，聚焦实际操作落地，可谓是职业指导人员一册在手，全市困难就业群体普遍受益。显然，这些具有普遍意义且又极具帮助指导特征的资源成果对资源库的建设具有重要的示范引领作用，对提升职业指导服务效能更是具有重要的促进作用。

3. 瞄准典型疑难问题实施突破。就业困难群体的帮助指导、疫情下青年就业的帮助指导、残疾人就业的帮助指导、灵活就业人员的帮助指导等都属于典型疑难问题，是就业服务的重要工作内容，是职业指导服务过程中难啃的硬骨头，这些典型问题、疑难问题的解决，涉及职业指导服务理念、方法、技术、工具等众多方面，解决了这些问题就意味着职业指导技术水平又前进了一步，帮助指导的系统工程就又登上了一个新的台阶。换言之，这些问题对职业指导技术具有重要的引领示范作用，对提升职业指导服务水平具有重要的推动作用，可谓是一点突破、全局皆活，因此，集中力量在这方面实施突破并取得跨越性的进展必定会对推进职业指导工作深入开展产生重大的影响。

（四）实施开放式的优化模式

资源成果的开发不是一蹴而就的，不能开发了一个雏形就可以不管，更不能打一枪换一个地方。这种虎头蛇尾、有前劲没后劲、急功近利的做法不仅无益于资源成果的开发，从长远上看，还会在更大程度上影响资源库的正常建设，既浪费大量资源，还会严重阻碍职业指导发展的进程。因此，要使资源库建设形成良性循环，必须要做到分享资源、开放资源，要在实践中不断进行优化完善。这一模式可简单概括为四个环节。

1. 利用线上专用平台开放资源。意指将资源库放到线上的专用平台上，向职业指导全服务系统开放所有已开发资源。开放资源不仅仅是为了分享，更重要的是为了得到全服务系统人员的实践检验，人们可以在应用中深刻体验资源成果的效能，发现不足和缺陷，做出相应的补充，提出改进完善的建议，使每一项资源成果都能够随着时间的推移不断优化和改进。

2. 利用线上专用平台开放研讨。建立不同层级的权限实施开放研讨，汇集各方面的意见，集聚各方面的智慧，针对资源成果的多方面，甚至是一个流程、一条规则、一个操作等细节开展充分的讨论，提出改进建议，最终由专门权限层级进行归纳整理，再放到平台上反复确认，直到人们普遍认可。值得指出的是，开放的研讨是永久性的，是随时随地的，即便是之前已经被普遍认可的资源成果也仍然可以继续进行研讨，这样做可以确保无论哪一项资源成果在历史的长河中都会有重新焕发出新价值的可能。

3. 利用实践检验决定最终修订。专用平台存在最高权限，但若要对已有的资源成果进行实际修订，则必须经过严格的实践检验，这方面应当具有缜密的审订程序，只有通过这样的程序，相关建议和补充才能得到真正的修订。而有关修订的一切工作都可通过专用的软件自动实施，还有更多专门设计的软件功能，都可以在最大程度上减少工作量和不必要的干预。

4. 建立资源成果激励机制。要调动全体职业指导人员积极主动地参与到资源成果的不断完善和优化中来，就要有相应的激励机制，不论是谁，只要他提出了一种理念、创造了一种方法、发明了一项技术，就应当予以激励，即便是有人改进了一个服务环节、补充了一幅图片、修正了一句口号，也应当予以激励，只有让所有人都能感受到自己对职业指导的贡献作用，感受到自己在职业指导实践中体现的宝贵价值，资源库建设才会有令人振奋的广阔前景。

第二节 职业指导资源库建设参照

一、职业指导资源库结构设计

（一）资源库结构的基本假设

1. 职业指导资源库树状结构假设，如图 6-1 所示。

图 6-1 显示了职业指导资源库五个方面的重要特征。

（1）职业指导资源库由于涉及内容众多且繁杂，一般情况下不会少于四个层级。层级数量的最终确定需要依据工作实际情况，并不是越

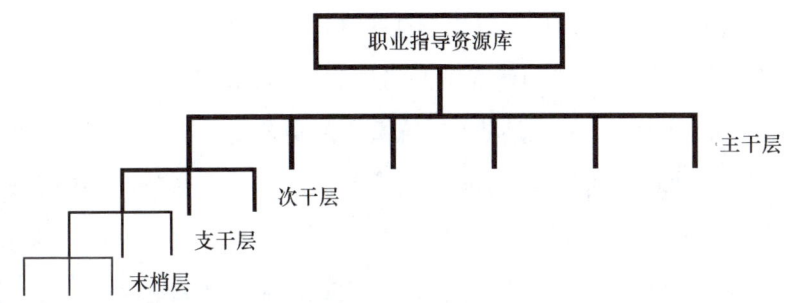

图6-1 职业指导资源库树状结构假设示意图

多越好。

（2）主干层和次干层将决定以下层次的分布格局，影响全库的结构形态和走向。这两个层级的设定对指导资源库建设具有重要的定位作用，实际工作中可以根据对资源库的不断认识和探索对这两个层级进行调整，以保障资源库的结构更加科学合理。

（3）随着层级的延伸，其内容将会逐级增多，且更加繁复、具体，其分布形态可以反映出资源库建设开发的均衡性、侧重点。

（4）支干层可能会存在着多个层级，但它的层级增加一般不会过多影响资源库的整体结构，支干层级往往随着职业指导工作的复杂程度增加或者减少。一般情况下，不建议支干层级过多，否则会导致不必要的麻烦。

（5）末梢层应当是资源成果最小的独立单元，它具有逻辑上的独立性和不可分割性。

总之，树状结构假设为资源库的结构设计提供了基本支撑，其具有的重要特征为更好把握资源库结构设计提供了参考依据。

2. 不同角度的资源库结构划分，主要依据四个方面。

（1）从服务过程角度进行划分。例如，职业指导的基本过程可以划分为诊断和指导两个大的阶段，诊断又分为问询、探查、职业素质测评等过程，指导又分为建立咨询关系、客观讨论实际问题、提供合理化建议等过程，资源库结构可以依据这些过程进行规划。从服务过程角度规划资源库结构其最大的优点就是可以很容易地确定资源库的边界范围，这非常有助于开发人员从总体布局上避免疏漏，但也应看到，以服务过程为基准的结构设计同时也会带来针对性不强、程序性死板而难以应对灵活多变的复杂情景等问题。

（2）从服务对象角度进行划分。医院系统中设置儿科、妇科、男科的做法就是以服务对象为依据的划分方法。职业指导面向的服务对象可以划分为劳动者和用人单位，劳动者又可划分为城镇失业人员、进城务工人员、高校毕业生等，用人单位可按照规模划分为大型、中小型企业等，资源库的结构就可以根据这样的划分进行规划。从服务对象角度规划资源库结构，其优点在于可以非常精准地聚焦资源项目开发方向和具体需求，但与此同时往往还会带来资源开发的重复、易失去资源开发布局重心等问题。

（3）从技术方法角度进行划分。例如，职业指导技术可以划分为职业诊断技术、职业环境分析技术、职业咨询技术、跟踪指导技术、信息采集技术等，利用技术方法的性质进行资源库结构划分，可以帮助资源项目开发准确聚焦于某个技术问题上，但也可以很明显地看到，在职业指导服务中，许多问题并不是都属于技术方法范畴，因此这种划分方式还是存在一定的局限性。

（4）从服务内容角度进行划分。例如，职业指导服务内容有就业政策指导、择业指导、求职指导、职业和职业环境指导、职业核心素养养成指导、职业发展指导等，医院系统按照内科、外科、牙科、眼科、耳鼻喉科、骨科等进行划分的做法就属于这一类。从服务内容角度进行划分的主要优点是方便确认资源范围、能够保障资源开发方向，但同时也应看到，这种划分方式依然不能满足既保障科学确认资源范围，又精准聚焦资源开发焦点的双重要求。

总之，上述分析可以得出三点结论：一是不存在用单一划分方式解决资源库结构设计的可能；二是资源库结构设计宜同时采取多种划分方式，既要保证在范围、方向上的准确覆盖和定位，还要保证在资源开发上的精准聚焦；三是不同的划分方式具有各自的优势，应当利用其特有的优势对资源结构层级进行合理的规划，例如，从服务过程的角度划分更适于资源库主干层规划，从技术方法的角度划分更适于对资源库末梢层进行规划。

（二）资源库结构的基本框架

1. 资源库结构设计的四点基本原则

（1）保证资源范围全面覆盖。在总体结构上应当能够保证覆盖所有的职业指导资源，换言之，不论资源单元或部件的大小、性质有什么不同，都可以在资源库设定的结构中找到相应的地址和位置。

（2）保证资源开发方向准确定位。在总体结构上应当能随着支干、次支干层级的增多，仍然可以保证资源开发的方向定位准确清晰，换言之，不论资源内容多么复杂，仍然可以保证其延展脉络清晰准确，保证资源库各部分的内在逻辑合理，既不影响范围上的覆盖，还可以帮助资源开发进一步聚焦锁定。

（3）保证资源开发项目的精准聚焦。一般而言，精准聚焦主要是针对资源库的末梢层，要求在这一层级上，既要保证末梢层资源布局的内在逻辑清晰，还要保证资源项目开发精准无误，换言之，末梢层资源在性质上应具有同一性，同时还应具有独立性和不可分割性。值得指出的是，严格地做到这一点并非易事，实践中人们往往需要结合具体情况做出灵活的修正。

（4）保证各层级资源布局的灵活修订。随着资源开发工作的深入，各层级资源结构布局应能够随之进行灵活修订。修订时可以增加或删减层级数量，也可以增加或删减层级内的资源项目数量，以保证资源库结构能够得到更理想的优化。

2. 资源库结构基本框架设计参照

（1）资源库结构设计思路。资源库结构框架可以根据职业指导服务实际需要采取两种方案进行设计。一是只设"单库"，即不论何种资源都放入一个资源库中。二是设置"双库"，即设总库和分库两个部分：总库的性质是综合性的，凡具有共性、普遍性的资源都可以放入总库中；凡个性化的、相对独立的资源则放入分库中。基于篇幅所限，下面根据职业指导资源开发现状仅提供"单库"的结构框架，以供参考。见表6-1。

表6-1　　职业指导资源库（单库结构）设计参照

指导过程	指导阶段	指导内容	单元名称	资源名称
0 职业诊断	01 职业诊断应用基础	01-1 职业诊断概念	01-1-1 定义	操作定义
			01-1-2 基本原则	01-1-2-1 原则一
				01-1-2-2 原则二
				01-1-2-3 原则三
				01-1-2-4 原则四
			01-1-3 职业诊断基本模式	01-1-3-1 模式一
				01-1-3-2 模式二
				01-1-3-3 模式三
			01-1-4 职业诊断思维方式	01-1-4-1 方式一
				01-1-4-2 方式二
				01-1-4-3 方式三
		01-2 职业诊断基础	01-2-1 职业诊断要素构成	01-2-1-1 个人要素构成
				01-2-1-2 环境要素构成
				01-2-1-3 其他要素构成
			01-2-2 职业诊断流程和内容	01-2-2-1 诊断流程
				01-2-2-2 诊断内容
				01-2-2-3 非常规处理
				01-2-2-4 职业诊断要求
			01-2-3 职业诊断相关理论	01-2-3-1 诊断原理
				01-2-3-2 诊断法则

续表

指导过程	指导阶段	指导内容	单元名称	资源名称
0 职业诊断	02 个人因素问题诊断	02-1 诊断方法	02-1-1 常规诊断方法	02-1-1-1 问询
				02-1-1-2 探查
				02-1-1-3 职业素质测评
				02-1-1-4 问卷调查
				02-1-1-5 SWOT 分析
			02-1-2 特殊诊断方法	02-1-2-1 就业困难家庭访谈
				02-1-2-2 特殊就业人员访谈
				02-1-2-3 就业服务需求调查系统
		02-2 诊断工具	02-2-1 资源性评估	02-2-1-1 就业资源诊断问卷
				02-2-1-2 创业资源诊断问卷
			02-2-2 职业意识评估	02-2-2-1 职业价值观量表
				02-2-2-2 成就动机量表
				02-2-2-3 职业态度量表
				02-2-2-4 求职自信心量表
			02-2-3 职业取向评估	02-2-3-1 职业兴趣测验
				02-2-3-2 CETIC 职业兴趣测验
			02-2-4 职业人格评估	02-2-4-1 霍兰德职业人格问卷
				02-2-4-2 大五人格问卷
				02-2-4-3 CETIC 职业人格问卷
			02-2-5 职业能力评估	02-2-5-1 CETIC 职业认知能力测验
				02-2-5-2 CETIC 职业操作能力测验
			02-2-6 特定内容评估	02-2-6-1 留学风险评估
				02-2-6-2 失地农民状态评估[①]
				02-2-6-3 就业困难群体状况评估
		02-3 职业诊断相关资料	02-3-1 职业诊断应用理论	02-3-1-1 人-职匹配理论
				02-3-1-2 职业胜任理论
				02-3-1-3 职业适应理论
				02-3-1-4 职业发展理论

---

① 深色填充标注内容为有待开发的职业指导资源，列出的目的是启发读者联系实际思索还有哪些需要开发的资源，下同。

续表

指导过程	指导阶段	指导内容	单元名称	资源名称
0 职业诊断	02 个人因素问题诊断	02-3 职业诊断相关资料	02-3-2 典型实践与资料	02-3-2-1 职业诊断典型案例
				02-3-2-2 求职典型案例
				02-3-2-3 职场规则与要求
	03 就业环境因素问题诊断	03-1 主要环境因素	03-1-1 与经济发展相关的因素	略
			03-1-2 与就业政策相关的因素	
			03-1-3 与工资水平相关的因素	
			03-1-4 与生活水平相关的因素	
			03-1-5 与人文自然环境相关的因素	
		03-2 评估与分析	03-2-1 国家与地区政策环境评估与分析	03-2-1-1 评估要素与整理
				03-2-1-2 专家建议与案例
				03-2-1-3 二三线城市状况查询
			03-2-2 产业行业环境评估与分析	03-2-2-1 评估要素与整理
				03-2-2-2 专家建议与案例
				03-2-2-3 国家统计局的行业分布表
				03-2-2-4 产业行业发展重点介绍
			03-2-3 新老职业发展趋势评估与分析	03-2-3-1 评估要素与整理
				03-2-3-2 专家建议与案例
				03-2-3-3 新就业形态重点介绍
				03-2-3-4 常见职业图库
				03-2-3-5 职业分类大典
				03-2-3-6 新职业重点介绍
			03-2-4 用人单位招用人环境评估与分析	03-2-4-1 评估要素与整理
				03-2-4-2 专家建议与案例
				03-2-4-3 典型用人单位状况简介

续表

指导过程	指导阶段	指导内容	单元名称	资源名称
1 帮助指导	10 帮助指导应用基础	10-1 帮助指导概念	10-1-1 操作定义	略
			10-1-2 基本思路	10-1-2-1 基本原则
				10-1-2-2 基本策略
				10-1-2-3 基本流程和内容
				10-1-2-4 基本类型
			10-1-3 帮助指导人员的道德和行为要求	略
		10-2 帮助指导的通用技术	10-2-1 信息采集技术	10-2-1-1 利用不同的查询策略采集信息
				10-2-1-2 利用网页搜索引擎采集信息
				10-2-1-3 利用不同的招聘网站采集信息
				10-2-1-4 典型实践
			10-2-2 咨询指导技术	10-2-2-1 一般性咨询指导技术
				10-2-2-2 专门指导技术
				10-2-2-3 团体指导技术
				10-2-2-4 典型实践
			10-2-3 行为改变技术	10-2-3-1 行为改变技巧
				10-2-3-2 综合性直接指导
				10-2-3-3 典型实践
			10-2-4 认知调整技术	10-2-4-1 认知调整实施原则
				10-2-4-2 认知调整技术方法
				10-2-4-3 典型实践
			10-2-5 跟踪指导技术	10-2-5-1 跟踪指导实施原则
				10-2-5-2 跟踪指导操作技巧
				10-2-5-3 典型实践
			10-2-6 自助指导技术	10-2-6-1 自助指导实施原则
				10-2-6-2 自助指导技术和方法
				10-2-6-3 典型实践

续表

指导过程	指导阶段	指导内容	单元名称	资源名称
1 帮助指导	10 帮助指导应用基础	10-3 帮助指导主要内容	10-3-1 帮助认知就业环境与政策	10-3-1-1 劳动就业环境与政策指导
				10-3-1-2 职业培训环境与政策指导
				10-3-1-3 劳动权益环境与政策指导
				10-3-1-4 自主创业环境与政策指导
				10-3-1-5 认知就业环境与政策的专门技巧和方法
			10-3-2 帮助建立积极的职业意识	10-3-2-1 树立积极的职业价值观
				10-3-2-2 科学说明职业的优缺点
				10-3-2-3 坚持"干一行，爱一行"的工作理念
				10-3-2-4 积极倡导工作献身精神
				10-3-2-5 保持良好职业道德和规范
				10-3-2-6 建立积极的职业发展观
				10-3-2-7 建立职业意识的专门技巧和方法
			10-3-3 指导做出明智的职业定位	10-3-3-1 指导职业定位
				10-3-3-2 指导了解工作世界
				10-3-3-3 指导职业决策和规划
				10-3-3-4 职业定位的专门技巧和方法
			10-3-4 实施求职指导和强化训练	10-3-4-1 提供有效的求职策略
				10-3-4-2 开展求职实用技巧训练
			10-3-5 职业发展指导	10-3-5-1 适应新工作
				10-3-5-2 应对压力和危机
				10-3-5-3 继续学习和进步
				10-3-5-4 家庭、社会关系的维护
				10-3-5-5 职业发展的策略
				10-3-5-6 职业发展指导的专门技巧和方法

续表

指导过程	指导阶段	指导内容	单元名称	资源名称
1 帮助指导	10 帮助指导应用基础	10-4 帮助指导相关资料	10-4-1 不同服务对象典型就业特征	10-4-1-1 高校毕业生典型就业特征
				10-4-1-2 城镇失业人员典型就业特征
				10-4-1-3 就业困难群体典型就业特征
				10-4-1-4 失地农民典型就业特征
			10-4-2 其他资料	10-4-2-1 职业指导教学课程
				10-4-2-2 职业生涯规划资料
				10-4-2-3 职业核心素养训练
				10-4-2-4 升学出路指导资料
				10-4-2-5 创业出路指导资料
				10-4-2-6 留学出路指导资料
				10-4-2-7 360职业生涯教学资料
	11 不同就业群体帮助指导	11-1 高校毕业生就业的帮助指导	11-1-1 择业心理与调适	11-1-1-1 影响择业的心态
				11-1-1-2 常见择业心理问题调适
			11-1-2 就业出路选择指导	11-1-2-1 就业出路介绍
				11-1-2-2 就业出路选择
			11-1-3 毕业生离校指导	11-1-3-1 指导办理离校和就业手续
				11-1-3-2 上岗前培训指导
				11-1-3-3 典型问题处理
		11-2 城镇失业人员就业创业的帮助指导	11-2-1 城镇失业人员就业分类指导	11-2-1-1 城镇失业人员就业分类
				11-2-1-2 城镇失业人员帮助指导原则
				11-2-1-3 城镇失业人员帮助指导主要模式
				11-2-1-4 城镇失业人员帮助指导专门技巧和方法
			11-2-2 城镇失业人员就业出路指导	11-2-2-1 指导了解就业优惠政策
				11-2-2-2 指导多种形式就业
			11-2-3 指导城镇失业人员参加培训	11-2-3-1 指导推介教育培训项目
				11-2-3-2 开展小规模专项技能培训

续表

指导过程	指导阶段	指导内容	单元名称	资源名称
1 帮助指导	11 不同就业群体帮助指导	11-2 城镇失业人员就业创业的帮助指导	11-2-4 指导城镇失业人员创业	11-2-4-1 指导了解自主创业优惠政策
				11-2-4-2 推介创业项目
				11-2-4-3 开业指导
		11-3 进城务工人员就业的帮助指导	11-3-1 新生代农民工就业帮助指导	11-3-1-1 帮助新生代农民工就业的主要做法
				11-3-1-2 促进新生代农民工实现职业发展
			11-3-2 进城务工人员帮助指导	11-3-2-1 指导进城务工人员做好就业准备
				11-3-2-2 指导进城务工人员稳定就业
			11-3-3 典型问题解决	11-3-3-1 指导返乡自主创业
				11-3-3-2 帮助农村贫困劳动力就业
		11-4 残疾人就业创业的帮助指导	11-4-1 不同类别残疾人就业的针对性指导	11-4-1-1 帮助视力残疾人就业
				11-4-1-2 帮助听力/言语残疾人就业
				11-4-1-3 帮助肢体残疾人就业
				11-4-1-4 帮助智力残疾人就业
				11-4-1-5 帮助精神残疾人就业
			11-4-2 残疾人职业重建	11-4-2-1 职业重建的主要手段
				11-4-2-2 职业重建典型案例
			11-4-3 残疾人就业岗位开发	11-4-3-1 残疾人就业岗位开发的思路和原则
				11-4-3-2 残疾人就业岗位开发的类型和方法
				11-4-3-3 残疾人支持性就业及其案例
			11-4-4 残疾人创业与创业服务	11-4-4-1 残疾人创业指导的特殊原则
				11-4-4-2 残疾人创业准备
				11-4-4-3 残疾人创业领域与项目
				11-4-4-4 残疾人创业风险与防范

续表

指导过程	指导阶段	指导内容	单元名称	资源名称
1 帮助指导	12 用人单位招用工指导	12-1 针对一般性问题的指导	12-1-1 针对薪酬待遇较低进行指导	12-1-1-1 思路和策略
				12-1-1-2 主要措施
			12-1-2 针对用人不规范进行指导	12-1-2-1 思路和策略
				12-1-2-2 主要措施
			12-1-3 针对微型企业吸引力不够进行指导	12-1-3-1 思路和策略
				12-1-3-2 主要措施
			12-1-4 针对信息发布渠道不畅进行指导	12-1-4-1 思路和策略
				12-1-4-2 主要措施
		12-2 针对典型性问题的指导	12-2-1 针对招用工专业性强进行指导	12-2-1-1 思路和策略
				12-2-1-2 主要措施
			12-2-2 针对临时性、季节性用工进行指导	12-2-2-1 思路和策略
				12-2-2-2 主要措施
			12-2-3 针对偏远、经济欠发达地区企业招工进行指导	12-2-3-1 思路和策略
				12-2-3-2 主要措施
			12-2-4 针对岗位劳动强度大、工作环境差进行指导	12-2-4-1 思路和策略
				12-2-4-2 主要措施
2 职业指导组织与推动	20 职业指导工作推动基础	20-1 职业指导工作推动的概念	20-1-1 操作定义	略
			20-1-2 主要思路	20-1-2-1 指导思想
				20-1-2-2 基本原则
				20-1-2-3 基本策略
		20-2 职业指导项目计划和运作	20-2-1 职业指导项目的计划和控制	20-2-1-1 定义项目目标
				20-2-1-2 制订实施计划
				20-2-1-3 项目过程控制
				20-2-1-4 项目成败的原因分析

续表

指导过程	指导阶段	指导内容	单元名称	资源名称
2 职业指导组织与推动	20 职业指导工作推动基础	20-2 职业指导项目计划和运作	20-2-2 职业指导项目运作模式设计	20-2-2-1 项目运作模式的概念
				20-2-2-2 项目运作典型模式
				20-2-2-3 项目运作模式设计要素
				20-2-2-4 项目运作模式设计流程
			20-2-3 职业指导项目计划和运作的实践	典型案例和资料
	21 职业指导工作推动实践	21-1 职业指导工作体系和运行机制的构建	21-1-1 健全完善职业指导工作体系	21-1-1-1 基本思路
				21-1-1-2 基本架构
			21-1-2 健全完善职业指导工作运行机制	21-1-2-1 基本思路
				21-1-2-2 内容构成
			21-1-3 职业指导工作体系和运行机制的实践	典型案例和资料
		21-2 创建职业指导工作理念	21-2-1 创建引领全局开展的战略	21-2-1-1 推进人本服务
				21-2-1-2 主抓"一硬一软"
				21-2-1-3 促进规范化建设
				21-2-1-4 全力推进信息化
				21-2-1-5 利用典型引路
				21-2-1-6 坚持简单便捷
				21-2-1-7 积极唤起自助
				21-2-1-8 开展针对性的服务
			21-2-2 创建促进问题解决的战术	21-2-2-1 给职业指导师"画像"
				21-2-2-2 组织专项活动
				21-2-2-3 打造服务品牌
				21-2-2-4 实施跟踪服务
				21-2-2-5 对典型问题实施"定点爆破"
				21-2-2-6 建立服务模式
				21-2-2-7 总结推广案例
				21-2-2-8 孵化器推动

续表

指导过程	指导阶段	指导内容	单元名称	资源名称
2 职业指导组织与推动	21 职业指导工作推动实践	21-3 职业指导服务窗口和平台的建设	21-3-1 职业指导工作室的建设	21-3-1-1 职业指导工作室设计核心内容
				21-3-1-2 职业指导工作室设计模板
			21-3-2 职业指导线上服务平台的建设	21-3-2-1 职业指导线上服务平台设计要点
				21-3-2-2 职业指导线上服务平台设计模板
			21-3-3 建设实例和资料	21-3-3-1 职业指导工作室建设指导手册
				21-3-3-2 职业指导线上平台建设实例
		21-4 职业指导资源库的建设	21-4-1 职业指导资源库建设思路	21-4-1-1 指导思想和原则
				21-4-1-2 资源开发的主要途径
			21-4-2 建设实例和资料	21-4-2-1 职业指导资源库结构设计
				21-4-2-2 职业指导资源开发文案设计
				21-4-2-3 相关资料
		21-5 职业指导人员队伍建设	实施职业指导标准化建设	21-5-1-1 推动职业指导服务内容标准化
				21-5-1-2 推动职业指导人员服务规范化
				21-5-1-3 推动职业指导人员服务专业化
				21-5-1-4 相关资料
		21-6 职业指导工作推动实例	21-6-1 职业指导进高校	21-6-1-1 方案设计要素
				21-6-1-2 实例
			21-6-2 职业指导进社区	21-6-2-1 方案设计要素
				21-6-2-2 实例
			21-6-3 开展职业指导大赛	21-6-3-1 方案设计要素
				21-6-3-2 实例
			21-6-4 职业指导宣传实例	21-6-4-1 方案设计要素
				21-6-4-2 实例

（2）单库结构设计实例的几点总结。

一是从实际操作的角度看，资源库采取五个层级的结构布局，初步形成一个基本框架格局，将各类职业指导资源覆盖其中，对各种职业指导资源进行了基本梳理，不仅可以从全局的角度俯瞰职业指导资源现状，还可为进一步开发职业指导资源提供一个基准参照。

二是从职业指导服务发展的角度看，可以在任何一个层级上进行增加或删改，这既不影响整体结构，又方便了各地区资源开发入库，保证了资源库结构能不断优化。

三是从资源库资源结构整体的现状看，既可以帮助分析职业指导服务的薄弱环节，也可以清晰地看到资源库自身需要完善的不足之处，从而为进一步确定资源开发的重点、难点提供了有价值的线索和依据。

四是从资源库建设的角度看，此资源库结构布局为进一步开发职业指导资源提供了有利条件，但是，从满足服务对象的需求、开展精准化精细化的就业服务以及形成国际一流的职业指导服务等角度去衡量，该资源库的建设明显还存在很大的差距：如诊断、指导、推动三大板块资源分布比例失调、实用技术资源严重匮乏、高质量的资源开发严重不足等，显然若要弥补这些差距还需要全国上下各方面长时间的艰苦努力。

二、职业指导资源开发文案设计

职业指导资源开发文案设计主要涉及撰写工作方案和技术方案两类，这两类文案的设计情况决定着项目是否能够立项，影响着项目目标实现、项目进展顺利与否、质量保障、组织推动等多方面，是职业指导资源开发过程中最重要的文案，下面分别举例说明。

（一）撰写工作方案

撰写工作方案重点需要说明五个问题：一是工作目标，二是工作思路，三是工作流程和内容，四是组织与分工，五是时间表。值得指出的是，随着资源项目的规模和重要程度等因素的变化，工作方案的内容和形式往往会有所不同，但是万变不离其宗，任何时候这五个方面都必须明确，否则就意味着工作在策划的层面上就已经出现了危机。下面仅就工作目标、工作思路、工作流程和内容三项举例加以说明。

1. 工作目标撰写。

例1：

工 作 目 标

1.5月底之前，结束100个案例编写工作，并齐、清、定。

2.8月底之前，完成案例的拍摄工作。

3.10月底之前，完成案例光盘制作任务。为11月中旬全国职业指导人员技能培训及时提供相应素材。

根据例1撰写的工作目标提示三点。

（1）目标层次清晰，有时间、有内容、有数量、有结果。这是撰写目标最重要的要素，因此这个目标的撰写基本说清楚了目标的内涵。

（2）对案例编写、案例拍摄两个目标缺少重要的质量要求，这会为后期案例开发质量带来隐患，尤其会影响到开发工作方法、进度等一系列的设计和部署。

（3）例1中工作目标看上去是撰写、拍摄职业指导典型案例，但实际上是为全国职业指导人员技能培训提供考试试题。这属于过程性目标和最终目标复合的情况，这种一石二鸟、一举多得的做法在实际工作中应当更多地进行推广。

2. 工作思路撰写。

例2：

工 作 思 路

1. 按照职业指导人员国家职业资格标准要求，提出案例涉及范围。

2. 根据职业指导人员实际工作情况，确定案例内容（案例点）。

3. 根据职业指导人员平时的案例记录，进行归纳整理，作为案例基本素材，若有不符合要求之处，应组织有经验的基层一线人员及有关专家修改补充。

4. 按照技能训练和评价需求（既方便训练又适于命题需求）设计案例的基本结构和形式。

5. 采取集中辅导—分散写作—集中辅导的工作形式，保障案例撰写质量和进度。

根据例2撰写的工作思路提示两点。

（1）工作思路就是问题解决的途径和策略，例2所表达的内容完全符合这一标准，案例选择的范围、案例着眼点、案例素材来源、案例质量保障等方面都有非常明确的解决办法，虽然寥寥数语，但已经从中看到了案例编制成功的希望。

（2）对案例更高的要求是保证其更有针对性和指导性，即不是撰写一般性的案例，而是使案例尽可能具有典型性，显然在这方面例2没有更加详细的描述，这种现象往往是人们在资源开发过程中出现的疏漏，需要在实际工作中加以防范。

3. 工作流程和内容撰写。

例3：

工作流程和内容

阶段	序号	工作程序	工作内容	截止时间	阶段成果	负责人
策划准备	1	制定实施方案	明确目标、思路和工作安排等事宜		完成实施方案	
	2	制定技术方案	明确案例范围、案例点撰写要求等事宜		完成技术方案	
	3	收集案例素材	请职业指导员根据平时遇到的问题口述经过，录音整理、归纳		撰写若干案例文字素材并打印成稿	
案例撰写	4	召开启动会	1. 组织专家研讨，进一步确定案例点，整理出案例菜单 2. 明确案例写作、修改要求 3. 下达案例撰写写作任务		1. 完成案例菜单 2. 启动写作任务	
	5	案例样式审订	对专家案例样式进行审订、辅导		通过案例审订样式	
	6	案例写作质量督导	定期与专家联系掌握写作质量和进度，及时解决有关问题		收回所有稿件	
	7	召开一审审订会	1. 审订所有案例，集中修改 2. 提出二审修订意见		通过一审，进入二审	
	8	召开二审修订会	1. 审订案例二审稿，集中提出意见，专家分别进行审订 2. 提出三审修订意见		通过二审，进入三审	

续表

阶段	序号	工作程序	工作内容	截止时间	阶段成果	负责人
案例撰写	9	召开三审修订会	1. 召集少数专家集中修订三审稿 2. 文字校对和润色		通过三审稿，完成齐、清、定，送出版社	
	10	出版印刷	进入出版程序		正式出版物	
案例拍摄	11	分镜头剧本撰写	组织专家撰写分镜头剧本。随写、随审、随拍		完成分镜头剧本	
	12	制定拍摄方案 做好拍摄准备	确定拍摄程序、地点、人员、拍摄计划		完成拍摄方案及各项准备	
	13	试拍	在职业指导室试拍，修改拍摄方案		试拍通过，拍摄方案修改完毕	
	14	组织拍摄	完成全部拍摄任务		完成初片拍摄	
	15	剪辑、配音、合成	完成全部剪辑、配音工作，进行合成		完成样片制作	
	16	终审	对样片进行终审		完成终审	
	17	修改样片	修改样片，制成母盘		母盘	
	18	光盘制作	进入出版程序		正式出版物	

根据例3撰写的工作流程和内容提示三点。

（1）作为一个基本的范例，例3所描述的内容可以清楚地证明其作用。其将一项复杂的工作分解为三个阶段，又细分为18个工作程序，分别规定了具体任务和分目标。分解细化、步步为营正是工作流程和内容设计的核心原则，做好这些细化分解的工作，就可为案例开发总目标的实现提供坚实的依据。

（2）在例3中略去了截止时间和负责人两项内容，而实际工作中这两项内容非常重要，需要反复考量、严谨确认，不可有半点疏忽。

（3）在必要的情况下，还需要增设一些更加复杂的指标项，例如重点难点、数量质量要求、成果形式等。需要强调的是，工作程序和内容很像实际工作的一种模拟推演，其目标要清晰、逻辑要成立、条件要充分、责任要到人，总之，将这个环节描述得越具体、越细致，操作性就越强，工作起来就越顺利，规避风险就越有保证。

（二）撰写技术方案

技术方案是建立在工作方案基础上进行设计的，其目的是从技术层面上弥补工作方案中还没有完全说清楚的内容。技术实现是它的核心要点，下面仍以案例开发为例加以说明，主要涉及案例编写原则、案例主体框架、案例撰写格式三个方面。

1. 案例编写原则。

例1：

案例编写原则

1. 严格按照职业指导人员国家职业资格标准规定的职业功能、工作内容设计主体框架。

2. 以职业指导人员实际工作状况与平日所遇到的典型问题为依据，制定案例菜单，保证所设计的案例就是实际问题的直接反映。

3. 一个"案例点"既可用一个案例反映，也可通过多个案例反映，即案例点可以分割，但案例则不能再分割。

4. 案例撰写必须包括案例背景、诊断结果、处理建议、点评（对诊断和处理的过程、措施依据、方式方法的应用、难点、注意事项等方面予以简要说明）。

5."案例处理建议"部分必须经三名以上专家讨论通过方能定稿，以保证其准确性。

根据例1撰写的案例编写原则提示两点。

（1）例1所表达的内容比较全面地规定了案例撰写的具体要求，对工作方案是一个很好的补充，从技术实现上也提供了可遵循的依据。

（2）对于案例开发，例1中对案例撰写范围、案例选择依据、案例表达内容、案例结构以及案例处理建议等直接影响案例开发质量的重要问题都一一做出了规定，显示出技术方案设计的严谨和精细。

2. 案例主体框架设计。

例2：

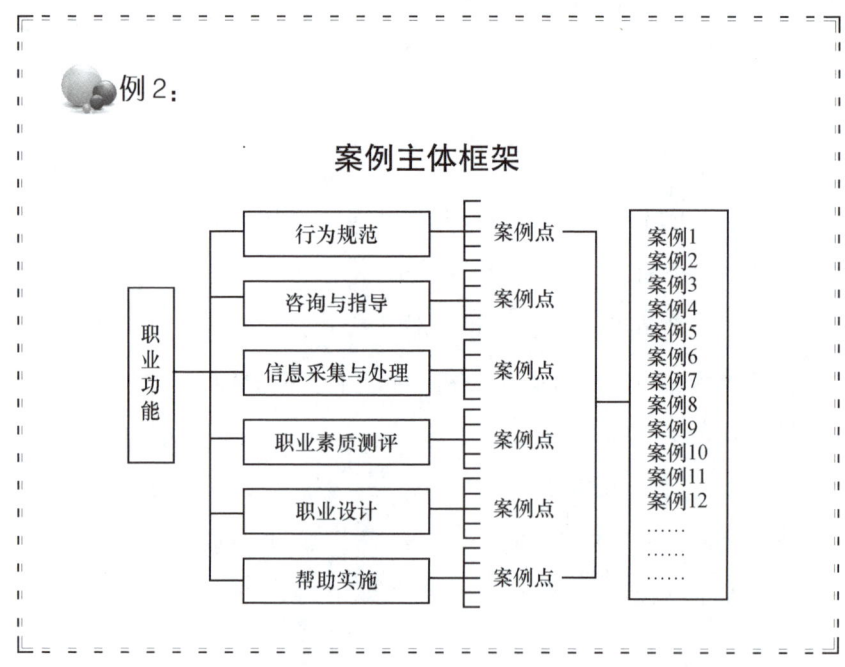

案例主体框架

根据例2撰写的案例主体框架提示两点。

（1）案例主体框架的撰写进一步明确了案例涉及的内容范围，并对案例点分解与案例之间的关系进行了图示，这个环节对专家确定案例点和实际撰写案例都具有非常重要的参考作用。

（2）从这个框架的设计可以清楚地看到，技术方案的撰写已经涉及许多专业性的问题，需要主管人员与技术人员共同谋划方能取得较好的效果。

3. 案例模板设计。

例3：

案例撰写的格式

撰写人：　　　　　　　　　　　编号：

职业功能		服务对象	
案例点			
案例名称			

案例背景：（100~300字。根据案例特点进行描述，包括：自然信息、事件基本过程、主要对话、行为和情绪反应等）

诊断结果：

处理建议：

案例点评：（对诊断和处理的过程、措施依据、方式方法的应用、难点、注意事项等方面予以简要说明）

根据例3案例撰写的格式提示两点。

（1）这是撰写职业指导案例最基本的结构，根据案例的实际情况可以在此基础上进行适度的调整，例如，"案例点评"环节实质上就是依据基层人员学习的需要专门设置的。

（2）"案例模板"的形式非常适合基层人员使用，虽然固定的格式显得有些呆板，但是其对于基层人员学习把握案例要点和案例撰写则具有至关重要的作用。在开发其他资源时这种事先提供参照要求的形式不妨也可以加以应用。

阅读与思考

请结合表6-1进行研讨。

一、从本地职业指导服务深入开展的角度，你认为还需要在哪方面进行资源开发？请列在表6-1中。

二、请将下面列举的12项职业指导资源项目插入到表6-1中，在插入的过程中，进一步结合本地职业指导实践，列出你认为亟待开发的职业指导资源。参考答案见下页脚注[①]。

1.《高校毕业生出路指导手册》

2.《职业指导服务规程》

3.《成功求职策略》

4. "交互式"群体职业指导

5. 高级职业指导师音像辅导视频

6. 职业指导展示方案

7. 对分流企业人员实施职业指导援助的工作方案

8. 职业指导人员职业能力评价课程设计

9. 《失地农民职业指导手册》

10. 《职业指导论文集》

11. 就业困难人员的职业诊断

12. 职业指导抗疫进行时：自媒体视频集锦

---

①
1. 高校毕业生出路指导手册，宜插入 11-1-2 就业出路选择指导。
2. 职业指导服务规程，宜插入 21-5-1 实施职业指导标准化建设。
3. 成功求职策略，宜插入 10-2-2-4 典型实践。
4. "交互式"群体职业指导，宜插入 10-2-2-4 典型实践。
5. 高级职业指导师音像辅导视频，宜插入 21-5-1-4 相关资料。
6. 职业指导展示方案，宜插入 10-2-6-3 典型实践。
7. 对分流企业人员实施职业指导援助的工作方案，宜插入 10-4-2 其他资料。
8. 职业指导人员职业能力评价课程设计，宜插入 21-5-1-4 相关资料。
9. 失地农民职业指导手册，宜插入 11-3-3 典型问题解决。
10. 职业指导论文集，宜插入 21-5-1-4 相关资料。
11. 就业困难人员的职业诊断，宜插入 02-3-2 典型实践与资料。
12. 职业指导抗疫进行时：自媒体视频集锦，宜插入 10-2-6-3 典型实践。

第07章 职业指导人员队伍建设

职业指导人员队伍建设的重要抓手之一就是不断推动职业指导人员队伍走向专业化。从职业指导服务的本质属性出发，这里讲的专业化应当具备四个基本特征。一是道德特征。即应当秉承以人为本的服务理念，努力使服务对象满意。这是职业指导人员最核心、最根本的职业道德特征，是职业指导人员最重要的内在专业品质特征，是衡量职业指导人员专业化作风的试金石。二是行为特征。即应当保持良好的工作状态和规范的角色行为，努力表现出高水准的职业素养。职业指导人员的行为举止应当具有亲和力且训练有素，给人以安全感，这是职业指导人员外在的专业品质特征，是作为一名称职的职业指导人员必须具备的职业素养。三是胜任特征。即应当以问题解决为目标，以胜任岗位职责为追求，努力保持专业人员服务绩效的高水平。这是职业指导人员的动力性特征，可反映职业指导人员的基础能力、技能、问题解决能力和灵活应变能力等，并体现队伍的综合能力和整体的专业化程度。四是成长特征。即应当不断适应服务对象与环境的变化，以创新服务意识、保持职业体能为基点，以终身学习为动力，努力寻求个人职业资质新的提升和发展。这个特征也可称为发展性特征，它是职业指导人员走向专业化的更高级的表现，如果能够有一定数量的人员保持这样的专业品质，对带动队伍整体专业化水平的持续提升具有重要的战略意义。

如何推动职业指导人员队伍走向专业化，这是摆在我们面前亟待解决的问题。本章将从三个方面进行阐述。第一节，实施职业指导标准化建设。本节通过对推动职业指导服务内容标准化、服务规范化、服务专业化三个方面，明确服务目标和内容，规范人员的服务行为，提升服务人员的职业素养，增强服务人员的职业能力，促进职业指导人员专业化素养和水平的提升。第二节，开发职业指导人员培训项目。本节通过设计职业指导人员培训课程、掌握职业指导人员培训方法，在操作层面上为基层推动职业指导人员队伍走向专业化提供方法和技巧。

第一节　实施职业指导标准化建设

一、推动职业指导服务内容标准化

职业指导服务内容的标准化是促进职业指导队伍走向专业化必须事先完成的一项基础性工作，它是开展职业指导服务的依据和基准，是科学开展职业指导服务的前提条件，是公共就业服务工作向精细化发展的必然要求。推动职业指导服务内容的标准化需要把握四点。

一是以点带面，逐步推进。既要总体布局、全面推进，同时又要注意重点突破，实现以点带面。省里抓重点市，带动全省；市里抓重点区，带动全市；区里抓重点街道，带动全区；街道抓重点社区（村），带动全街道。层层抓点、以点带面，形成新局面。要注意工作的梯次，逐步推进，先重点解决思想认识，通过培训和业务宣传统一思想；要推进示范性，在各个环节找出现实的示范点；要注意工作的计划性，把整体工作进行阶段划分，分阶段、分步骤实施。

二是使标准化建设工作常态化。标准化建设既不能一蹴而就，也不可能一劳永逸，它是一项长期而细致的系统工作，是一个持续改进的循环模式，是工作发展的永恒课题。这就要求我们把标准化建设工作常态化。常态化体现在标准化建设过程不是一时一段，而是具有长期性。常态化体现服务的普遍性和均等化，要求工作流程、工作水平及工作结果都能够保持一致。

三是积极总结经验，加强经验交流。工作中不断发现问题，总结经验，激励工作创新，利用现代化手段和传媒开展不同形式的交流、鼓励并推动经验总结。在区县间、街道间、各部门间、同事间形成积极交流、相互促进的工作态势。

四是抓主要矛盾，抓工作重点。要推动标准化建设，工作方法尤其重要。工作方法的核心是要抓主要矛盾，善于抓住主要矛盾，集中力量解决关键问题，其他问题就可以迎刃而解。抓住主要矛盾，不仅要着眼于现在，更要把握未来、由此及彼、由表及里、透过现象抓住本质。当前标准化建设工作的主要矛盾，一是思想统一问题、二是工作落实问题，这一虚一实直接决定着这项工作的成效。

结合我国目前公共就业服务需求现状，职业指导服务内容标准化应当着重从两个方面加快推进。

（一）规范职业指导服务内容和方式[①]

1. 规范服务内容。主要应包括两个方面。

（1）对个人的职业指导服务内容。该服务内容应当包括：人力资源和社会保障法律法规及政策指导、素质测评服务、职业生涯指导、职业信息获取指导、应聘指导、就业心理指导、职业培训指导等服务。

（2）对用人单位的职业指导服务内容。该服务内容应当包括：人力资源和社会保障法律法规及政策指导、人员招聘指导、单位用人指导、在职人员指导等服务。

2. 规范服务方式。主要是针对一般性指导服务、专门指导服务、分类指导服务、职业素质测评服务四种服务方式。

（1）规范一般性指导服务。指以前台一般指导、自助指导和远程（网上）指导为主要形式，提供简短咨询和指导服务，为专门指导和分类指导提供甄别和引导。其在性质上是专门指导和分类指导的前端，主要任务是对简要问题的处理，这种指导受众面广，效率相对也高，但不适于解决复杂的问题。由于其广泛的应用性和重要的实际价值，所以，规范其服务内容、基本流程与服务结果等方面至关重要。

一是提出基本要求。例如，前台一般指导应与职业介绍前台接待服务相结合，应设置职业指导自助服务区并引导服务对象开展自助指导服务，应结合线下服务开展远程（网上）指导等。这些要求强调一般性指导与职业介绍前台的关系，鼓励服务对象采取自助指导服务，强调通过前台服务、自助服务、远程（网上）服务多种方式提供指导和帮助。

二是规范服务内容。例如，介绍服务项目并引导服务对象进行选择，介绍当前就业状况和就业促进政策，介绍求职或招聘的职业工种、薪酬等信息，提供职业技能评价、职业培训、创业项目信息，提供其他

[①] 参照《职业指导服务规范》GB/T 33554—2017，国家质量监督检验检疫总局；《公共职业指导服务规范》DB11/T 1124—2014、《公共职业介绍和职业指导服务评价规范》DB11/T 1574—2018，北京市质量技术监督局。

相关咨询等。这些看似都是日常工作内容，但从全国的角度看仍需要照此做进一步的梳理，以达到规范要求。

三是规范基本服务流程。基本服务流程分为五个步骤。第一步，服务接待。即接待服务对象，了解其基本需求，指导其选择职业指导服务项目。第二步，了解情况。即进一步了解服务对象的基本情况和需求。第三步，开展指导。即针对服务对象情况，开展前台一般指导，或指导其进行自助指导和网上（远程）指导。第四步，筛选登记。即登记有进一步指导需求的服务对象信息，帮助其接受专门指导服务、分类指导服务或素质测评服务。第五步，整理指导内容。即整理记录指导过程与内容。这五个步骤就是一般性指导服务的关键环节，应当严格执行。

四是规定服务结果。例如，职业指导记录归档率应达到100%，应及时处理投诉且投诉处理率应达到100%。这里提出的两项指标都是100%，所以各级服务窗口应特别注意指导资料的归档和投诉处理工作，从而保证资料完全归档，投诉及时处理、及时反馈。

需要进一步指出的是，一般性指导服务具有普遍意义，其时间短、内容简单、受众广泛、影响较大，可以视为职业指导向职业介绍前移的典型做法，做好这项工作对提高职业介绍的成功率有着重要的意义。因此，需要不断探索其与职业介绍工作有机结合的方式，使两者相辅相成、相互促进、助力实践。

（2）规范专门指导服务。指通过"一对一"的形式所提供的具有针对性的职业咨询和指导服务。开展"一对一"咨询指导服务有三个特点：一是在时间和空间上都有更严格的要求，如时间更长，咨询环境相对私密；二是意味着问题已经不是简单处理就能解决的了，"一对一"咨询指导服务是一个复杂的、专门实施问题解决的过程；三是"一对一"咨询指导服务完全是根据服务对象的个性化问题而展开的。规范专门指导服务可以更加集中地反映出职业指导服务专业化程度，是提升职业指导服务质量和效率的重中之重。应从用人单位和劳动者两个方面进行。

一是规范用人单位专门指导服务。

在服务内容方面，需要重点规范六方面内容：提供政策指导；提供本地区人力资源市场供求状况、最低工资标准、岗位薪酬水平、企业薪酬体系、企业保险福利体系相关信息的咨询服务；帮助分析招聘岗位的特点和目标人群，制定招聘方案；帮助组织、筛选应聘人员，开展有针对性的指导；协助用人单位面试，帮助改进招聘方案；为用人单位提供上岗前培训和职业技能培训信息等。这六个方面的内容可以概括为政策性和操作性两个层面。政策性层面的指导是指如政策、人力资源市场供求状况、最低工资标准、岗位薪酬水平等方面的指导；操作性层面的指导是指如制定招聘方案、改进招聘方案、跟踪服务等方面的指导。基于这种理解，对用人单位的指导内容需要完善两个方面工作：一是发挥公共就业服务机构的优势，继续做好政策性服务；二是将操作性的服务作为重点完善、重点推进的内容。

在工作流程方面，需要规范三个重要环节，即调查环节、指导环节和反馈环节。调查环节即采用座谈会、问卷调查或上门访谈调查的方式，了解用人单位人力资源状况，包括单位性质、岗位设置、用人需求、薪酬福利、企业文化，分析判断用人单位在招用人方面存在的主要问题。指导环节即采用现场指导、座谈会、用人单位经验交流的方式，与用人单位深入沟通、听取意见、开展研讨、提出问题解决建议并解释说服，协助用人单位制定问题解决方案，落实解决措施等。反馈环节即采用电话回访、上门走访、问卷调查的方式，了解用人单位方案实施情况，包括实施进度、范围、实施效果，结合方案执行过程中存在的问题，提出进一步的改进建议，定期记录指导过程及结果，并整理归档。

二是规范劳动者专门指导服务。

在服务内容方面，需要重点规范七方面内容：帮助劳动者了解就业政策、法律法规；提供简历制作指导、个人形象指导、求职和面试技巧指导；帮助劳动者进行就业心理调适；帮助劳动者分析、选择、确认未来职业发展方向；帮助劳动者适应职业环境；帮助劳动者了解职业培训项目；帮助劳动者了解创业项目及相关创业政策等。以上七方面内容又可以归为三类：首先是观念与意识方面的指导服务，如了解就业政策、就业心理调适、确认职业发展方向等，这些服务内容应努力进行普及，力争与自助指导紧密结合，实现更广泛的覆盖；其次是技巧与方法的指导服务，如面试技巧指导、职业环境的适应等，开展这些服务重点要做好相关技术方法和工具的开发；最后是专业性服务，如了解创业项目、测评报告解读等。贯彻落实这些内容应充分发挥职业指导工作带头人的作用，并结合工作实际开展。

在工作流程方面，需要规范五个重要环节，即接待来访者，缓解其紧张情绪，建立良好人际关系；与来访者沟通交流，讨论问题；引导来访者提出解决方法，提出咨询建议；帮助来访者拟订实施计划；对来访者进行跟踪服务，了解问题解决的情况，并进行有针对性的指导。在完成工作流程后，应将咨询指导的相关资料建档保存。

需要指出的是，各地贯彻落实这方面内容应注意结合本地区实际情况，采取以点带面的方式方法推动落实。有基础有条件的地区，可以全面梳理和贯彻规范要求，细化相关环节，总结好的做法，在更大范围内进行交流和推广。

（3）规范分类指导服务。其主要适用于针对多个具有同一类问题的来访者开展指导咨询服务。分类指导服务在形式上都是通过团体指导来完成的，要提高这种指导的效率和效果，最好的方法就是事先对服务对象的问题进行分类，将具有共同问题的服务对象聚集在一起进行指导，这样会使服务对象产生共鸣，从而起到良好的效果。规范分类指导服务要从三方面进行。

一是基本要求。例如，服务对象规模应因咨询目标而异，一般为10~20人。宜设1~2位主持人，且其中至少有1名高级职业指导人员。

宜通过多次活动，讨论服务对象共同关心的问题，引导和鼓励服务对象积极参与、互相启发、互相支持。团体情景中，应避免咨询过程中泄露个人隐私、对成员造成意外伤害等。

二是规范用人单位分类指导服务。例如，在服务内容方面，应组织开展各类人力资源和社会保障法律法规、政策宣讲培训，人力资源供求、招人、用人问题研讨与交流等。在服务流程方面要按照五个步骤有序进行：第一步要进行需求调查，了解用人单位在人力资源和社会保障政策、人力资源供求、招人、用人等方面的需求；第二步要依据用人单位需求类型进行分类；第三步要制定指导方案，按计划实施指导；第四步要跟踪服务并收集用人单位反馈意见；第五步要对指导材料进行整理与归档。

三是规范劳动者分类指导服务。例如，在服务内容方面，应组织开展就业政策、法律法规宣讲；组织求职、应聘、就业心理调适、职业发展、职业培训及创业的指导、交流与研讨等。在工作流程方面，应按照四个基本步骤进行：第一步要进行需求调查，了解劳动者在就业政策、法律法规、求职、应聘、就业心理调适、职业发展、职业培训及创业等方面的需求；第二步要依据劳动者需求进行分类，组建团体；第三步要制定指导方案，按计划分阶段实施指导；第四步要对指导材料进行整理与归档。

分类指导服务与"一对一"专门指导服务对促进提升公共就业服务质量、开展精细化的职业指导具有同样重要的作用。各级公共就业服务机构应根据本地群体服务对象的重点，以贯彻落实规范内容为切入点，梳理、总结、探索更加细化的分类指导服务方案，使之真正做到标准化。

（4）规范职业素质测评服务。需要强调的有两点：首先，职业素质测评服务是职业指导服务过程中一个重要的技术环节，提出这些规范要求，有助于使服务信度更好、效度更高，各地应严格贯彻落实。其次，作为职业素质测评的使用者，不仅要了解这些服务内容，更要理解这些服务的应用目的和功能作用，避免盲目施测，甚至引发负面的作用，显然，这些内容如果不去严格规范，必然会严重影响测评服务的质量和效果。规范职业素质测评服务应做好两点。

一是规范服务内容。例如，要为劳动者提供职业兴趣、职业能力、职业人格、就业资源、创业资源的测评服务，为用人单位提供选拔应聘人员的测评服务等。

二是规范工作流程。按照六个步骤严格进行：第一步，询问服务对象背景情况，确定测评目的；第二步，确定施测测验类型；第三步，填写规定的测评通知单；第四步，按照规定的流程实施测评，做好测试现场管理；第五步，出具测评报告，及时提供给服务对象；第六步，测评资料整理并及时归档，归档率应达到100%。

（二）规范职业指导服务评价内容[①]

规范职业指导服务评价内容主要体现在七个方面：

1. 规范评价的基本原则。主要应注意三点：一是应保障评价过程中规范、程序及方法的系统化、制度化和常态化，及时评价、及时反馈、及时调整；二是应保障评价的稳定性和有效性，能够真实反映公共职业介绍和公共职业指导服务的实际情况；三是应保障评价工作公平、公正、公开、透明。这里关键需要理解两点。即，上述第一点是评价规范实施的制度，其中有两个关键词，即"常态""及时"。"常态"是指要形成制度，不断进行下去；"及时"是指评价要结合实际，有针对性，确实要解决问题，不可形同虚设。而上述第二、第三点讲的是公平，不能保证评价工作的实际效果、评价的信度和效度，就不能保障其真实性和有效性，不能公正公平，评价工作就失去了其存在的意义。

[①] 参照《公共职业介绍和职业指导服务评价规范》DB11/T 1574—2018，北京市质量技术监督局。

2. 规范评价的对象。主要应注意两点：一是评价应当针对"服务"而不是"机构"或"人"；二是评价应当按照隶属关系分层展开。例如，针对区级公共就业服务机构开展的职业指导服务、针对街道（乡镇）公共就业服务机构开展的职业指导服务、针对社区（村）级服务站开展的职业指导服务。需要指出的是，这里接受评价的单位分区级、街道级、社区级三个方面，而实际评价中街道级和社区级不再做划分，可按照一个标准进行评价。不同层级的评价在评价内容、评价因子等方面的权重应有不同。

3. 规范评价的内容及其权重。评价内容是评价体系中的核心指标，所有核心指标的组成方可构成整体的评价体系，核心指标的分解则形成评价体系中的评价单元和若干最小评价单位，即评价因子。因此，可以说评价内容是标准的核心组成。

评价内容应包括基础性服务评价、规范性服务评价和业务性服务评价。提出评价内容的依据主要有三点。一是基于必要工作基础的需要。对于各级公共就业服务机构开展职业指导服务而言，基础性服务评价包括开展服务所需的场地、人员和制度，是提供服务的必要前提和基础。二是基于服务质量保障的需要。规范性服务评价包括服务准则、服务规范和服务监督与改进，是提供服务的根本保障，对提高服务质量和效率具有重要作用。三是基于绩效评价的需要。业务性服务评价包括服务率、工作频次、处理率等，其充分体现了对服务结果的要求，主要针对平时最基本的服务评价做出评价规定，日常服务和信息服务的效率和效果是检验最终服务效率和效果的关键指标。

基础性服务、规范性服务和业务性服务的评价权重是根据实际情况等方面因素确定的，例如，北京市在充分考虑各区工作实际发展水平和各项指标在工作中的重要程度，兼顾服务过程以及服务结果导向，全面征求全市各区及街乡社保所意见的基础上，将基础性服务评价占比定为25%、规范性服务评价占比定为35%，业务性服务评价占比定为40%，三者密切相关、缺一不可，由此，三项评价内容搭建起一个完整客观的评价体系。其权重分配见表7-1。

表7-1　　　　职业指导服务评价内容权重分配示意

评价内容	单项分数	权重占比
基础性服务评价	100	25%
规范性服务评价	100	35%
业务性服务评价	100	40%

4. 规范评价因子。评价因子的设定主要基于两个方面。

一是职业指导服务规范。例如，北京市职业指导服务的评价因子全部来自《公共职业指导服务规范》，其中一部分因子来自该标准中要求为"应"的条款，另一部分因子来自该标准中对服务流程和服务内容的要求，还有一部分因子来自该标准的服务结果要求。这样做的目的就是为了保证对前一标准的严格落实和衔接。

二是基于本地区职业指导的工作基础和特色。例如，北京市对评价因子的设定突出强调了北京市公共职业指导服务的体系化特色，在评估各级公共就业服务机构的服务行为、工作职责的同时，对从业人员的配置和资质、服务场地设置和布局、服务设施设备等方面设定了分级评价的指标，同时注重对公共就业服务机构开展职业指导服务的评价，特别是突出了对就业困难群体的服务过程及服务结果的评价。

总之，评价因子的设定应着重体现四个方面：一是评价服务内容的完整性，二是评价服务流程的规范性，三是评价服务过程的专业性，四是评价服务结果的一致性。在实际操作中，评价因子设定要根据区级和街道（乡镇）、社区（村）级分别进行，见表7-2、表7-3。

5. 规范评价方式。主要有四种评价方式。一是文献法。即收集人员档案、制度文本、日常工作记录、服务档案等信息的方法。二是观察法。即观察服务环境、服务内容、服务方法以及服务人员与服务对象的互动等的方法。三是问卷法。即按照取样比例，收集服务对象满意度和

表 7-2　　区级公共职业指导服务评价因子设定示意

评价模块	评价单元	赋值	评价因子	因子说明
基础性服务评价（100分）	场所与设施设备（35分）	10	服务窗口设置	服务窗口设置合理，服务功能齐全
		5	窗口面积	服务窗口面积设置合理，符合工作开展需要
		5	服务环境	公共信息图形符号应符合GB/T 10001.1—2012和GB/T 10001.9—2008的相关要求；疏散通道、安全出口等区域应设置消防安全警示和提示标识，安全标志的设置应符合GB 2894—2008、GB 13495.1—2015和GB 15630—1995的规定；职业指导区环境应安静，相对封闭、私密；基色应采用暖色调；室内光线、色彩、环境柔和；细节装饰明朗、温馨、舒适
		8	设施设备配置	消防安全应符合GA 654—2006的要求，消防设施的维护管理应符合GB 25201—2010的相关规定，紧急出口保持畅通；配置无障碍设施与设备；公共卫生设施设置合理，卫生状况良好；设施设备配置应符合DB11/3008.6—2018的相关规定
		7	专用工具与资料配置	职业指导管理系统、就业服务需求监测软件、标准化职业测评系统、就业与创业资源评价软件、用人单位招用人员选拔软件、创业决策指导系统等专用工具配置齐全，政策法规类、职业知识类、供求分析类、自主指导类资料配置齐全
	从业人员（30分）	5	人员数量	区级至少设2名专职人员，每个区设1名首席职业指导师
		5	相关资质	从业人员应符合DB11/T 1124—2014中4.3.1的相关要求
		5	专业水平	文化程度均为大专以上，具有心理学、社会学或人力资源管理等专业知识，沟通能力较强，具有责任感，积极乐观
		15	业务培训	工作人员接受业务培训达到60课时/年

续表

评价模块	评价单元	赋值	评价因子	因子说明
基础性服务评价（100分）	信息化（18分）	9	平台应用程度	有全市统一的业务平台和互联网平台应用于职业指导服务
		9	新媒体应用	应用微博、微信、博客等新媒体开展工作
	规章制度（17分）	11	业务性制度健全程度	人员管理、业务管理两方面制度应完备
		6	辅助性制度健全程度	首席专家工作管理、首问负责、服务信息公开和服务对象隐私保密、跟踪服务等方面的制度建设应符合要求

表7-3　街道（乡镇）、社区（村）级公共职业指导
服务评价因子设定示意

评价模块	评价单元	赋值	评价因子	因子说明
基础性服务评价（100分）	服务窗口设置与服务环境（20分）	10	服务窗口设置	服务窗口设置合理，服务功能齐全，服务窗口面积设置合理，符合工作开展需要
		10	服务环境	公共信息图形符号应符合 GB/T 10001.1—2012 和 GB/T 10001.9—2008 的相关要求；疏散通道、安全出口等区域应设置消防安全警示和提示标识，安全标志的设置应符合 GB 2894—2008、GB 13495.1—2015 和 GB 15630—1995 的规定；职业指导区环境应安静，相对封闭、私密；基色应采用暖色调；室内环境温馨、舒适
	设施设备、工具与资料配置（15分）	8	设施设备配置	消防安全应符合 GA 654—2006 的要求，消防设施的维护管理应符合 GB 25201—2010 的相关规定，紧急出口保持畅通；配置无障碍设施与设备；公共卫生设施设置合理，卫生状况良好；设施设备配置应符合 DB11/3008.6—2018 的相关规定
		7	专用工具与资料配置	专用工具与资料配置齐全
	从业人员（30分）	20	人员数量与相关资质	从业人员应符合 DB11/T 1124—2014 中 4.3.1 的相关要求

续表

评价模块	评价单元	赋值	评价因子	因子说明
基础性服务评价（100分）	从业人员（30分）	10	专业水平与业务培训	文化程度均为大专以上，具有专业知识背景，沟通能力较强，具有责任感，积极乐观；工作人员接受业务培训达到60课时/年
	信息化（18分）	18	平台应用程度	有全市统一的业务平台和互联网平台应用于职业指导服务
	规章制度（17分）	11	业务性制度健全程度	人员管理、业务管理两方面制度应完备
		6	辅助性制度健全程度	首席专家工作管理、首问负责、服务信息公开和服务对象隐私保密、跟踪服务等方面的制度建设应符合要求

服务成效等信息的方法。四是访谈法。即按照访谈提纲，与被评价机构负责人、工作人员以及服务对象进行深度访谈的方法。以上四种方法中更多使用的是前两种。信息化、智能化的发展会使这些方法更加简便易行。

6. 规范评价分值计算。职业指导服务评价分数按以下公式计算：

$$W = X \times 25\% + Y \times 35\% + Z \times 40\%$$

式中：

W——职业指导服务综合评价分数；

X——职业指导服务基础性服务评价分数；

Y——职业指导服务规范性服务评价分数；

Z——职业指导服务业务性服务评价分数。

公式给出了职业指导服务评价的计算方式，可以表述为综合评价分数是三项指标乘以权重之和。每项指标总分为100分，最高分为100分，最低分为0分。

7. 规范评价结果。根据职业指导服务综合评价分数，将职业指导服务水平分为四个等级，得分与等级的对应关系为：

得分≥90，对应等级为"优秀"；

90>得分≥75，对应等级为"良好"；

75>得分≥60，对应等级为"达标"；

得分<60，对应等级为"待达标"。

二、推动职业指导人员服务规范化

职业指导人员服务规范化的根本目的是做到服务的步调一致、整齐划一，这是对职业指导人员道德、行为、能力等方面提出的基本要求，是服务质量和效果的基本保障，是实现职业指导人员走向专业化阶段的第一个台阶。下面将从服务规范的总体要求和重点群体服务的规范两个方面说明具体要求和做法。

（一）服务规范的总体要求

1. 规范服务总则。重点应当规范如下六条。

（1）各级公共就业服务机构应提供职业指导服务，推动公共就业服务均等化。

（2）应面向所有劳动者和用人单位，尊重其意愿，帮助劳动者实现职业发展，帮助用人单位合理用人。

（3）应注重对就业困难人员的指导和帮助，根据其就业困难程度提供分级、分类的精细化服务。

（4）应与公共职业介绍、职业培训和其他公共就业服务紧密结合；应开展职业指导技术研究与推广工作，普及信息化技术和工具的使用。

（5）应广泛开展预防性职业指导。

（6）应为开展残疾人职业指导工作配置专门设施与设备。从职业指导服务的均等化、服务宗旨、服务模式、服务技术以及残疾人职业指导等方面提出规范。

值得注意的是，上述总体要求着重强调了三点：一是职业指导服务要面对劳动者和用人单位提供均等化服务；二是要确保对就业困难人员实施及时的、分级分类的帮助指导服务，而不是一刀切的、程式化的服务；三是要结合当前新的工作动向，开展职业指导的技术研究。这些规范的提出无疑都是在强调职业指导服务应更加规范化。

2. 规范服务环境。主要是场所资源配置和服务环境两方面的要求。例如，服务窗口区域的设置一般应包括六个方面：前台指导窗口、职业指导角、个体指导室、职业测评室、团体指导室、网上（远程）指导室。同时还要对这些服务环境提出相应的要求，如个体指导是以咨询为主要形式的服务，因此个体指导室一般不要太大，应在空间和功能上营造温馨、私密的氛围，以给服务对象带来安全感，同时还要注意设施设备的摆放；前台指导虽然担负简短的咨询工作，但还是应当尽量设置在相对安静的地方；职业指导角是以自助为主要形式的指导空间，应当安静且相对私密，设施设备配套应当满足开展自助服务的要求。总之，职业指导服务环境的要求应重点把握住四个关键词：安静、温馨、明亮、舒适。

3. 规范从业人员资格和服务要求。

（1）职业资格。主要包括三条：一是从事职业指导工作的人员应取得相应的国家职业技能等级证书；二是不同层级公共就业服务机构应当根据实际情况配备相应比例的高级和中低级职业指导人员，在市区一级服务机构还应设一名首席职业指导师；三是首席职业指导师应取得职业指导人员国家职业技能等级一级证书，并具有10年以上本行业工作经验，每周接待服务对象应不少于两个工作日。

（2）文化程度。主要包括四条：一是从业人员应具备大专及以上文化程度，具有心理学、社会学或人力资源管理等专业知识；二是从业人员应熟悉人力资源和社会保障相关法律、法规和政策，熟练掌握职业指导理论和技术；三是从业人员应能够熟练使用计算机和专业工具开展工作；四是从业人员每年参加业务培训不少于40学时。

（3）服务准则。主要包括六条：一是从业人员应具备乐于助人的精神和积极乐观的心态，具备较强的沟通能力和工作责任感，保持职业心理健康；二是遵守法律法规及相关规章制度；三是着装得体，公开身份标识;四是文明礼貌、主动热情,以真诚、友善的态度面对服务对象,耐心细致,保持亲和力;五是以人为本,尊重差异,尊重隐私,保守秘密,公平对待服务对象;六是与服务对象沟通,尊重其意愿和选择,引导其积极就业和创业。总之,以上六个方面可以概括为四个关键词:遵守法规、着装得体、真诚友善、以人为本。

上述规范要求又可进一步归纳为五个重点:一是凡从事职业指导工作的人员均应持证上岗,保障队伍的整体素质;二是均衡配置职业指导人员,保障队伍的战斗力;三是强调职业指导人员的基本素质,使职业指导从业人员有知识、懂政策、懂专业;四是强调职业指导人员的心理健康,使其乐于助人、积极乐观、有责任感;五是职业指导人员应当不断学习,这也是职业道德方面的一种要求。总之,应保持职业指导人员队伍相对稳定,设置专门岗位、安排专职人员;抓领头羊,培养专家型人才,带动地区职业指导工作的开展;建立职业指导人员学习交流的机制和平台,提升素质和专业化程度等。只有规范这些内容,才能有效促进职业指导工作水平的不断提升,保证职业指导工作的可持续发展。

(二)重点群体服务的规范

高校毕业生、就业困难群体、进城务工人员等都是职业指导重点服务群体,为了保障服务的质量和效率,应当对重点群体服务的全过程予以规范。下面以就业援助中的职业指导服务为例,说明应当规范的方面。

1. 规范基本要求。例如,明确工作职责,建立市、区(县)、街道(乡镇)、社区(村)联动机制;选派职业指导人员,主动为就业援助对象提供职业指导服务;细化就业援助对象分级分类,为其提供针对性的职业指导服务;建立就业援助对象职业指导服务档案的流转机制,保证社区(村)、街道(乡镇)、区(县)职业指导服务的延续性。这些基本要求的提出,可以用四个关键词加以概括:一是明确职责,二是主动服务,三是分类指导,四是保持延续性。可以看出,这四条要求直接决定着就业援助的质量和效果，突出反映了就业援助这一鲜明的公共服务特征，突出强调了职业指导更专业、更具针对性的服务特点，应当予以充分的贯彻和落实。

2. 规范服务内容。重点需要保障八个方面的服务。

（1）了解援助对象的就业困扰。

（2）宣讲就业援助的相关政策。

（3）提供空岗、工作环境等相关职业信息。

（4）提供求职、应聘技巧训练。

（5）帮助就业援助对象调适就业心态。

（6）帮助就业援助对象适应目标岗位要求。

（7）陪同就业援助对象参加招聘洽谈。

（8）提供跟踪指导服务。

这些内容集中反映了摸底调查、政策宣传、提供岗位、分类定级、帮助就业和"扶上马，再送一程"等重要工作模式和服务环节，只有做到这些才能确保服务对象实现就业、稳定就业。这些内容在具体帮助指导实施过程中都应当予以规范。

3. 规范工作流程。规范工作流程需要严格按照五个环节进行。

（1）对辖区内就业援助对象开展情况摸查，建立职业指导台账。

（2）按照就业援助对象的就业困难程度，确定援助等级。

（3）根据就业援助对象的就业障碍分类，制定援助方案。

（4）按计划实施指导，及时跟踪评估指导效果，对指导方案进行修正。

（5）记录咨询指导过程并归档。

上述五个环节中，前三个环节都是准备工作，可见准备工作的重要性，就业援助的职业指导如果做到准备充分、实施得体，就可以收到良好的指导效果。

4. 规范服务结果。规范服务结果重点需要做到三点。

（1）对有求职意愿的就业援助对象应100%提供职业指导服务。

（2）及时更新就业困难人员台账，工作人员每月与就业困难人员应至少联系1次。

（3）指导结果应100%记录，归档率应达到100%。

综上所述，规范重点就业群体服务行为应从基本要求、服务内容、工作流程、服务结果四个方面开展，只有对这些重点内容进行严格规范，服务效率、效果方能得到提升和改善，职业指导服务才能一步步走向专业化。

三、推动职业指导人员服务专业化

职业指导服务内容的标准化为职业指导队伍走向专业化提供了依据，创建了前提；职业指导人员服务的规范化在总体要求和重点工作任务方面，又进一步为实现专业化创造了条件和基础，但这些内容毕竟只是前提、条件和基础，若要真正实现队伍的专业化还必须提出更加明确的要求和规范。下面从基础知识、工作要求等几个角度说明职业指导人员专业化的具体要求，以为各地推动并开展工作提供参照。

（一）职业指导人员的基础知识结构

从一般意义上讲，主要涉及七个方面的基础知识要求。

1. 人的成长和发展。主要是了解人的发展阶段、发展水平和特征、个人的个性特点和在不同阶段下的需要等。这些知识可以帮助理解职业发展是终身的事情，其贯穿职业生涯全过程，有助于分析就业群体的典型特点和需要，理解并学会正视他们的职业观、目标和能力等。例如了解了"90后""00后"的成长和发展过程，就可以很容易地理解他们的就业观念和特点，从而找到帮助指导他们实现自我目标的办法。

2. 社会和文化基础。主要是多元文化社会的各种知识和趋势，例如，民族、性别、社会经济阶层、信仰等社会、文化的多样性知识。这些知识可以帮助从社会学的角度，观察并深刻地理解不同就业群体的就业问题和现象等。例如我国的改革开放、新就业形态的出现等社会经济文化的变迁直接影响着青年就业的特点和趋势等。

3. 帮助关系。对这方面知识的掌握是为了了解帮助指导过程的基本规律，掌握在帮助指导过程中应当遵循的原则，学会如何更加专业地做出正确的反应等。例如学会建立帮助指导关系，促使帮助指导顺利开展等。

4. 群体工作。主要涉及群体凝聚力的形成和发展、群体动力、群体咨询方法等方面。对这些知识的了解和掌握直接影响群体帮助指导工作是否能够顺利开展。例如利用群体自身的内部动力帮助求职者消除就业误区、澄清生活和职业目标等。

5. 职业和职业生活风格发展。主要是职业要素、职业环境要素、职业变迁和发展、相关职业生活因素，以及各种职业作用，包括历史、角色、组织结构、道德、标准、资格等。对这些知识的了解和掌握非常有助于帮助求职者了解工作世界，理解职业环境的外在要求，从而做出明智的职业选择。

6. 评估。主要是指个人和群体的评估评价方法。了解掌握这些知识可以使帮助指导的决策制定、提供帮助指导的方法和途径等都变得可能。

7. 研究和项目管理。主要包括研究中涉及的各种方法，工作实践中涉及的项目管理基本知识等。这些知识都是在服务过程中不可缺少的，例如通过调查的方式了解就业困难人员的就业困扰问题，通过项目设计和运作帮助他们克服阻碍，不断地进步和自我成长。

（二）职业指导人员的职业能力结构

从一般意义上讲，主要涉及七个方面的能力要求。

1. 个人和群体咨询指导的能力。主要是指熟练掌握职业咨询的各种方法和技巧，具备开展专门指导服务、团体指导服务的能力。

2. 获取信息和资源的能力。主要是指熟悉就业方针和积极的就业政策及法规，熟悉各类职业信息的价值和用途，熟练掌握获取这些信息、资源的途径、方法和技巧，具备为服务对象提供准确、相关、有效的职业信息和政策咨询指导帮助的能力。

3. 工作匹配和安置的能力。主要是指熟练掌握人—职匹配的工作内容和流程，具备帮助求职者澄清就业目标、制定就业决策、制订就业计划并将其付诸实施获得成效的能力。

4. 就业困难群体帮助指导的能力。主要是指熟悉就业困难群体就业特征和典型问题，熟练掌握帮助指导的技术和方法，具备对各类就业困难群体进行帮助指导的能力。

5. 开展职业素质测评的能力。主要是指熟悉常用职业测验的功能作用，熟练掌握实施测验的方法和技术，能够公正、正确地实施测评和解释测验结果，并指导服务对象使用测验结果的能力。

6. 项目管理和实施的能力。主要是指具备利用项目管理的技术和方法设计职业指导项目并付诸实施的能力。

7. 研究能力。主要是指掌握常见研究方法，具备利用这些方法开展职业指导的服务探索和创新的能力。

（三）职业指导人员的专业技能要求

从职业指导人员的服务行为领域角度分析，比较重要的专业技能涉及 20 项。这些技能涵盖咨询与指导、信息采集与处理、职业素质测评、职业设计、帮助实施五个方面，是职业指导人员必备的技能，也是在服务工作中应用概率最高的技能。

1. 对就业创业政策法规释义解读的技能。例如能够提供劳动就业政策法规及其相关事务的咨询。

2. 与来访者沟通的技能。例如能够通过与求职者交谈，了解其职业态度、职业取向，澄清生活和职业目标，并引导其进行自我认知的探索。

3. 对职业环境进行描述，提供求职引导、帮助的技能。例如能够对行业、职业、岗位进行描述，引导求职者客观面对职业环境，并提供求职技巧指导帮助等。

4. 对来访者进行说服、劝告、指导的技能。例如能够澄清求职者职业取向及其合理性，并进行择业观念指导。

5. 群体指导的技能。例如通过讲座等形式为大中专毕业生进行群体指导。

6. 用工指导的技能。例如判别用人单位招聘目标与结果的偏差、实施岗位分析、设计岗位招用人方案，提供招用人帮助指导。

7. 疑难问题和突发事件处理的技能。例如能够帮助服务对象处理工作中的突发事件。

8. 编辑撰写文字资料的技能。例如能够完整记录工作案例、编写就业指导资料、撰写典型案例、撰写工作方案等。

9. 开展线上教学授课的技能。例如能够开发职业指导课件、编写职业指导讲义并进行线上授课。

10. 获取劳动力市场信息的技能。例如能够熟练利用线上获取信息的方法途径，为求职者提供全面的信息咨询；又如能够通过开展问卷调查、走访、实地观察等方式，采集劳动力市场供求信息。

11. 整理、汇总、分析劳动力市场信息的技能。例如能够对获取的劳动力市场信息进行分类梳理、制作信息统计图表、进行定量定性的分析解读等。

12. 发布信息的技能。例如能够进行简单的广告策划，能够选择适合的媒体渠道发布信息。

13. 职业诊断方法、工具操作的技能。例如能够熟练应用诊断方法，操作测验工具进行施测。

14. 职业诊断方案设计的技能。例如能够根据测评目标设计个人和单位的基本测评方案，选择有针对性的测评方法，组合运用测评工具，完成复杂的职业诊断目标。

15. 组织大型活动的技能。例如能够收集和分析供需双方交流结果信息，管理安排较大规模的招聘洽谈会活动，组织跨地区人才交流与合作等。

16. 说服用人单位雇佣特殊就业人员的技能。例如能够根据相关政策说服、指导用人单位吸纳残疾人就业。

17. 制定个性化职业规划的技能。例如与受助者共同探索职业目标、职业发展途径，审视自我实现的优劣势，提供对职业决策和行动计划的指导。

18. 缓解情绪和压力的技能。例如通过人际关系技巧训练，帮助解决服务对象在工作中产生的潜在的人际冲突；又如为那些面对工作压力、失业、调动工作的服务对象提供心理疏导和支持。

19. 对个体就业优劣势进行评估的技能。例如能够利用探查手段快速了解求职者职业技能状况，判断其优劣势所在。

20. 跟踪指导帮助的技能。例如能够设计并实施活动，为受助者提供上岗后的持续性支持，帮助其实现稳定就业。

第二节　开发职业指导人员培训项目

职业指导人员培训和能力开发的目的是希望通过对态度、知识、技术等方面的学习和训练，提升职业素质，增强对组织的责任感和信赖感，从而提高工作绩效。可以肯定，利用培训解决职业指导服务绩效问题是一种重要的手段。但要强调的是，那些有效的培训与能力开发都是由一系列学习机会组成的，其重要的特征是有针对性的、不同层次的、递进持续性的学习，只有这样才能促进人们在职业态度、职业能力等方面的改变，才能真正实现培训成果的转化。

虽然有大量的培训理论、资料和案例可供职业指导人员参考借鉴，但仍然还迫切需要更具有针对性的培训策略和更加灵活实用的培训课程，以适应这支队伍特殊的培训需要，这主要是由职业指导人员所处的环境所决定的。例如，接受培训的人员都在岗位上工作，不可能经常进行长时间的集中培训；大多数人员来自基层，其文化程度、专业水平参差不齐；几乎所有人员都身兼数职，学习时间被繁忙的工作所挤占等。显然，这些具体情况自然决定了若要使职业指导人员培训取得较好的效果，就必须找到更好的途径和办法。

一、设计职业指导人员培训课程

（一）遵循实用有效的培训策略

1. 边干边学。在干中学、在干中练、边干边学是解决没有整块时间学习这一难题的好策略。其优点有三。一是化整为零。将大块的时间化作零散的机动时间，什么时候有时间，什么时候就投入学习，化被动为主动。二是学习更加具有针对性。工作中的问题就是学习的内容，理论可以紧密联系实际，学了就能用，用到就会有进步。三是唤起学习的内部动力。在学中干、在干中学，这种对学习效果及时的、积极的反馈，对学习者而言是最好的激励，对提高学习的热情，唤起学习的内部动力具有重要的促进作用。

2. 培养自学。实施这个策略需要做好三件事情。一是培养建立自学的机制。例如滴滴公司建立了一个司机学习题库，对每位司机规定每天开车之前必须回答三个问题，如果不能答对，派工系统就不能正常启动；又如可以成立自学学习小组，在规定时间开展学习交流活动，交流自学体会，交换学习经验。这些做法都可以在制度上保障自学行为的巩固。二是确定自学的目标。如滴滴公司的题库涉及安全驾驶、文明礼貌、交通规则、社交礼仪等多个学习模块，这些内容构成了培训的总目标，虽然每天学习的内容变化多样，但始终都不偏离方向和目标，从而保证了自学培训效果的转化。三是创建线上学习环境。建立线上学习环境如今已经是主流做法，有了线上学习环境的便利，自助学习就如虎添翼。如滴滴公司的司机几乎互不相见，但由于有了线上学习交流系统，司机本人、司机与司机、司机与单位都可随时保持畅通的交流。

3. 集体研讨。基层的师资匮乏是一个很难解决的问题。换言之，教师无法做到手把手随时为学生进行指导，这种情况下集体研讨培训策略就显得非常重要。利用集体的智慧解决疑难问题，综合大家的意见处理重要事件，不仅可以在最大程度上保障工作顺利进行，同时也是一种非常有效的学习方式，人们可以在寻求问题解决的过程中，在别人身上得到启发，学到新的东西，不知不觉地成长。成立学习小组是养成集体研讨习惯的一种有效措施，在固定的时间里，人们可以畅通地交流经验、交换思想、总结教训、相互启发、相互学习。有太多的案例可以证明，这种经典的学习方式能带来绝不亚于教授专家举办讲座的培训效果。

4. 化整为零。影响职业指导人员培训的最大问题就是人们没有更多的时间用于学习，而化整为零的策略则可以很好地解决这个问题。事实上，过程性的训练和考核远比结果性的培训和考核更容易帮助人们循序渐进地成长。上面谈到的滴滴打车就是将所有的学习培训内容都做成试题，让司机每天进行学习测试，另外，中国就业培训技术指导中心组织基层公共就业服务人员通过微信公众号"阅慧人社"，开展"在线学习、在线答题、在线竞赛"的做法，也非常好地体现了这样一种培训策略，显然，在这方面还存在广阔的提升空间。

（二）设计有针对性的培训计划

培训计划的制订首先要遵循既定的培训策略，简单地讲就是要适应其需要，符合其要求。例如实施鼓励自学的策略，就要求多设计出一些适宜自学、配有标准答案的自助学习资料；实施化整为零的策略，就要求事先将学习模块分解为若干独立的小单元，在单元下再将学习内容划分为若干"小方格"，每个方格都代表一个学习主题，然后根据主题提供精选的学习点和技能点。

　　培训计划的制订还需要对培训群体需求、培训目标进行定位。当前我国职业指导人员迫切需要提升实际操作能力，需要普遍提高职业化水平。结合这样的培养目标，培训内容应侧重于基本功训练，抓好了基本功的训练就是抓住了培训的"牛鼻子"。诸如必备的知识、常用的技能技巧、案例撰写、项目方案设计等内容都是基本功，这些应当是重点训练的内容，培训计划应当围绕这些内容，结合训练环境、时间、学员的情况等提出多种多样的训练方案。为了使大家能够轻松地结合本地实际，制订更加具有针对性的培训计划，下面专门针对职业指导人员基本功的内容构成和培训计划模板两个关键性的问题进行详细阐述。

　　1. 基本功的内容构成。这里有四个概念需要澄清。一是描述"基本功"往往要涉及三个关键词：必备的知识、常用的技能技巧、熟练性程度。这三个词高度概括了基本功的核心特征：它是基本的、具有基础性质的，是基本功的内容特征；同时它还应当实现熟练掌握的要求，是基本功的操作特征。二是一般情况下，基本功的这些特征都会反映在服务的操作中，操作人员的言谈会折射出知识结构的完善程度，而行为的每一个动作又会清晰地反映出技能技巧的娴熟与否。三是对于不同职业而言，基本功所涉及的内容都不尽相同，即便是针对职业指导这样一个特定职业，人们的理解也会不同，但这并不妨碍对其内容涵盖进行结构性的描述，在实际中，培训计划的设计正是在这样一种基本结构参照下才能够方便地进行有针对性的灵活组合，使之变成千变万化的、更具个性的培训计划。四是在下面的文字中，在不断重复使用两个形容词：熟知和熟练。这不仅是对知识和技能熟练性程度的描述，更是在提醒培训计划的设计者，当在选择相关知识和技能作为培训内容时，应高度关注这项重要指标，熟练性程度是培训成果转化的标志性特征。

（1）必备的知识。必备的知识主要包括七个方面。

①职业诊断的概念。例如熟知职业诊断的内涵、原则、基本模式和诊断思维等方面的知识。

②影响个人就业的主要因素。例如熟知个人就业主观意识相关因素，以及对就业的影响规律等方面的知识。

③影响就业的主要环境因素。例如熟知社会经济、就业政策等相关因素，以及对个人就业影响规律等方面的知识。

④帮助指导的概念。例如熟知帮助指导的内涵、原则、策略、类型等方面的知识。

⑤帮助指导的内容。例如熟知劳动就业环境、职业培训环境、劳动权益环境以及相关政策指导内容，熟知有效的求职策略、实用的求职技巧、强化劳动权益保护意识等方面的知识。

⑥帮助指导的主要技术。例如熟知信息采集、咨询指导、行为改变、认知调整、自助指导等方面技术的知识。

⑦各类就业群体的主要特点。例如熟知高校毕业生、农村进城务工人员、城镇就业困难人员等就业群体典型就业特征等方面的知识。

（2）常见的技能技巧。常见的技能技巧主要包括七个方面。

①政策解答技巧。例如能够熟练地为就业困难群体提供有针对性的帮扶政策引导、能够熟练掌握劳动维权政策指导等方面的技能。

②职业诊断技术技巧。例如能够熟练掌握职业诊断的常用方法和工具、能够熟练掌握职业诊断的基本步骤、能够撰写职业诊断报告等方面的技能。

③信息采集和处理的技术。例如能够熟练掌握互联网信息采集的技巧，帮助求职人员获取有用的岗位信息、能够熟练利用不同的招聘网站采集职业信息等方面的技能。

④就业指导技巧。例如能够帮助求职者树立积极的职业价值观和职

业意识，能够科学说明职业的利与弊，为青年就业人员就业选择提供指导等方面的技能。

⑤说服、劝告、指导的技巧。例如能够熟练介绍就业困难人员优势就业特征，说服用人单位雇用人员等方面的技能。

⑥群体指导的技术技巧。例如能够熟练主持团体咨询，调动成员的内部动力，实现团体咨询指导目标等方面的技能。

⑦跟踪指导的技术。例如能熟练掌握跟踪指导的流程、内容等，为就业困难人员实现稳定就业提供及时帮助指导等方面的技能。

2. 培训计划模板

（1）与培训内容密切相关的五大要素。

①培训目标。每次培训都有针对性的目标，制订培训计划时先要明确目标。例如可以以通过职业能力考核为目标，也可以将掌握必备知识、常用技能技巧作为培训目标。设定培训目标必须要考虑实际需要，努力避免以下三个现象。一是目标设定过虚。例如将愿景设为目标，将口号设为目标等空泛的做法。二是目标设定过大。例如将本来三个月才能学完的内容设为三天学完的不切实际的做法。三是目标设定偏离。例如将本来针对学校教师的培训目标生搬硬套地放在基层一线人员的身上。

②培训对象。培训对象有不同岗位之分，也存在受教育程度和水平专业化程度的差别。例如学校职业指导教师与基层一线公共就业服务人员的区别、高级职业指导人员与一般性工作人员的区别等。面对不同的培训对象，自然要结合他们不同的需求制订不同培训计划，尤其是在实施化整为零策略的前提下，更需要对培训内容进行总体规划、精准布局，否则培训的效果就会大大降低，宝贵的培训机会就成了走形式、走过场的聚会了。

③培训时间。这里主要是指接受培训的总时间，培训总时间决定着培训计划的可能性。这里需要解决的问题有二：一是如何在有限的时间

里争取完成培训任务；二是如何将有限的培训时间与其他要素进行巧妙结合，以发挥更为突出的培训效果。例如通过线上线下结合的方式，将线下有限的培训时间与受训者平时参加的线上学习结合在一起，就可以从本质上提高线下培训的效力。

④培训形式。原则上讲，培训形式是为培训内容服务的。例如培训内容是动员人们建立起更为积极的职业意识、规范职业行为等，培训形式以专家讲座、典型发言为宜；如果培训内容是案例学习，培训形式则以小组讨论、头脑风暴为宜。除此之外，确定培训形式还要着重考虑培训资源的占有程度，如在培训时间、培训师资等培训资源匮乏的情况下，就需要巧妙地选择培训形式以破解资源匮乏带来的阻碍，例如线上线下结合的培训形式可以缓解集中培训时间过少的矛盾，多媒体、微视频的教学方式可以缓解教师资源匮乏的矛盾，工作之余的业余学习小组可以缓解自学时无从寻求指导帮助所带来的困惑等。

⑤培训教师。对职业指导培训教师有三点最基本的要求：一是胸中明，即心中要非常清楚培训学员真正需要的是什么，做到所讲必是所需；二是脑中有，即要有强烈的将理论与实践紧密结合的教学意识，做到所讲联系实际；三是行动强，即要有足够的教学能力，灵活运用培训技术手段，帮助学员获得新知识、新技能，做到将所讲转化成有效的培训成果。

（2）培训计划参照模板。

①模板一：基层普及班。

- 培训目标：针对广大一线基层人员对职业指导服务认识不足，必备知识薄弱的情况，以职业指导教材为培训资料，结合工作实际，重点讲解职业指导道德和行为规范、职业诊断、职业咨询等内容，达到树立积极的职业指导服务理念、学习职业指导必备知识、唤起积极开展职业指导服务热情的目的。

- 培训对象：区（县）、街道社区（村）的一线公共就业服务人员，150人规模。

- 培训时间：1天半。
- 培训形式：讲座、观摩典型案例视频。
- 培训教师：职业指导专家、具有丰富经验的一线高级职业指导师。
- 课程安排：见表7-4。

表 7-4　　职业指导培训课程参照（基层版）

	时间	培训模块	课程内容	主讲人
第一天 上午	8：30—8：40		开班仪式	职业指导专家
	8：40—10：00	模块一：职业指导职业道德和行为规范	1. 职业指导前沿动态和理念 2. 职业指导职业道德 3. 职业指导行为规范和礼仪	
	10：10—12：00	模块二：职业指导原理与运作	1. 职业指导基本原理 2. 职业指导典型运作	
第一天 下午	14：30—15：30	模块三：职业诊断	1. 职业诊断的概念 2. 职业素质测评操作与实践	
	15：40—17：30	模块四：帮助指导	1. 职业咨询理论知识 2. 帮助指导技术方法	
第二天 上午	9：00—10：30	模块四：帮助指导	3. 帮助指导典型案例分析 4. 典型案例视频观摩	高级职业指导师
	10：40—12：00	模块五：小结	1. 50题结训测试（观摩大屏幕） 2. 答疑	
返程				

②模板二：业务骨干班。

- 培训目标：针对基层职业指导骨干人员基本功薄弱的情况，选择案例撰写、职业素质测评技术应用、项目方案设计三项基本技能，结合工作实际进行实操演练，达到适应工作需要，并较好提升三项基本技能的目的。
- 培训对象：18区县各选派一名职业指导业务骨干，共计18人。

- 培训时间：6 天。
- 培训形式：头脑风暴、小组讨论相结合的形式。
- 培训教师：职业指导专家、具有丰富经验的一线高级职业指导师。
- 课程安排：见表 7-5。

表 7-5　　职业指导培训课程参照（业务骨干版）

时间	培训模块	课程内容	训练方法	培训资料	主讲人
第一天	模块一：案例撰写	1. 职业指导案例的撰写原则 2. 职业指导案例的撰写方法 3. 职业指导案例的评价标准	原理讲授 案例对比 个案分析 实践演练	专项培训讲义	高级职业指导师
第二天		4. 案例撰写的实践	案例修订	《职业指导案例集》修改稿	职业指导专家
第三天	模块二：专题研讨	1. 全市职业指导工作情况 2. 案例监管系统执行情况	小组讨论		
第四天	模块三：职业素质测评技术应用	测评结果的解读方法研讨 测评工具的综合实践应用	个案研讨 分组演练	测评结果快捷解释模板	
第五天	模块四：项目实施方案设计	项目方案的撰写要领	原理讲授 方案设计		
第六天		项目运作与实施		区县实施方案定稿	
		返程			

需要强调的是，上述培训计划参照模板仅起到示例作用，实际情况一定是变化且复杂的，培训决策者需要根据实际情况提出更加具有针对性的培训计划，审慎回答培训对象是谁、谁参与培训计划、培训的目标

是什么、由谁培训、培训使用何种方法和手段、训练将要使受训者达到何种水平、在什么地方实施培训等一系列的问题。这些问题不仅可以帮助启发思路，还可在最大程度上促进更加实用的培训计划诞生。

二、掌握职业指导人员培训方法

以培训发生的地点为依据，培训可分为现场培训与非现场培训。结合职业指导人员的工作特点和各地的实际情况，下面针对这两大类培训形式介绍10种实用的培训方法，以供选择参照。需要说明三点。一是为了学习掌握方便，每一种方法都是一一进行介绍的，事实上在实践中往往需要几种方法叠加配合使用，而且越是在培训预期效果要求高、内容涉及广的情况下，越是需要综合运用这些培训方法。二是每一种培训方法都会存在优势和局限，这是学习的重点，只有非常清楚这些特征，才能更好地发挥每一种方法的效能。三是比较各种方法时，会看到一些要求受训人积极参与学习的方法，如现场指导、师带徒、角色扮演等，这些方法要比一些将受训者作为信息被动接受者的方法，如讲座、视听等在培训成果转化方面更具优势，但这并不是考虑选择这些方法的唯一依据，最终的选择还要考虑时间、成本、教师以及适宜性等因素的影响。

（一）常用于现场培训的五种方法

1. 现场指导

（1）概念。现场指导即在工作过程中对受训者进行临场技术指导的培训方法。其主要由四个步骤组成。第一个步骤，准备。培训者和受训者都要事先选择和准备培训内容。第二个步骤，示范。对培训者和受训者详细解释要做的工作并作出示范。第三个步骤，试做。受训者上岗体验，操作试做。第四个步骤，反馈。培训者与受训者进行充分的信息反馈，讨论受训者的表现和进一步的诉求。

（2）优势、局限与应用建议。现场指导适合在日常的工作、学习和训练过程中开展，不需要专门的培训课程和设施，可以更多地应用于操作技能的掌握和保持性训练。但多由于培训计划设计得不够严谨全面，在实际中往往容易挂一漏万，不能按计划完成既定培训目标。应用中应强调明确训练目标、进行精准的内容设计以及充分的训练前准备。现场指导应当成为一种常态化的训练方式，广泛地应用于日常服务实践中，这对年轻职业指导人员的成长和培养极具战略意义。

2. 实习

（1）概念。顾名思义，实习就是在实践中学习，是一种完全体验式的培训方法。实习的实践体验可以拓展受训者的综合素质，帮助其端正工作态度，增加工作阅历，了解服务对象的需求和要求，积累工作经验，在工作实践中日积月累，把体验融入自己的知识中，并通过实践的检验最终升华为自身的阅历和经验。总之，通过实习可以使受训者积极参加服务实践，不断充实和完善自身知识结构，培养自我教育、自我管理和自我发展的能力。

（2）优势、局限与应用建议。实习有利于学习转化，充分了解实际工作内容，但由于其往往没有严格意义上的培训课程或训练内容，而是更多地提供一种适应性的环境，提供以"适应"为学习目标的松散方式，因此这种方法应用于对新入职人员或者是岗位轮换的新人进行的培训更为适宜。如果培训者事先说明组织状况、工作细则、服务内容和流程、所涉及的知识和技能等，实习中的"培训"概念就会得到补充和延伸，而这种改变对受训者（不论是新人还是老手）而言，都会得到更多更好的体验和收获。需要补充的是，实习作为一种最常见的培训途径，还可通过专门的设计和完善，将其用于工作态度、服务态度的强化训练，这对职业指导服务而言，无疑是需要加强应用和推广的好方式。

3. 师带徒

（1）概念。师带徒是一种既有现场指导又有实习，并且兼顾工作与学习的培训方法。严格意义上的师带徒应有规定学时的课程指导（一般不少于 150 小时）和规定时长的在职工作体验（一般不少于 2 000 小时），在一些技能要求较复杂的职业岗位上往往需要持续 2~3 年。很显然，师带徒方法具备培训目标、培训课程、培训教师等重要的培训要素，更重要的是这种方法为受训者有目的的学习、反复的操作实践、及时的学习反馈都提供了良好保障。显然，这些特点决定了师带徒的培训效果转化非常高效，这是许多培训方法无法比拟的。

（2）优势，局限与应用建议。师带徒培训是一种很有效的培训方法，应尽可能广泛应用，其完全适用于职业指导人员培训这种既要有理论，又要有技能的培训形式。为了使这种培训取得更好的效果，需要注意三点：一是可以与其他培训方法结合使用，如与现场指导、讲座、视频观摩等方法结合使用；二是要充分考虑受训者学习能力的个体差异，制订更具弹性和适应性的培训计划；三是师傅在知识、技能方面可能存在的局限性会影响培训效果，是这种方法的不足之处，而在一定程度上拓展受训者视野，增加非在岗培训的机会就可以大大改善这种情况。

4. 工作轮换

（1）概念。工作轮换主要是让受训者了解并掌握不同岗位上的工作内容和问题解决情境的培训方法。"轮换"是一把双刃剑，它可以为受训者提供非常宝贵的学习机会，体验到不同岗位上的工作状况；但也正是由于轮换，往往也会使受训者在一个岗位上停留时间过短，造成所学不精、工作不实的情况。很显然，根据实际情况更加合理地控制轮换的时间和频次、精准地设计学习目标和内容，可以在很大程度上规避轮换所带来的不利影响。

（2）优势，局限与应用建议。工作轮换为面对不同就业服务群体的职业指导人员提供了快速学习成长的机会，例如，工作在面对城镇失业人员的岗位上的人员，可以轮换到帮助高校毕业生就业的岗位上；工作在帮助进城务工人员就业岗位上的人员，可以轮换到残疾人就业服务的岗位上等。毫无疑问，这些有针对性的岗位轮换，对快速提升职业指导人员综合帮助指导能力，更加深入地了解职业指导服务的本质等都具有很好的促进作用。

5. 自学

（1）概念。自学是由受训者自己全权负责的学习方法。自学的本质就是三个"自己决定"：一是自己决定学习进度；二是自己决定谁可以参与到学习过程中来；三是自己决定学习的时间和地点，什么时候学、学多长时间、在哪里学都是自己说了算。显然，这三个"自己决定"充分反映出自学方法高度灵活的本质特征，这一点对在职人员极具吸引力。但是，自学也存在着严重的缺陷，受训者的自律程度、自我学习能力、内部的学习动力等存在的不足往往使自学流于形式甚至半路夭折；并且，自学需要培训组织者投入更多的培训内容开发成本、需要按照自学的学习规律设计学习内容和形式等，这些都使自学在实施过程中需要解决诸多问题。

（2）优势、局限与应用建议。无论是从广大职业指导人员自身条件，还是从当前各地现实工作环境而言，自学都是一种最现实的培训途径，尤其是当今互联网、多媒体技术的广泛应用为自学提供了更加广阔的前景。为使自学真正能够广泛推动、深入基层，结合自学的优势和不足，需要处理好四个方面。一是有组织地进行。自学不能是自己愿意怎么学就怎么学，培训的组织者应对自学进行整体部署和设计，进行工作分析，认清受训者需求，确认工作需要与任务。二是制定学习目标。要列出与工作任务紧密相关，且考虑到受训者实际情况的学习目标，说明学习范围、学习重点，告知掌握学习内容的方法，开发学习计划。三是分解学习内容。要按照由浅入深、由易到难、循序渐进的教学规律，将学习计划内容分解为若干"小块"，包括：学习目标、学习内容、评估反馈、实践练习等。四是持续性的修订。制订一项培训计划不是一劳永逸的，而是应当不断征求受训者意见，不断结合实际需要的变化进行持续性改进的。一般而言，这种修订改进的频率宜控制在每年 1~2 次，并保证在内容范围上 15%~25% 的修订、更新比例。

（二）常用于非现场培训的五种方法

1. 讲座法

（1）概念。讲座法是最普遍的且较受欢迎的培训方法，这主要因为它成本最低、较为节省时间并可以有效地传递大量信息，可以让大批受训者同时参与进来。但从培训效果转化的角度讲，这种方法却存在着三个局限：一是学习沟通是单向的，教师讲、学生听普遍成为讲座法的定式；二是学习过程没有及时的反馈，而没有反馈就很难在学习中获得进步；三是受训者的学习能力和原有的学习程度，在多数情况下教师是不掌握的，事实上受训者水平参差不齐、良莠不一往往是普遍现象，这就造成了上面一人讲，下面不知谁在真正听的低效率的学习情境。基于讲座法的这些局限，人们对其进行了许多有益的改进，例如讲座+小组讨论、讲座+现场提问+答疑、讲座+自学+问题解答等，显然这些改进可以在很大程度上发挥讲座法的优势，同时又规避了其自身的不足。

（2）优势、局限与应用建议。不容置疑，讲座法强调的是聆听，因此在政策传达、理念宣讲、理论知识教授这些情况下，采用讲座法是最为适宜的。需要强调的是，讲座法要运用得好，除要在方式方法上进行改进之外，还应注意三点。一是讲座的时间不宜太长，应注意考虑加入互动情节和视频等能够促进聆听的教学要素。二是要严格选择有丰富经验的教师，例如，能够做到深知受训者的需要和关注点，能够做到讲授逻辑清晰、重点突出、通俗易懂，善于把控教学气氛和节奏，使教学气氛和节奏生动活泼，能够灵活应变等的教师。三是做好课程、课件的设计。课程设计要明确讲座的目标、教学内容和程序、重点难点等；课件设计要做到规范、清晰、简洁、生动等。总之，讲座法很适合职业指导人员能力提升培训，只要改进讲座的方式方法，加入新的促进学习动力提升的变量，就可以使之发挥重要的作用。

2. 视听法

（1）概念。视听法即通过图片、视频、音频等多媒体技术手段，实现一定情境中听觉感知（录音）与视觉（图片、影视）感知相结合的教学方法。针对职业指导培训，视听法有两个重要的应用功能。一是语言和情景的紧密结合，即除重视听说外，还强调"看"，受训者一边看画面，一边练习听说，身临其境地进行学习，把看到的情景和听到的声音自然地联系起来，使其对学习内容的印象更加深刻。二是可在任意时空进行，打破了时空的限制，尤其是当设计了供个人使用的视听媒体后，受训者可在方便的时间和地点学习，大大提高了学习的便捷性。视听教学可以使课堂更具趣味性，其比教师的口授更能使受训者较长时间地集中注意力，激发受训者的求知动机；其可以缩短教学时间，精心设计的视听内容可以使教学信息有更高的"清晰度"，从而提高了教学效率。不过视听法也有不足，如因为所选择的教学媒体存在局限性而影响教学质量，由于是靠具体的、感性的形式进行学习认识，对事物抽象的、本质的属性进行讲解时会存在一定的不足等。但无论如何，随着现代互联网、多媒体技术的迅猛发展，视听教学会在培训领域中占据更重要的位置和更广阔的发展前景。

（2）优势、局限与应用建议。视听教学可以和任何一种培训方法结合使用，在对言语信息、认知策略、态度、操作技能等进行学习时都可以大量地使用，尤其适合职业指导人员对咨询指导、案例分析、行为示范等进行学习。

3. 情景模拟法

（1）概念。情景模拟法即根据既定的培训目标，为受训者提供一个仿真的工作环境和条件，使受训者在高度仿真的模拟情境中进行认知学习、决策应对、操作演练的教学方法。情景模拟法突出操作性、注重实效性，实现了理论与实践的接轨，具有良好的培训效果转化功能。在进行技能培养时，人们将这种方法延伸到模拟训练器，使培训获得更为理想的效果。情景模拟法具有三大优点。一是学习目标的针对性强。所有模拟情景都是根据实际需要专门设计的，其与实际情况的相似度越高，培训效果的转化功能就越强。二是学习效果的把控性强。在极为仿真的情境中，受训者的反应、行为表现可以一目了然，教师可以在这种情况下及时提供更直接的指导和帮助。三是培训效果的稳定性强。由于培训模拟接近实际，培训重点是受训者分析和解决实际工作中问题的能力，演练的力度和频次是一种饱和状态，所以培训的效果最终要远比讲座、视频等方法稳定得多。总之，情景模拟法的显著特点表现在环境是仿真的、内容是仿真的，培训目标的着眼点都直指岗位实际需求、指向个人胜任特征，这些特征自然决定了它的优势。

（2）优势、局限与应用建议。情景模拟法主要通过模拟真实"情景"达到训练目的，因此在需要受训者深度体验工作环境时，这种方法最为适宜。针对职业指导人员而言，可以模拟咨询指导情景、职业诊断情景、对就业困难群体进行帮扶的情景等，以学习在这些特定的环境中，如何做出正确的决策应对和行为反应。虽然目前还很难做到依靠更加智能化的模拟训练装置进行职业指导的情景训练，但是有针对性地模拟这些典型的情景，确定好训练目标和内容，提供给受训者进行反复演练，仍然是非常必要的培训手段。显然这方面的技术开发存在着很大的发展空间。

4. 案例教学法

（1）概念。案例教学法是一种以案例为载体的培训方法，主要通过案例分析使受训者获得经验和技能。案例教学的基本做法是提出问题，设定两难情境，寻求问题解决的思路，探讨克服困难的途径和办法。凡案例都应具有典型意义，有一定的代表性和普遍性，有举一反三、触类旁通的作用，其或涉及经典的工作方法和经验，或来自典型的真实情境事件。教师正是利用这些"案例"，应用启发、激励、评价等教学手段，鼓励受训者积极参与讨论，积极进行独立思考，注重分析理解事物本质，强调实际问题的解决，主张发挥主观能动性，实现受训者能够开放、创造性地进行学习的训练情境。除此之外，优秀的案例还具有两个重要的特征。一是结果的多样性。优秀的案例应只有情况没有结果，有激烈的矛盾冲突而没有处理办法和结论。案例未完成的部分，应该由受训者去决策、去处理。从这个意义上讲，案例的结果越复杂、越具备多样性就越有价值。二是内容的真实性。案例是典型的，不仅要与所学理论知识有直接联系，更需要与实际情况紧密衔接，要有真实的细节，要有错综复杂并合情合理的案情，要让人感到身临其境、真实可信。总之，案例教学可以促进教学相长，可以唤起受训者学习的内在动力，可以集思广益，使教师和学生一起讨论思考，共同探讨问题，使集体智慧得到充分的调动。但是，由于案例开发有难度，尤其是编制一个优秀的案例往往难上加难，因此案例在数量和质量上往往不能满足培训的需要，这是阻碍案例教学法推广和普及的一个主要原因。

（2）优势、局限与应用建议。案例教学法特别适合开发高级技能，如分析、综合及评估能力，因此它自然就成为训练培养高级职业指导人员的一种必不可少的培训方法，当然，这并不等于在新手的训练中不能使用这种方法。案例教学需要注意三点：一是要为受训者事先提供案例准备和案例分析结果机会；二是要安排受训者开展面对面的讨论，或者是以视频为手段的畅通无阻的沟通；三是要保证受训者的参与度，使其愿意并且积极地投入到案例分析的过程中，与别人沟通，表达自己的见解。如果案例教学中不具备这些重要的条件，也就往往意味着此方法的优势荡然无存。

5. 行为示范法

（1）概念。行为示范法是以规范的标准为受训者演示关键的动作和行为，然后要求他们对照进行演练的培训方法。在理论上，行为示范法强调受训者要仔细观察示范者演示的每一个动作，同时教师要实施即时的强化，只有这样才能大大提升培训的效果。在具体操作上，这一方法主要应抓两个重点：设计关键行为和做好示范演示。设计关键行为，即梳理确定出完成任务所必需的操作和行为，这些行为可能是一组，也可能是更多组的集合。做好示范演示要注意把握好四点。一是分解关键行为。不论有多少需要演示的关键行为，都需要对其进行分解，然后再根据受训者理解的程度进行串联，使之最终成为一整套的行为系统。二是要进行解释和说明。边演示、边示范、边做必要的解说，这不仅可以帮助受训者更好地理解动作的要领，还可以使其得到强化，这一点对学习的进步是至关重要的。三是重复演示和演练。不断重复演示，不断总结回顾，向受训者说明关键行为之间的关系，同时要求受训者通过亲身演练来理解行为要领。四是提供正、负两方面的强化。行为示范可以是正确的示范，也可以是错误的示范，在许多情况下，后者往往能够更容易地帮助受训者掌握行为要领。

（2）优势、局限与应用建议。行为示范法非常适于使受训者学习某一种技能或行为，例如人际关系训练、驾驶技能训练等。显然针对职业指导培训内容而言，这一方法有着广泛的应用范围，例如职业指导人员职业道德和行为规范训练、个体和团体咨询训练、职业信息采集与处理训练、跟踪指导训练等。需要指出的是，行为示范的本质是为受训者提供了参与实际演练的机会，并为其进行行为矫正，如果这种方法能够与讲座法、视听法等培训方法有机结合运用，必然还会在更大培训内容范围内促进并加强培训成果的转化。

阅读与思考

职业指导人员队伍的组成和任何组织一样是分层级的，各层级人员都有着自己需要承担的任务和责任。这就意味着要加强优秀职业指导人员的培养，就要针对不同层级人员进行，就要重点推进职业指导人员的培训与开发，在普遍提升职业指导人员职业素质的基础上，进一步确定培养目标、培养原则、培养途径以及主要课程设计。下面针对基层职业指导人员和高级职业指导人员的培养提出了一些具体设想，请结合本章内容进行研讨并加以补充完善。

一、基层职业指导人员的培养

要加大力度培养基层职业指导人员，坚持推行基层职业指导人员职业能力评价制度。要在公共就业服务机构、学校、残联等各系统的更大范围内普及职业指导知识，鼓励人们学习职业指导方法，掌握一技之长；要坚持继续教育和培养，对广大已获取职业资格的在岗人员，各地应坚持实施不断充电、不断提升的继续培训制度，使其掌握更多职业指导专业知识和技能，强化基本功训练，掌握新技术、新方法。要从整体上提升职业指导人员素质水平，做到与国际接轨，彻底改变过去"只会讲，不会干""只有热情，能力不足"

"只会做，没有理论提升"等说教式、低水平、低层次的职业指导状况。要从年轻人中选拔一些热爱职业指导工作，有专业知识和特长，有较高职业修养的人员，重点培养、重点使用，充分发挥年轻人勇于开拓、勇于实践的作用。

二、高级职业指导人员的培养

推行首席专家制，在各部门、各单位推选出优秀的职业指导带头人，为他们创造更好的工作环境，创造更大的成长和发展空间，发挥其专业特长和科研能力，带动部门的职业指导工作全面开展；同时，针对带头人还要开展高端人才研修培训，专门打造问题解决专家，专门培养职业指导领域中既具有理论水平、实践能力，又能够带动职业指导工作开展的地区性首席专家，打造国家级的职业指导大师级人才。

08 章

职业指导工作推动实例

职业指导工作的范围是广泛的，内容是丰富的，形式也是多种多样的，想要学习组织开展这项工作的要领，想要领悟成功推动这项工作的真谛，显然是无法通过简单的案例列举来实现的。大量的实践表明，不断探索并实践是走向成功的唯一途径，不断汲取前人的宝贵经验则是有效避免挫折的良方。将任何一项具体的推动工作视为一个项目则可以帮助我们举一反三，理解事物的本质，指导实践。本章分为两个部分。第一节，职业指导工作方案设计要素。本节以职业指导进高校为例，阐述工作方案中最重要的三个要素，即目标是什么、目标如何实现以及如何有效地实施操作，并介绍把握这些要素的原则和要点。第二节，以职业指导进高校和开展职业指导技能大赛两项工作为实例，从项目推动的角度进一步阐述项目方案设计要素，介绍实际操作具体细节，用案例说话、借案例示范，力争帮助人们借鉴其中的有益经验，学习其中的典型做法，促进唤起再探索、再创作意识，更好地应用于职业指导各项工作推动之中。

第一节 职业指导工作方案设计要素[①]

一、目标是什么

（一）目标确定是首先要解决的问题

没有明确的目标，方案就成了失去方向的纸上谈兵，实施就成了毫无目的的贸然行动。例如，职业指导进高校是公共就业服务机构提出的一个概念，这个概念的内涵是公共就业服务要主动走进学校，针对高校大学生，尤其是应届毕业生，为他们提供以职业指导为主要手段的公共就业服务，帮助扫除就业障碍，促进就业率和就业质量的提升。显然，要实现这个愿景，首先需要明确每次进高校的"具体目标"，要回答"为什么"进高校，究竟要解决什么问题。如，帮助学生解决就业误区问题、唤醒学生积极做好就业准备、帮助进行职业信息对接、提供就业形势及分析，进行劳动保障政策宣传等。

（二）目标需要顶层设计

目标设计不是随做随想就能够解决的，而是需要总体考虑，要有全局观。不论是职业指导进高校，还是职业指导进社区等，确定目标都应当把握三点。

1. 目标要适中。目标要结合资源的占有程度适当确定，一般而言目标宜小不宜大，每次小的行动目标都取得成功要比将目标定得很宏伟但却完成不了要更有现实意义。

---

① 以职业指导进高校为例。

2. 目标要准确。目标要有针对性，要直奔主题、直接解决问题，宜实不宜虚。

3. 目标要实际。目标的制定要紧密结合服务对象的需要。如，进校园就要消除学生就业困惑，排除就业难点，消除就业痛点。毫无疑问，职业指导工作的推动如果没有确立起精准、实际的目标，即便是职业指导人员走进校园里，职业指导还是不会留在学生们的心中。

二、目标如何实现

目标有近期目标和远期目标。远期目标总是要通过近期目标的逐一实现，才可以逐步完成。下文主要讨论的是近期目标的实现问题。一个目标的实现取决于三个要素：一是指导思想，这是实现目标的方针、纲领，是大的战略思路，有了指导思想就意味着有了实现目标的思想保障；二是策略，这是实现目标的途径，是战术层面上的内容，有了策略就意味着有了实现目标的方法保障；三是实施原则，这是实现目标需要执行的规范，是一切行动的必然前提，有了实施原则则意味着有了行动保障。目标确定后，说清楚这三个重要要素至关重要，否则目标就难以实现。下面仍以职业指导进高校为例，进一步说明如何设计这三个要素。

（一）指导思想的确立

指导思想的确立应当把握三点。

1. 要力争取得实效。取得实效是最基本的思想，不论服务内容多少，服务力度大小，都要力争取得实效。哪怕只能做到一个点，但只要能够取得实效，就仍然会受到学生、教师的欢迎和认可，切不可雷声大、雨点小，搞形式主义。

2. 要力争实现自助。这是职业指导进高校的重要核心思想。公共就业服务无论是从机制，还是从资源，或是从能力等方面上讲，都难以为学生提供全方位的服务。如何才能克服这个困难呢？只有通过有限的服务，力争使学生实现自助，通过帮助唤起学生的自助意识，提升其自己帮助自己的能力，公共就业服务才可以在战略上取得主动。

3. 要力争动员校内的力量。将校内的教师、学生动员、发动起来，是职业指导进高校总体目标实现的战略保障，换言之，公共职业指导服务就是播种机、宣传队，走进高校就是把职业指导的火种播撒到校园里，但没有校园内教师、学生的响应和支持，没有校内系统作为动力源，职业指导进高校即便出现"久旱逢甘露"的现象，也无法彻底实现既定的总体目标。

（二）策略的制定

宜实施三个重要策略。

1. 努力展现优势。与高校就业服务部门相比，公共就业服务机构的优势在于就业政策熟、劳动维权通、就业困难群体帮扶好等方面，因此，职业指导进高校首先需要做的就是展现优势，弥补高校校内就业服务的不足，这样既可以很好地展现公共就业服务的良好形象，还可以借此形成"破冰"之势，取得学校方面的配合和支持。

2. 立足组织推动。职业指导进高校的工作重心应当是组织推动，公共就业服务机构具有不可替代的就业服务职能，体现着国家、政府对每一位高校学生就业前景的关心和关怀，因此由公共就业服务机构出面协调提供帮助，形成稳定的校内职业指导服务机制是不可或缺的策略，有了稳定的职业指导运行机制，就意味着职业指导进高校取得了战略上的成功。

3. 建立校内职业指导学生组织。有了校内的职业指导学生组织，就意味着公共就业服务在校内有了"依托"，国家政策宣讲、职业指导服务提供、就业困难大学生帮扶等事项就有了传播、落实的可能，自助指导的局面形成就有了组织保障。一些成功经验表明，只要指导到位、扶植到位、呵护到位，大学生在这方面的积极性和创造性就能得到充分发挥。

（三）实施原则的制定

实施原则的制定主张四点原则。

1. 阶段性原则。按照总体目标计划应当分解为若干阶段逐步实现，逐步完成，一蹴而就、一劳永逸的做法注定会导致项目失败。

2. 持续性原则。进高校的活动需要长期、持续性地开展，仅进行一次或几次活动不仅不能实现总体目标，失败后还会打击人们的信心，给项目实施带来负面影响。保持活动的频次、保持项目支持的力度、保持对各项活动的及时调整，都是促使项目成功非常重要的实施原则。

3. 针对性原则。每次活动都必须要明确具体目标，即便是一次性的活动，其目标仍应和最终目标紧密联系。

4. 整体性原则。每次进高校的活动不应是表面化的、孤立的，而是应既具有现实意义，又具有长远战略意义，看上去是一次又一次的活动，实质上却是在总体的顶层设计下有序、有效进行的持续性行动。

三、如何有效地实施操作

阐述这个问题涉及三个关键词：工艺、流程、内容。工艺讲的是采用的方法、技术、工具等；流程讲的是步骤，每一个步骤的完成都决定着下一个步骤是否能够启动，决定着各个分目标是否能够实现；内容讲的是在每个操作步骤下具体要完成的工作任务，只有所有的工作任务都圆满完成，总目标才能最终实现。显然，项目在有了总体思路的情况下，最需要细化的内容就是这三个关键词。作为职业指导进高校项目，设计环节应重点考虑三点。

（一）采取什么方法能够得到校方的响应和支持

职业指导进高校是公共就业服务机构与校方紧密合作才能完成的，因此必须要取得校方的响应和支持，这包括学校的决策层、教师和学生等所有涉及项目的成员的认可和配合。而做到这一点主要是通过四种策略推进的。

1. 政策推进。通过落实各项高校毕业生的就业创业政策取得校方认可，这主要是针对决策层。

2. 价值推进。通过寻求切合点，解决学生的就业服务需求并得到其认可，这主要是针对学生和教师。

3. 伙伴关系推进。建立良好的合作伙伴关系，形成长期的战略合作从而实现认可和支持。

4. 试点推进。通过试点推进深入，既易于形成最初的认识，也有利于工作的完善和改进。

这四个方面的策划和设计都属于"工艺"的范畴。

（二）实施步骤的划分

划分步骤主要把握三个要领。

1. 阶段的划分。即不论步骤有多少，都可以大致分为试点阶段、重点实施阶段、收尾阶段。

2. 目标分解。实施更为细致的步骤划分实质上是阶段目标的分解过程。可以将每一实施步骤视为接近目标的一步"台级"，当分解的目标即所有的"台级"都走完了，也就意味着目标接近实现了。

3. 重点内容的划分。在每一个阶段中都存在着工作任务的重点，结合这些重点应当明确其具体的环节和主要工作内容，这实质上是对每一个分解的目标进行工作任务再梳理的过程。

这三个要领的落实至关重要，属于"流程"和"内容"的范畴。

（三）规避风险

进行实施步骤策划时，人们自然地会在如何实现目标的方向上尽其所能，但是这样做显然还不够，还要从反方向上加以考虑，规避可能出现的风险。例如进高校会遇到哪些阻力或障碍，会有哪些问题导致项目失败或流产等。在设计实施步骤的过程中，应当将"反向"意识嵌入其中，以保证一方面每个步骤都在不断接近目标，另一方面在实施步骤的同时还应考虑如何应对阻力、规避风险，以提升成功的概率。值得指出的是，诸如组织保障、经费、时间表以及细则等都可能存在风险因素，都应进行全面细致的设计。

第二节 职业指导工作推动方案实例

实例1：职业指导进高校方案[①]

一、基本思路

通过本项目，唤起学生主动解决问题的积极性和自助意识，建立大学生职业生涯指导的运作机制，使就业指导工作持续深入地开展下去。配合当前形势，以普遍性的就业服务为基础，深入开展个性化服务，有效解决大学生在就业过程中存在的实际问题，从而切实提高大学生的就业率。

二、工作目标

（一）以自助为主题，选派高级职业指导师面对学生进行主题演讲，共组织2~3次，以唤起大学生就业自助意识，提出开展自助指导的思路，提供实现自助指导的途径。

（二）为在校学生开展1~2次针对就业、创业资源、职业取向、职业能力等要素的示范性全面普查，帮助大学生定方向、定决策，进一步促进唤起大学生开展自助指导的积极性。

（三）在校园内建立一个以学生为主体，以高级职业指导师为辅助，能开展自助服务的职业指导协会，保障职业指导活动持续进行。

---

① 供学习之用，实践中仅供参考。

三、主要工作流程和内容

（一）项目筹备

1. 成立项目小组。
2. 拟定工作方案及其细则。
3. 选定试点单位。
4. 成立高级职业指导师专家团。
5. 撰写项目说明。
6. 发布通知。
7. 项目启动仪式。
8. 制定服务策划方案。

（二）项目试点启动

1. 活动宣传。校园海报设计，宣传新闻通稿准备。
2. 师资培训。根据培训工作方案，确定培训时间、地点和方式，对高级职业指导师进行培训。
3. 指导师进高校。高级职业指导师进行高校宣讲、对大学生开展职业指导服务、建立职业指导协会。
4. 巡回督导。根据督导工作方案成立督导小组，确定督导时间及路线，进行巡回督导。

（三）项目推进

以试点单位为起点，由点带面，将项目向本地区更大范围推进，力争在有条件的高校全面展开。

四、组织开展

由公共就业服务机构负责项目组织实施，由社会专业服务机构提供技术支持，高校和相关企业负责协助项目的具体开展。

五、时间表

根据试点情况待定。

附件1：高级职业指导师进高校宣讲方案

附件2：高级职业指导师进高校服务方案

附件3：学校职业指导协会章程

附件4：学校职业指导协会工作要点和组织机构

附件1：高级职业指导师进高校宣讲方案[①]

一、宣讲题目

谁能帮助我们找到好工作

二、宣讲目的

通过高级职业指导师的宣讲，帮助大学生了解就业途径，了解如何面对就业及职业生涯发展问题，提高其主动解决就业问题的积极性和自助意识，使其能够积极地行动起来。

三、宣讲内容

第一部分：谁能帮助我们找到好工作

第二部分：最好的方法是自助

第三部分：如何自助

四、宣讲提纲

第一部分：谁能帮助我们找到好工作

高校毕业生的就业已经成为社会关注问题。

在高校毕业生就业难的同时，企业却面临严重的人才匮乏。

面对这种现状，谁能帮助我们走出现状。家长、老师、学校、还是政府？

家长、老师虽然能帮助我们解决问题，但他们的视野、能力却存在

---

① 供学习之用，实践中仅供参考。

着局限。

学校、政府也在帮助我们，但不能解决所有的问题，尤其是个性化的问题无法落实到每一个人身上。谁才能真正帮助我们解决问题呢？

第二部分：最好的方法是自助

自助是最好的方法，自助者自强，但为什么我们不能实现自助呢？探究问题本质，其核心如下。

第一，我们的情况迥异。

第二，我们对自身潜能没有清晰的认识。

第三，我们在自助方面缺少经验。

第四，没有人带领我们实施有效的自助。

机会来了！职业指导师走到了我们身边。

现在的问题取决于我们自身，我们应调动自身解决问题的积极性，找到切实可行的方法，实施自助。

第三部分：如何自助

第一，理解就业市场的现状，为自己寻找一个职业发展的方向。

第二，认识自己、规划方向，认识自己的目的在于进一步理解自身的职业发展方向。

第三，提高能力、端正态度、熟练技巧等，以提高实现目标的动力和可行性。

第四，采用互助+自助的模式。职业生涯指导协会拥有权威的专家、先进的工具，可以帮助同学们了解自己、规划方向，积极解决自身的问题，解决职业发展方向的困惑。采用该种模式，高校毕业生就业难的问题定会得到改善。

附件2：高级职业指导师进高校服务方案[①]

一、服务宗旨

通过对大学生进行职业倾向测评、报告解读和职业生涯规划，快速

---

① 供学习之用，实践中仅供参考。

帮助大学生根据自己的能力、人格等特点进行职业定位和决策，制定职业发展方向，并在专家的指导下提高自身能力、提升自身价值。

二、服务目的和内容

就业指导服务的主要目的在于快速帮助大学生根据自己的能力、人格等特点进行职业定位和决策、了解个人的潜能优势结构，以此制定职业发展方向并提高自身能力和自身价值。

服务内容包括：

就业资源评估——根据自身条件（专业、学历、资格、经验）盘点在就业过程中存在的优劣势，以及就业市场对适合职位的需求状况等。

创业资源评估——盘点市场对创业项目的需求程度、所需资源和自身在创业过程中存在的优劣势。

职业倾向评估——通过测评了解自身的职业兴趣，确定职业发展的倾向。

职业潜能评估——通过测评了解自身在职业能力上的优劣势，即职业潜能。

职业人格评估——通过测评了解自己的职业人格特点及适合的职业方向。

职业生涯规划——专家结合测试报告的结果，帮助准确定位职业发展方向，并确定行动目标。

就业准备训练——简历制作、面试礼仪、面试技巧、人际沟通技巧、团队合作能力、领导力训练等。

三、服务形式

服务采用集体测评、发布报告、集体报告解读的方式，对有需要的个人可采取一对一咨询规划的形式。

四、环境条件

可同时容纳20人以上进行测评的机房至少1间。

可进行协会活动、小组活动、团体解读、团体规划的团体咨询室（可容纳20人以上）1间。

可进行"一对一"职业生涯规划的咨询室1间。

附件3：学校职业指导协会章程[①]

第一章　总　　则

第一条　某大学职业指导协会是由该大学在籍本科生、研究生为解决大学生就业问题、提升自身价值而自愿组成的群众性团体，该团体接受该大学的统一管理和指导。

第二条　组织原则

1. 遵循党的教育方针，积极配合学校各项工作。

2. 为在校生提供就业指导服务，解决职业发展问题。

3. 社团工作在学校党委领导下由校团委具体负责。学生社团联合会在团委授权下，负责学生社团的日常管理工作。

第三条　宗旨。令大学生深入了解就业市场现状和自身存在的问题，激发大学生在就业方面的自助意识，提高就业积极性，主动解决问题，积极促进大学生就业，提供就业指导测评、规划、训练等服务，解决大学生职业发展的问题。

第二章　社团组织

第四条　社团聘请相关专业教师和驻校的首席职业指导师共同担任社团指导教师，全面指导社团工作。

第五条　社团的组织机构由理事长、副理事长及各部部长组成。社团理事会是社团工作的执行机构，实行理事长负责制。

第六条　社团制定详细、具体的各项规章制度，并在社团联合会指导监督下执行。

---

① 供学习之用，实践中仅供参考。

第三章 社团注册、招新与退团

第七条 社团应在每学年第一学期第二周到学生社团联合会进行招新、注册工作，以利于学生社团联合会更好地掌握社团情况。

第八条 会员于毕业时自动退会，或者在在校期间提交退会申请退会。主席团及各部部长如需退团，应提前一个月提出申请，并将工作交接于副部长或同级干部，同时应临时举行选举大会选举产生新的干部接替职位。

第四章 社团机构设置及职责

第九条 社团分别设立的部门。组织部、外联部、宣传部、秘书处、常务办公室等，其中常务办公室负责日常运营。

第五章 会员的参加条件，权利与义务

第十条 参加学生社团组织的条件

1. 在校本科生、专科生、双学位学生、研究生。

2. 承认社团章程，积极参加社团活动，服从组织领导并履行会员的各项义务。

第十一条 社团会员的权利

1. 享有享受社团服务的权利。

2. 享有会内选举权和被选举权。

3. 享有获取正当奖励的权利。

4. 享有承办活动的权利。

5. 享有参加社团组织的各种活动并发挥自身才能的权利。

6. 享有自由退会的权利，但需写出申请，并交回会员证。

7. 享有对社团工作提出批评和建议的权利。

8. 享有优先使用社团资源的权利。

9. 享有监督社团各项工作的权利。

10. 享有知晓社团详细财务状况的权利。

第十二条 社团会员的义务

1. 会员应主动接受本社团的管理，积极参加社团的各项活动，遵

守社团联合会和本社团的章程。

2. 积极参加民主管理，执行社团决议，完成社团委托的各项工作，维护社团合法权益。

3. 首次参加社团的会员按规定缴纳一定的会费。

4. 执行学社联的决议。

第六章 社团干部的产生、聘任与更换

第十三条 社团理事长的产生、聘任与更换

1. 社团理事长任期为一年。在聘任期间如有违反校规或严重损害社团利益的行为，社团联合会有权请校团委暂停或免去其职务。

2. 换届时间是每学年第二学期末，社团工作结束前的半个月。

3. 在全面总结和征求意见的基础上，现任理事长向社团联合会提交工作总结和换届申请。

4. 下届理事长候选人可由上届理事长推荐、社团成员推荐或自荐，经社团全体会员三分之二成员到会差额选举产生，得票数必须超过总选票半数方能当选。候选人必须两名或两名以上，候选人必须向社团联合会递交竞聘申请书。

5. 社团的新任理事长原则上由校团委和社团联合会主席团从候选人中通过面试、考察产生。

6. 新任理事长有一个月试用期，试用期内社团成员有权视其表现决定是否留任。

7. 社团理事长不得在其他院级的各学生组织中兼职。

8. 如有特殊情况，可由社团联合会在广泛征求社团成员意见基础上指定临时负责人。

第十四条 有下列情况之一者，不得担任社团理事长

1. 学习确有困难，不能勉强担任社团干部。

2. 曾因违反有关规定，从社团负责人职位上被撤下。

3. 受到警告或警告以上校级处分。

4. 有其他违反法纪法规行为。

第十五条　社团的主要干部由社团成员根据大多数会员认可的规则和程序进行民主选举或推荐，经社团联合会考核认可产生。

第七章　社团活动

第十六条　社团活动必须围绕协会工作的目标和学校的中心工作开展，为学生提供职业规划服务，解决学生就业中存在的实际问题。

服务内容包括：

就业资源评估——根据自身条件（专业、学历、资格、经验）盘点在就业过程中存在的优劣势，以及就业市场对适合职位的需求状况等。

创业资源评估——盘点市场对创业项目的需求程度、所需资源和自身在创业过程中存在的优劣势。

职业倾向评估——通过测评了解自身的职业兴趣，确定职业发展的倾向。

职业潜能评估——通过测评了解自身在职业能力上的优劣势。

职业人格评估——通过测评了解自身的职业人格特点及适合的职业方向。

第十七条　社团开展的全校性大型活动必须提前两周向社团联合会提交活动申请表、详细的活动计划及预算报告，经校团委及有关部门批准方可开展活动。

第十八条　凡组织跨校级的社团活动，必须提前三周提出书面申请，交校团委报省团委批准后方可进行。

第八章　社团经费

第十九条　社团的活动经费采取学校支持与自筹相结合的模式。社团日常活动支出和举办大型全校性活动可向社团联合会提出经费申请，并附详细预算报告，经社团联合会审核并报团委批准，视情况给予一定支持。

第二十条　社团对外联系赞助，应统一使用校团委出具的介绍信，对于所接受的各项经费，由校团委统一出具证明。

第二十一条　社团可根据自身发展需要收取服务费用。对于会费和其他经费的管理，社团必须指定专人（非会长）负责，并制定详细的财务管理制度。

第九章　社团解散

第二十二条　社团出现重大问题，社团联合会有权对其进行调查取证，经社团联合会常委会表决后，递交校团委批准，令其停止活动，进行整顿与取缔。

附件4：学校职业指导协会工作要点和组织机构[①]

一、工作要点

1. 对大学生就业指导活动能够进行宣传，使在校生了解协会的活动目标、活动方式及服务内容，积极争取学生的参与。

2. 协助高级职业指导师开展校园宣讲、测评、报告、集体职业规划、一对一职业规划、就业准备训练等工作。

3. 激发大学生的自助意识和解决问题的积极性，组织学生共同解决就业问题。

4. 开展例会、基础服务、自助服务、活动宣传等日常工作。

5. 组织专家讲座、大型测验、大型集体训练等大型活动。

6. 及时收集反馈学生的意见、建议及需求，与指导教师和高级职业指导师进行沟通，完善服务内容和协会章程。

二、组织机构

学校职业指导协会组织机构如图8-1所示。

[①] 供学习之用，实践中仅供参考。

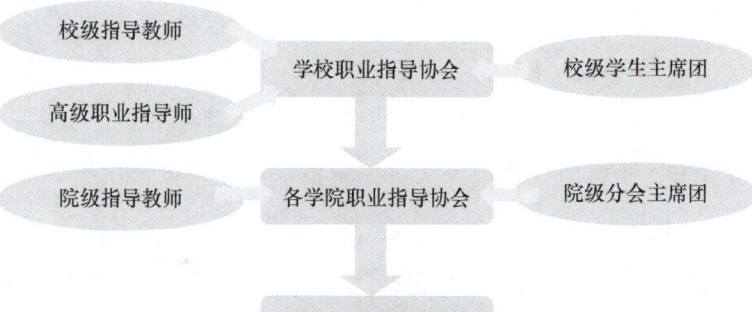

图 8-1　学校职业指导协会组织机构

实例 2：开展职业指导技能大赛方案①

一、赛事总览

（一）赛事简介

本次大赛分为预赛、半决赛和总决赛三个阶段，各赛段具体情况如下。

1. 预赛

预赛包括各区（县）预赛和市直机关预赛。区（县）预赛由各区（县）根据预赛方案自行组织开展，报名总人数 2 700 余人，各区（县）将于 5 月 31 日前完成预赛赛程。届时，每区（县）选出一支 5 人组成的团队代表本区（县）参加团体半决赛，同时推荐 2 名选手参加个人半决赛。市直机关预赛报名人数为 32 人，预赛将于 6 月 11 日下午在市局五层多功能厅举行，选出 4 名选手参加个人半决赛。

2. 半决赛

半决赛由团体半决赛和个人半决赛两项赛事组成。

---

① 本实例为 2011 年北京市"春晖杯"职业指导技能大赛总体方案设计，仅供参考。

团体半决赛拟于6月28日上午在海淀剧场举行,全市共17支代表队参加团体半决赛。首先采用抽签的方式将17支代表队分为三组,每组由5或6个代表队组成。团体半决赛分为三个时段,每个时段完成一个组的比赛。比赛时,各代表队首先根据抽签顺序依次出场并完成区(县)职业指导亮点展示环节的比赛,组内所有代表队区(县)职业亮点展示完毕后,进入必答题和抢答题环节的比赛,完成必答题和抢答题环节的比赛后,进入综合评议环节,在该环节,评委组对团队的综合实力和现场表现进行打分。综合所有比赛环节的成绩,选出6支优胜团队参加团体总决赛。

个人半决赛拟于6月28日下午在海淀剧场举行,全市共38名选手参赛,其中包括区(县)选手34人,市直机关选手4人。首先采用抽签的方式将38名参赛选手分成5组,每组由7或8名选手组成,个人半决赛分五个时段,每个时段完成一个组的比赛。比赛时,各组选手首先根据抽签顺序依次出场并完成选手个人自我展示环节的比赛,组内所有选手展示完毕后,进入必答题和抢答题环节的比赛,完成必答题和抢答题环节的比赛后,进入综合评议环节,在该环节,评委组对选手的综合实力和现场表现进行打分。综合所有比赛环节的成绩,选出10名选手参加个人总决赛。

3. 总决赛

总决赛由团体总决赛和个人总决赛组成,拟于7月8日下午在海淀剧场1号厅举行。首先进行由6支代表队参加的团体总决赛,决出团体排名奖和团体单项奖,然后进行10名选手参加的个人总决赛,决出个人排名奖和个人单项奖,最后进行团体奖和个人奖的颁奖仪式,比赛正式结束。

参加团体总决赛的6支代表队根据抽签顺序依次出场并完成区(县)职业指导亮点展示环节的比赛,所有代表队区(县)职业亮点展示完毕后,进入必答题和抢答题环节的比赛,决出团体总分前三名,并由评委组评出团体单项奖。参加个人总决赛的 10 名选手根据抽签顺序依次出场并完成选手个人自我展示环节的比赛，所有选手展示完毕后，进入必答题和抢答题环节的比赛，决出个人总分前三名，并由评委组评出个人单项奖。

（二）比赛进程图示

职业指导技能大赛比赛进程如图 8-2 所示。

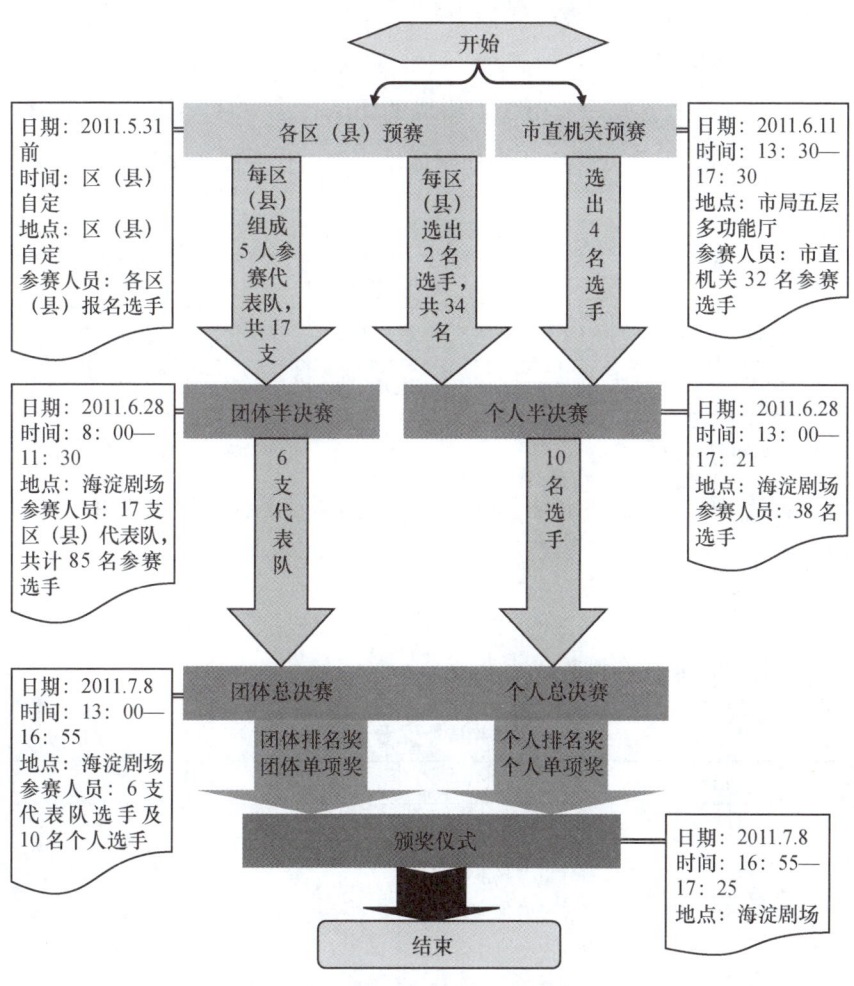

图 8-2　职业指导技能大赛比赛进程

二、团体半决赛比赛方案

（一）赛事总览

1. 赛事介绍

1.1 时间地点

比赛时间：2011 年 6 月 28 日 8：00—11：30

比赛地点：北京市海淀剧场 1 号厅

1.2 参赛选手

每区（县）选出一支由 5 人组成的团队代表本区（县）参加团体半决赛，全市共 17 支代表队参加团体半决赛，代表队的名称见表 8-1。

表 8-1　　　　　　　　团体半决赛代表队名称

东城区队	西城区队	朝阳区队	海淀区队	丰台区队	石景山区队
门头沟区队	房山区队	通州区队	顺义区队	大兴区队	昌平区队
平谷区队	怀柔区队	密云县队	延庆县队	经济技术开发区队	

1.3 半决赛目标

通过团体半决赛选出 6 支代表队参加团体总决赛，并评选出优秀组织奖的获奖团队。

2. 比赛进程

团体半决赛比赛进程见表 8-2。

表 8-2　　　　　　　　团体半决赛比赛进程

时间		进程	涉及人员	任务
2011.6.27	全天	赛场准备 赛前准备	主持人 赛务人员 技术人员	布置赛场 准备资料 设备调试 主持人彩排
2011.6.28 上午	7：30—8：00	选手抽签分组	参赛团队 赛务人员	抽签分组 填写评委评分表

续表

时间	进程	涉及人员	任务
2011.6.28 上午	7：30—8：00 评分说明会	评委 记分员 命题组	熟悉评分、计分方法及相应的规则 发放评委评分表
	8：00—9：05 A组比赛	A组参赛代表队 赛务人员 评委 主持人 记分员 技术人员等	完成A组比赛
	9：05—9：10 整理、封存A组成绩相关文件	评委 记分员	封存整理
	9：10—10：15 B组比赛	B组参赛代表队 赛务人员 评委 主持人 记分员 技术人员等	完成B组比赛
	10：15—10：20 整理、封存B组成绩相关文件	评委 记分员	封存整理
	10：20—11：20 C组比赛	C组参赛代表队 赛务人员 评委 主持人 记分员 技术人员等	完成C组比赛
	11：20—11：30 整理、封存C组成绩相关文件 综合评议	评委 记分员	封存整理 评委进行综合评议

3. 比赛形式、内容及评价

3.1 比赛形式和内容

团体半决赛比赛形式和内容主要包括：区（县）职业指导亮点展示、必答题、抢答题和综合能力评议。

3.2 比赛内容、评价的分值分配

团体半决赛各项目比赛内容和评价的分值分配如下。

（1）区（县）职业指导亮点展示要求参赛团队选择 PPT、DV 或情景剧等形式现场播放或表演。评委根据选手现场表现进行百分制评分，记分员计算评委打分的平均分为最终得分，满分 100 分。

（2）必答题的答题形式为在规定时间内在答题板上写出正确答案，题型为主观题，包括测评报告解读题和视频案例题。评委参照评分标准按百分制进行评分，共 2 题，每题 50 分，满分 100 分。

（3）抢答题环节要求参赛选手在主持人宣布"开始"后按抢答器进行抢答，抢答题题型为客观题。团队抢到答题机会后答对加分、答错扣分。由记分员记录参赛选手给出的答案并判定得分，共 10 题，每题 10 分，最高得分 100 分。

（4）综合评议环节要求评委根据参赛团队的综合表现进行百分制评分，记分员计算评委打分的平均分为最终得分，满分 100 分。

（二）赛前

1. 场地准备

1.1 场地设置

本次比赛场地应分为三个区域：选手候场区、比赛区和评委合议室。选手候场区和评委合议室应根据选手人数进行选择和布置。比赛区的空间不宜太小，场地设置如图 8-3 所示。

1.2 场地要求

（1）环境亮度适中，保证幻灯片的播放效果。

（2）安静，无噪音，无干扰。

2. 设施设备要求

各赛场要求配备以下设施设备，并应在赛前进行测试，将设备调整至最佳状态，以保障比赛期间设施设备的正常运行。

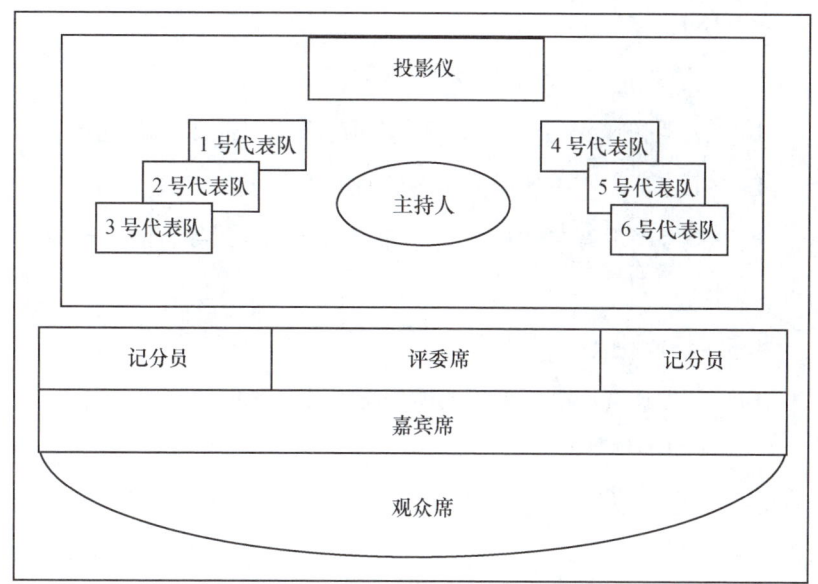

图 8-3 团体半决赛比赛区场地设置

（1）话筒至少 9 个。主持人配备 2 个，评委席配备 1 个，场上每个参赛代表队各配备 1 个。无线话筒要准备备用电池。

（2）计算机 2 台。一台用于播放试题，一台用于计分。配置应能保障高像素（占内存）图片及视频的播放。注意：务必安装 office 2003 或以上版本的办公软件。

（3）投影仪 1 台。应能保障幻灯片清晰播放，同时配备长度 5 m 以上的 VGA（视频图形阵列，Video Graphics Array）线。

（4）音响设备 1 套。应能保证视频播放声音清晰响亮。

（5）桌椅 14 套。评委及记分员需配备成套桌椅。观众席、选手候场区及赛场根据实际情况自行安排。

（6）步话机 2 部。用于赛场内外工作人员的联络。

（7）选手展示台 6 套。每个参赛代表队一套，要求能够满足选手现场书写题板。

（8）答题用小白板、黑色白板笔、板擦 6 套。每个参赛代表队

1套。

(9) 抢答器6个。每个参赛代表队1个。

(10) 选手胸牌85个。用于评委识别参赛代表队及参赛选手。

(11) 工作证。用于现场工作人员的工作区分。

(12) 横幅。上有"2011年北京市春晖杯职业指导技能大赛团体半决赛"字样。

(13) 桌牌若干。

(14) 其他比赛用品。如比赛所用专家评分表和计分汇总表。

3. 人员配备及要求

(1) 评委10人。评委负责在区（县）职业指导亮点展示环节、必答题环节和综合评议环节分别进行独立评分，应确定1人为评委组组长，由其主持综合评议环节，并负责将最终结果上报组委会。

(2) 主持人2人。主持人负责介绍参赛选手、宣读比赛规则及试题、引导评委与选手互动、控制比赛进程。

(3) 记分员4名。记分员负责抢答题环节的计分及汇总四个环节的总分，应确定1人为组长。在抢答题环节由2名记分员负责记录参赛选手的答案并判定得分，1人计分，1人监审。每组比赛结束后1名记分员负责现场收集评分表并封存，另外3名记分员负责汇总参赛选手总分，其中2人汇总，1人监审。计分组组长负责分数的最终审核并上报评委组组长。

(4) 联络员1人。联络员负责联络候场选手进场及安排退场选手休息。

(5) 技术人员4人。技术人员负责赛题的全程播放与抢答器的技术操作。

(6) 赛务人员15人。赛务人员负责按照比赛流程提前做好各项准备工作，并根据现场指示及时作出反应，维护现场秩序，负责组织会场布置及设施设备的调试、维护，负责评委、嘉宾的接待及现场秩序维护，负责接待参赛选手并组织抽签分组，负责现场所有工作人员的餐饮等。

（7）医务人员 1 人。医务人员负责现场所有人员身体突发状况时的积极救治和紧急处理。

（8）摄影、摄像人员 2 人。

（9）观众或后援团。每区（县）的观众或后援团人数不得超过 5 人，即全场观众或后援团总人数不超过 85 人。

4. 抽签分组

团体半决赛共 17 支代表队参赛，比赛分三组进行，其中两组 6 支代表队，一组 5 支代表队。组委会制作抽签条 17 张，编号分别为 A1—A6、B1—B6、C1—C5。根据抽签号决定分组，同时决定小组出场顺序及试题组，如 C1—C5 的五支代表队为最后组出场的团队，所用试题为 A 组试题。

（三）赛中

1. 比赛程序

团体半决赛比赛程序如图 8-4 所示。

2. 赛时控制

2.1 参赛选手的时间要求

（1）各区（县）参赛团队必须在 6 月 28 日 7：30 前到达比赛候场区，迟到 30 分钟者将取消比赛资格。

（2）参赛选手在赛场上应听从主持人指示，严格把握时间。区（县）职业指导亮点展示环节超时展示内容将不作为计分依据，必答题环节要求同台所有选手同时展示作答结果，抢答题环节在规定时间内没有作答按答错处理。

2.2 主持人的时间要求

（1）主持人应对比赛时间进行总体把握，严格控制各个环节的

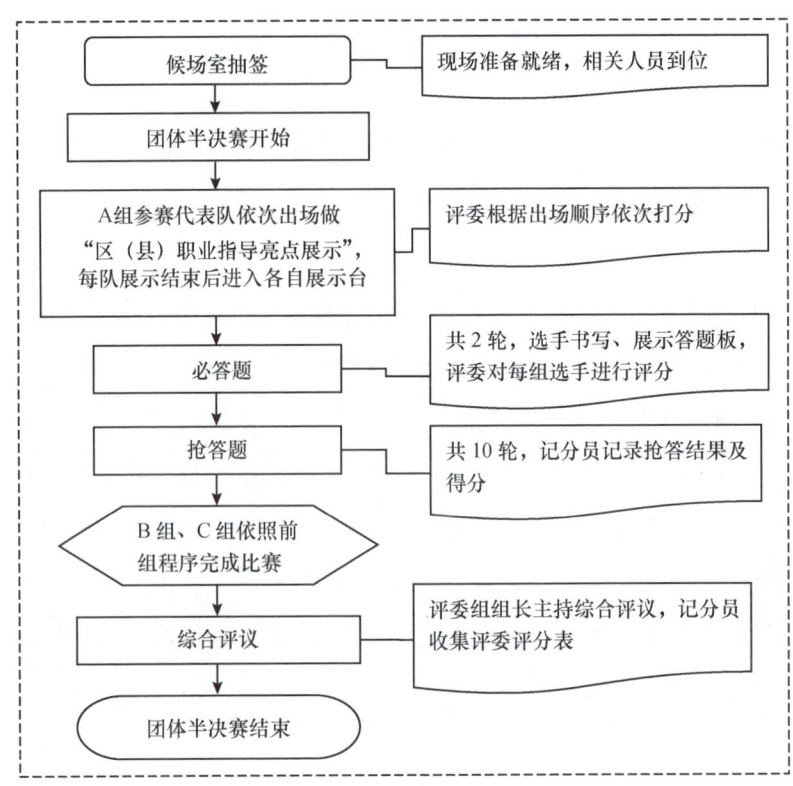

图 8-4 团体半决赛比赛程序

时间。

（2）试题由主持人宣读的部分，要求主持人匀速宣读。

（3）必答题环节。每题答题时间为 1 分钟，答题时间结束后，主持人应要求所有选手同时展示答题板。每轮结束后根据作答结果适当引导评委与选手互动交流，互动总时间不超过 5 分钟。

（4）抢答题环节。主持人宣读试题后宣布"开始抢答"，根据抢答器的提示引导参赛选手在规定时间作答。根据作答结果适当引导评委与选手互动交流，互动总时间不超过 5 分钟。

2.3 时间分布

团体半决赛时间分布见表 8-3。

表 8-3　　　　　　　　　团体半决赛时间分布

比赛环节		赛事描述	总时间
A 组	区（县）职业指导亮点展示	（5分钟/队）×6队	30 分钟
	必答题	2道主观题	5 分钟
		评委点评时间	5 分钟
	抢答题	（1分钟/题）×10题	10 分钟
		评委点评时间	5 分钟
	弹性时间	主持人介绍、串场等	10 分钟
	合计		65 分钟
B 组	程序同 A 组		65 分钟
C 组	程序同 A 组，参赛队数为 5 队		60 分钟
	综合评议	评委组综合评议	10 分钟
	总时间		200 分钟

3. 材料上交及设施设备使用

（1）各团队、参赛选手为区（县）职业指导亮点展示所制作的 PPT、DV 或情景剧等应刻盘保存，并于比赛前一天上交至组委会，个人半决赛设施设备使用同此处要求。

（2）参赛选手使用现场设备应事先告知赛务人员，由赛务人员根据比赛进程做出相关安排，个人半决赛设施设备使用同此处要求。

4. 赛场纪律

4.1 选手纪律

参赛选手应严格遵守组织纪律，按时参加抽签、比赛，不得私自更换比赛序号。如有不同意见，应在赛后与大赛组委会取得联系。

4.2 媒体纪律

新闻媒体进入赛场需经组委会允许，并且听从现场工作人员的安排和管理，不得影响比赛进行。

4.3 观众纪律

与比赛无关人员观看比赛需提前与组委会相关人员联系以作安排。观众须按指定位置就座，遵守比赛秩序。观众若做出影响比赛正常进行的行为，赛务人员有权阻止并要求其离开比赛现场。

4.4 工作人员纪律

所有工作人员应于比赛当日7：00前到达比赛现场，工作人员在现场应严格遵守比赛规则，不得向参赛选手泄露与试题有关的任何内容。

（四）赛后

1. 汇总比赛成绩

根据"团体半决赛抢答题环节成绩汇总表""团体半决赛专家评分汇总表"等技术文件，汇总计算参赛团队比赛总成绩，填写"2011年北京市'春晖杯'职业指导大赛团体半决赛总成绩汇总表"，并按成绩高低进行排序。

2. 公示比赛成绩

组委会公布比赛最终结果，并通知晋级的6支代表队参加团体总决赛的相关事宜。

三、个人半决赛比赛方案

（一）赛事总览

1. 赛事介绍

1.1 时间地点

比赛时间：2011年6月28日13：00—17：30

比赛地点：北京市海淀剧场1号厅

1.2 参赛选手

每区（县）推荐2名选手参加个人半决赛，全市17支代表队共推荐34名参赛选手，并通过市直机关预赛选拔4名选手，全市共38名选手参加个人半决赛。参赛选手来源的分布见表8-4。

表8-4　　个人半决赛参赛选手来源分布

选手来源	人数	选手来源	人数	选手来源	人数
市直机关	4	东城区	2	西城区	2
海淀区	2	丰台区	2	朝阳区	2

续表

选手来源	人数	选手来源	人数	选手来源	人数
门头沟区	2	房山区	2	石景山区	2
顺义区	2	大兴区	2	通州区	2
平谷区	2	怀柔区	2	昌平区	2
密云县	2	延庆县	2	经济技术开发区	2

1.3 半决赛目标

根据选手赛场综合表现选拔出 10 名选手参加北京市"春晖杯"职业技能指导大赛个人总决赛。

2. 比赛进程

个人半决赛比赛进程见表 8-5。

表 8-5　　　　　　　　个人半决赛比赛进程

时间		进程	涉及人员	任务
2011.6.28 下午	12：00—12：30	赛场准备 赛前准备	赛务人员 技术人员	布置赛场 再次调试设备
	12：30—13：00	选手抽签分组	参赛选手 赛务人员	抽签分组 填写评委评分表
		评分说明会	评委 记分员 命题组	熟悉评分、计分方法及相应的规则 发放评委评分表
	13：00—13：51	A 组比赛	A 组参赛选手 赛务人员 评委 主持人 记分员 技术人员等	完成 A 组比赛
	13：51—14：42	B 组比赛	B 组参赛选手 赛务人员 评委 主持人 记分员 技术人员等	完成 B 组比赛

续表

时间		进程	涉及人员	任务
2011.6.28 下午	14：42—15：33	C组比赛	C组参赛选手 赛务人员 评委 主持人 记分员 技术人员等	完成C组比赛
	15：33—16：22	D组比赛	D组参赛选手 赛务人员 评委 主持人 记分员 技术人员等	完成D组比赛
	16：22—17：11	E组比赛	E组参赛选手 赛务人员 评委 主持人 记分员 技术人员等	完成E组比赛
	17：11—17：21	综合评议	评委	评委合议

3. 比赛形式、内容及评价

3.1 比赛形式和内容

个人半决赛比赛形式和内容主要包括：选手个人自我展示、必答题、抢答题和综合能力评议。

3.2 比赛内容、评价的分值分配

个人半决赛各项目比赛内容和评价的分值分配如下。

（1）选手个人自我展示要求参赛选手分别做2分钟的自我陈述，包括自我介绍和个人工作亮点。评委根据选手现场表现进行百分制评分，计分员计算评委打分的平均分为最终得分，满分100分。

（2）必答题的答题形式为在规定时间内在答题板上写出正确答案，题型为主观题，包括测评报告解读题和视频案例题。评委参照评分标准按百分制进行评分，共2题，每题50分，满分100分。

（3）抢答题环节要求参赛选手在主持人宣布"开始"后按抢答器进行抢答，抢答题题型为客观题。选手抢到答题机会后答对加分、答错扣分。由记分员记录参赛选手给出的答案并判定得分，共10题，每题10分，最高得分100分。

（4）综合评议环节要求评委根据参赛选手的综合表现进行百分制评分，记分员计算评委打分的平均分为最终得分，满分100分。

（二）赛前

1. 场地准备

1.1 场地设置

本次比赛场地应分为三个区域：选手候场区、比赛区和评委合议室。选手候场区和评委合议室应根据选手人数进行选择和布置。比赛区的空间不宜太小，场地设置如图8-5所示。

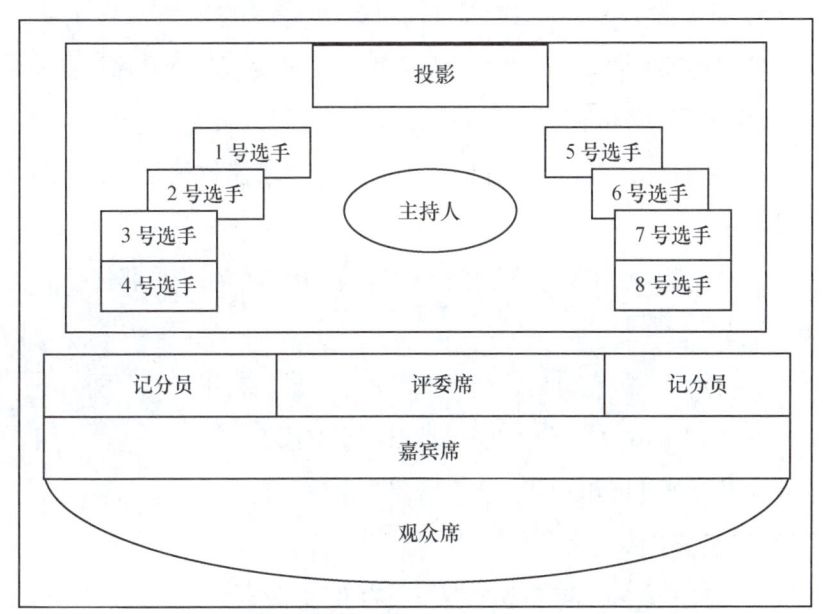

图8-5　个人半决赛比赛区场地设置

1.2 场地要求

（1）环境亮度适中，保证幻灯片的播放效果。

（2）安静、无噪音、无干扰。

2. 设施设备要求

各赛场要求配备以下设施设备，并应在赛前进行测试，将设备调整至最佳状态，以保障比赛期间设施设备的正常运行。

（1）话筒至少11个。主持人配备2个，评委席配备1个，场上参赛选手每人配备1个。无线话筒要准备备用电池。

（2）计算机2台。一台用于播放试题，一台用于计分。配置应能保障高像素（占内存）图片及视频的播放。注意：务必安装office 2003或以上版本的办公软件。

（3）投影仪1台。应能保障幻灯片播放清晰，同时配备长度5 m以上的VGA线。

（4）音响设备1套。应能保证视频播放声音清晰响亮。

（5）桌椅14套。评委及记分员需配备成套桌椅。观众席、选手候场区及赛场根据实际情况自行安排。

（6）选手展示台8套。每位选手一套，要求能够满足选手现场书写题板。

（7）答题用小白板、黑色白板笔、板擦10套。每位参赛选手1套，2套备用。

（8）抢答器10个。每位参赛选手1个，2个备用。

（9）选手胸牌38个。用于评委识别参赛选手。

（10）其他比赛用品。如比赛所用专家评分表和计分汇总表。

3. 人员配备及要求

（1）评委10人。评委负责在个人自我展示环节、必答题环节和综合评议环节分别进行独立评分，应确定1人为评委组组长，由其主持综合评议环节，并负责将最终结果上报组委会。

（2）主持人2人。主持人负责介绍参赛选手、宣读比赛规则及试题、引导评委与选手互动、控制比赛进程。

（3）记分员4名。记分员负责抢答题环节的计分及汇总四个环节的总分，应确定1人为组长。在抢答题环节由2名记分员负责记录参赛选手的答案并判定得分，1人计分，1人监审。每组比赛结束后1名记分员负责现场收集评分表并封存，另外3名记分员负责汇总参赛选手总分，其中2人汇总，1人监审。计分组组长负责分数的最终审核并上报评委组组长。

（4）联络员1人。联络员负责联络候场选手进场及安排退场选手休息。

（5）技术人员4人。技术人员全程负责赛题的播放与抢答器的技术操作。

（6）赛务人员15人。赛务人员负责按照比赛流程提前做好各项准备工作，并根据现场指示及时作出反应，维护现场秩序，负责组织会场布置及设施设备的调试、维护，负责评委、嘉宾的接待及现场秩序维护，负责接待参赛选手并组织抽签分组，负责现场所有工作人员的餐饮等。

（7）医务人员1人。医务人员负责现场所有人员身体突发状况时的积极救治和紧急处理。

（8）摄影、摄像人员2人。

（9）观众或后援团。每区（县）的观众或后援团人数不得超过5人，即全场观众或后援团总人数不超过85人。

4. 抽签分组

个人半决赛共38名参赛选手，比赛分五组进行，其中三组为八名选手，两组为七名选手。组委会制作抽签条38张，编号分别为A1—A8、B1—B8、C1—C8、D1—D7、E1—E7。根据抽签号决定分组，同时确定小组出场顺序及试题组，如A1—A8为第一组上场选手，所用试题为 A 组试题。

(三)赛中

1. 比赛程序

个人半决赛比赛程序如图 8-6 所示。

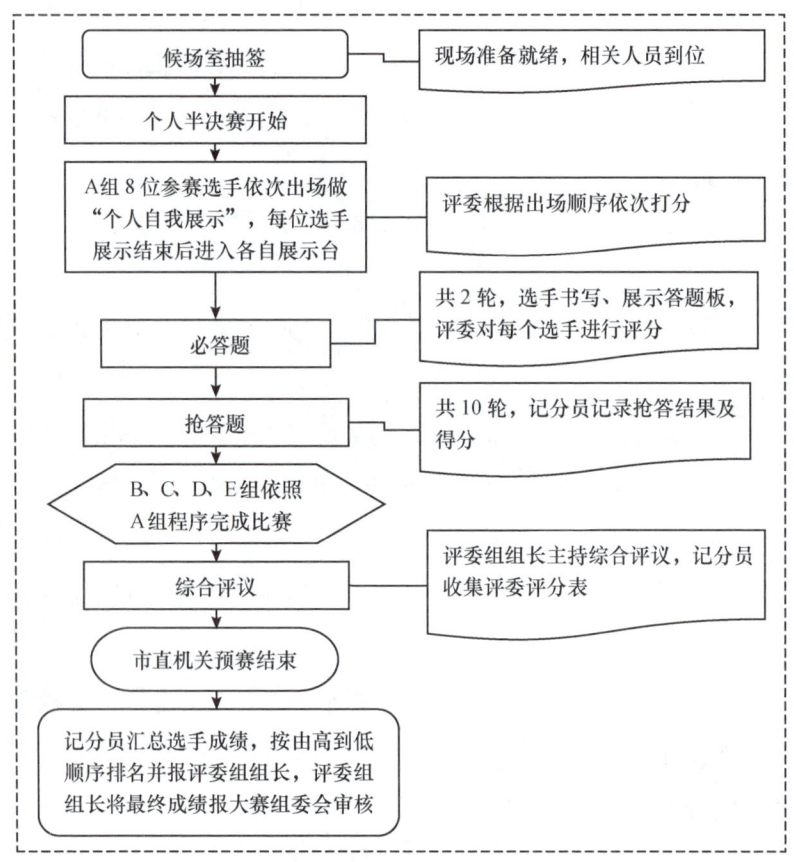

图 8-6　个人半决赛比赛程序

2. 赛时控制

2.1 参赛选手的时间要求

(1) 参赛选手必须在 6 月 28 日 12:30 前到达比赛候场区,迟到 30 分钟者将取消比赛资格。

(2) 参赛选手在赛场上应听从主持人指示,严格把握时间。自我展示环节超时展示内容将不作为计分依据,必答题环节要求同台所有选手同时展示作答结果,抢答题环节在规定时间内没有作答按答错处理。

2.2 主持人的时间要求

(1) 主持人应对比赛时间进行总体把握,严格控制各个环节的时间。

(2) 试题由主持人宣读的部分,要求主持人匀速宣读。

(3) 自我展示环节。展示时间结束但参赛选手尚未完成自我展示时,主持人应予以终止。

(4) 必答题环节。每题答题时间为1分钟,答题时间结束后,主持人应要求所有选手同时展示答题板。每轮结束后根据作答结果适当引导评委与选手互动交流,互动总时间不超过5分钟。

(5) 抢答题环节。主持人宣读试题后宣布"开始抢答",根据抢答器的提示引导参赛选手在规定时间作答。根据作答结果适当引导评委与选手互动交流,互动总时间不超过5分钟。

2.3 时间分布

个人半决赛时间分布见表8-6。

表8-6　　个人半决赛时间分布

比赛环节		赛事描述	总时间
A组	个人自我展示	(2分钟/人)×8人	16分钟
	必答题	2道主观题	5分钟
		评委点评时间	5分钟
	抢答题	(1分钟/题)×10题	10分钟
		评委点评时间	5分钟
	弹性时间	主持人介绍、串场等	10分钟
	合计		51分钟
B、C组	程序同A组		102分钟
D、E组	程序同A组,参赛人员数量为7人		98分钟
综合评议		评委组综合评议	10分钟
总时间			261分钟

3. 赛场纪律

3.1 选手纪律

参赛选手应严格遵守组织纪律，按时参加抽签、比赛，不得私自更换比赛序号。如有不同意见，应在赛后与大赛组委会取得联系。

3.2 媒体纪律

新闻媒体进入赛场需经组委会允许，并且听从现场工作人员的安排和管理，不得影响比赛进行。

3.3 观众纪律

与比赛无关人员观看比赛需提前与组委会相关人员联系以作安排。观众须按指定位置就座，遵守比赛秩序。观众若做出影响比赛正常进行的行为，赛务人员有权阻止并要求其离开比赛现场。

3.4 工作人员纪律

工作人员在现场应严格遵守比赛规则，不得向参赛选手泄露与试题有关的任何内容。

（四）赛后

1. 汇总比赛成绩

根据"个人半决赛抢答题环节成绩汇总表""个人半决赛专家评分汇总表"等技术文件，汇总计算参赛个人比赛总成绩，填写"2011年北京市'春晖杯'职业指导大赛个人半决赛总成绩汇总表"，并按成绩高低进行排序。

2. 公示比赛成绩

组委会公布比赛最终结果，并通知晋级的10名选手参加个人总决赛的相关事宜。

四、总决赛比赛方案

（一）赛事总览

1. 赛事介绍

1.1 时间地点

比赛时间：2011年7月8日13：30—17：30

比赛地点：北京市海淀剧场1号厅

1.2 参赛选手

通过团体半决赛选拔出的6支代表队和通过个人半决赛选拔出的10名参赛选手。

1.3 总决赛目标

通过总决赛评选出10个团体奖项和10个个人奖项。

1.3.1 团体赛奖项设置

（1）团体排名奖。以团体总决赛成绩排序，总积分前三名的参赛代表队分别授予团体总决赛第一名、第二名、第三名，颁发奖杯和证书。

（2）团体单项奖。团体总决赛设最佳风采奖、最佳协作奖、最佳创新奖、最佳人气奖四个单项奖。其中最佳风采奖、最佳协作奖、最佳创新奖由评委团评选，最佳人气奖由现场观众投票评选。

（3）优秀组织奖。对能够组队顺利参加团体决赛的各区（县）代表队颁发优秀组织奖。

1.3.2 个人总决赛奖项设置

（1）个人排名奖。对前三名参赛选手授予个人总决赛第一名、第二名、第三名，颁发奖杯和证书。

（2）个人单项奖。个人总决赛设最佳人气奖和最佳新人奖各一名。授予观众支持率最高的个人最佳人气奖，授予从事职业指导工作时间较短、在本次大赛中表现突出的个人最佳新人奖。

（3）优秀带头人奖。授予五位在日常工作中表现突出的各区（县）职业指导带头人称号。

2. 比赛进程

总决赛比赛进程见表8-7。

表 8-7　　　　　　　　　　　总决赛比赛进程

时间		进程	涉及人员	任务
2011.7.7	全天	赛场准备	主持人 赛务人员 技术人员	布置赛场 准备资料 设备调试 主持人彩排
2011.7.8 上午	9:00—11:00	赛前准备	主持人 赛务人员 技术人员	主持人彩排
	11:30—12:00	选手抽签分组	参赛代表队、选手 赛务人员	抽签分组 填写评委评分表
2011.7.8 下午	13:00—13:30	评分说明会	评委 记分员 命题组	熟悉评分、计分方法及相应的规则 发放评委评分表
	13:30—14:55	团体总决赛比赛	各参赛代表队 评委 主持人 记分员 技术人员 赛务人员等	完成团体总决赛
	14:55—16:55	个人总决赛比赛	参赛选手 评委 主持人 记分员 技术人员 赛务人员等	完成个人总决赛
	16:55—17:25	颁奖仪式	所有参赛选手 评委 主持人 记分员 技术人员 赛务人员等	公布比赛结果 颁奖

3. 比赛项目及内容

3.1 比赛项目

总决赛主要由两个项目组成：团体总决赛和个人总决赛。

3.2 比赛内容

3.2.1 团体总决赛

团体总决赛主要包括四个环节：参赛代表队亮相、区（县）职业指导亮点展示、必答题和抢答题，总分为2 500分。团体总决赛共6支代表队（每队5人，共计30人）参赛，所有参赛代表队均根据赛前抽签结果显示的顺序逐一出场亮相并进行区（县）职业指导亮点展示。每队区（县）职业指导亮点展示环节结束后，到达舞台指定位置。所有代表队亮点展示结束后，开始下一环节比赛，所有参赛代表队同台竞技。比赛中涉及的试题均通过大屏幕播放，选手分数在电子记分台上实时显示。

（1）各参赛代表队上台后要求进行亮相，亮相内容为代表队名称、代表队成员的来源和代表队口号等，时间为30秒。参赛代表队亮相环节表现不计入总成绩。

（2）区（县）职业指导亮点展示的形式不限，可赛前自制PPT、DV，也可自排情景剧等现场表演。展示内容为各区县职业指导的工作特色和亮点。评委团根据短片或现场参赛代表队的现场表演进行现场打分，满分1 000分。

（3）必答题的答题形式为在规定时间内在答题板上写出正确答案，题型为主观题，包括文字案例题和视频案例题。评委参照评分标准按百分制进行评分，共2题，每题250分，满分500分。

（4）抢答题环节要求参赛团队在主持人宣布"开始"后按抢答器进行抢答，抢答题答对加分，答错或不答扣分。无人抢答时，由主持人宣布后援团答题规则，台上参赛代表队再次按抢答器，抢到答题机会后指定后援团中的一人作答。后援团答对则为该队加上相应的分数，答错不扣分。抢答题共 10 题，每题 100 分，满分 1 000 分。

（5）加试赛。上述环节比赛结束后，如果出现因总成绩相同而无法决定前三名的情况，则启用加试赛。加试赛的形式为抢答题，如果 3 队分数相同则加试 2 题，如果 2 队分数相同则加试 1 题。

3.2.2 个人总决赛

个人总决赛主要包括三个环节：选手个人自我展示、必答题和抢答题，总分为 3 800 分。

（1）个人自我展示的形式为自我陈述，陈述内容包括自我介绍和个人工作亮点，陈述时间为 3 分钟。评委根据选手现场表现进行评分，满分 1 000 分。

（2）必答题的答题形式为在规定时间内在答题板上写出正确答案，题型为主观题，包括测评报告解读题和视频案例题。评委参照评分标准按百分制进行评分，共 2 题，每题 500 分，满分 1 000 分。

（3）抢答题环节要求参赛团队在主持人宣布"开始"后按抢答器进行抢答，获得答题权利后，答对加分，答错或不答扣分。抢答题共有两种形式，一种是公布试题后抢答，共 10 道题，每题 100 分，满分 1 000 分；另一种是公布试题前抢答，共 2 道题，分值分别是 300 分和 500 分。无人抢答时，由主持人选定现场后援团人员作答（最多不超过 3 次），现场专家给予点评。抢答题环节满分 1 800 分。

（4）加试赛。上述三个环节比赛结束后，如果出现因总成绩相同而无法决定前三名的情况，则启用加试赛。加试赛的形式为抢答题，如果 3 人分数相同则加试 2 题，如果 2 人分数相同则加试 1 题。

（5）串场表演赛不计入选手总成绩，总成绩排名前三位的选手接受现场观众的咨询，由主持人把握题量（3 题左右）。

（二）赛前

1. 场地准备

1.1 场地设置

本次比赛场地应分为三个区域：选手候场区、比赛区和评委合议室。选手候场区和评委合议室应根据选手人数进行选择和布置。比赛区的空间不宜太小，场地设置如图8-7所示。

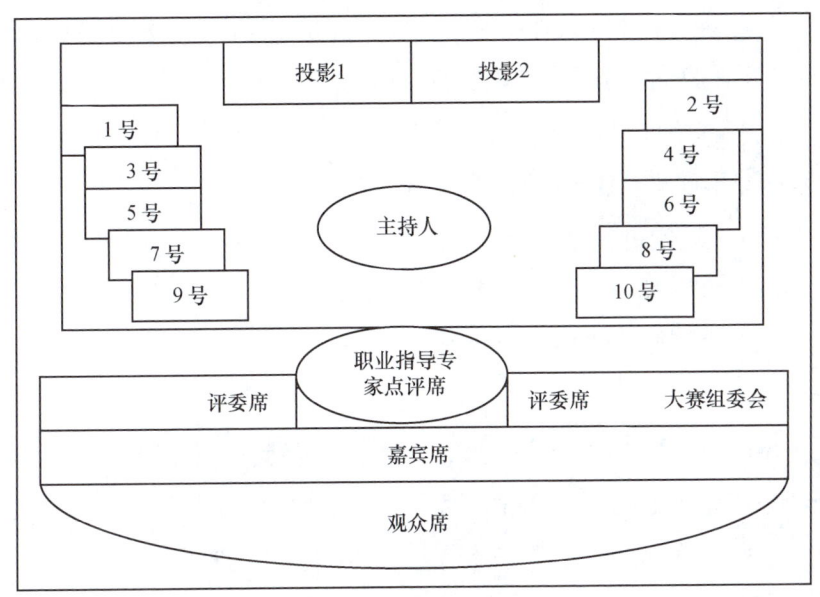

图8-7　总决赛比赛区场地设置

1.2 场地要求

（1）环境亮度适中，保证幻灯片的播放效果。

（2）安静，无噪音，无干扰。

2. 设施设备要求

各赛场要求配备以下设施设备，并应在赛前进行测试，将设备调整至最佳状态，以保障比赛期间设施设备的正常运行。

（1）话筒至少15个。主持人、职业指导专家、观众席各配备1个，参赛选手每人配备1个，评委团配备2个。无线话筒要准备备用电池。

（2）计算机3台。1台用于播放试题，2台用于计分。配置应能保障高像素（占内存）图片及视频的播放。注意：务必安装office 2003或以上版本的办公软件。

（3）投影仪1台。应能保障幻灯片播放清晰，同时配备长度5 m以上的VGA线。

（4）音响设备1套。应能保障视频播放声音清晰响亮。

（5）桌椅若干套。评委及记分员需配备成套桌椅。观众席、选手候场区及赛场可根据实际情况自行安排。

（6）选手展示台10套。场上每个代表队（或每位参赛选手）一套，要求能够满足选手现场书写题板。

（7）答题用小白板、黑色白板笔、板擦10套。每位参赛选手1套。

（8）抢答器12个。每位参赛选手1个，2个备用。

（9）电子计分台10个。要求通过后台操作能够及时显示团队或选手的得分。

（10）评委打分器10个。要求与现场电子计分台实现同步，评委给出的分数可直接显示在台上选手的电子计分台上。

（11）步话机2个。用于赛场内外工作人员相互联络。

（12）选手胸牌40个。用于评委识别参赛选手，其中30个用于团体总决赛，10个用于个人总决赛。

（13）工作证。用于现场工作人员的工作区分。

（14）横幅。上有"2011年北京市春晖杯职业指导技能大赛总决赛"字样。

（15）桌牌若干。

（16）选票95张。为进入赛场的后援团及评委发放选票，用于选举最佳人气奖。选票中应包含两个奖项，一是团队最佳人气奖选项，二是个人最佳人气奖选项。

（17）颁奖托盘10个。

（18）其他比赛用品。如比赛所用专家评分表、计分汇总表及评分用签字笔、A4纸等。

3. 人员配备及要求

（1）职业指导专家 2 人。职业指导专家负责解答比赛过程中出现的疑难问题，并对相关环节进行点评。

（2）评委 20 人。团体总决赛和个人总决赛各需评委 10 人，各对区（县）职业指导亮点展示、个人自我展示分别进行独立评分，应确定 1 人为评委组组长，由其主持综合评议环节，并负责将最终结果上报组委会。

（3）主持人 2 人。主持人负责介绍参赛选手、宣读比赛规则及试题、引导评委与选手互动、控制比赛进程。

（4）记分员 4 名。记分员负责抢答题环节的计分及监审各环节电子计分台加减分数，应确定 1 人为组长。在抢答题环节由 2 名记分员记录参赛选手的答案并判定得分，其中 1 人计分，1 人监审。

（5）联络员 2 人。联络员负责联络候场选手进场及安排退场选手休息。

（6）技术人员 4 人。技术人员全程负责赛题的播放与抢答器、电子记分台的技术操作。

（7）赛务人员 15 人。赛务人员负责按照比赛流程提前做好各项准备工作，并根据现场指示及时作出反应，维护现场秩序，负责组织会场布置及设施设备的调试、维护，负责评委、嘉宾的接待及现场秩序维护，负责接待参赛选手并组织抽签，负责赛场外停车事项，负责现场所有工作人员的餐饮等。

（8）医务人员 1 人。医务人员负责现场所有人员身体突发状况时的积极救治和紧急处理。

（9）摄影、摄像人员 2 人。

（10）后援团。每区（县）后援团人数为 5 人。

（11）颁奖嘉宾 12 人（可含现场评委和职业指导专家）。颁奖嘉宾每 2 人负责一个奖项的颁发，其中一人颁发证书，一人颁发奖杯。

（12）礼仪人员 10 人。礼仪人员负责颁奖仪式上的相关礼仪工作。

4. 抽签分组

团体总决赛共 6 支代表队参加，个人总决赛共 10 人参加。大赛组委会制作团体总决赛签号和个人总决赛签号，由参加比赛的团队代表或个人抽取签号。参赛选手按照抽签顺序依次上台比赛，各区（县）后援团及观众按照赛前抽签序号在现场指定区域就座。

（三）赛中

1. 比赛程序

总决赛比赛程序如图 8-8 所示。

2. 赛时控制

2.1 参赛选手的时间要求

（1）参加团体总决赛的选手必须在 7 月 8 日 7：30 前到达比赛候场区，参加个人总决赛的选手必须在 7 月 8 日 12：30 前到达比赛候场区，迟到 30 分钟者将取消比赛资格。

（2）参赛选手在赛场上应听从主持人指示，严格把握时间。自我展示环节超时展示内容将不作为计分依据，必答题环节要求同台所有选手同时展示作答结果，抢答题环节抢到答题机会后在规定时间内没有作答按答错处理。

2.2 主持人的时间要求

（1）主持人应对比赛时间进行总体把握，严格控制各个环节的时间。

（2）试题由主持人宣读的部分，要求主持人匀速宣读。

（3）自我展示环节。展示时间结束但参赛选手尚未完成自我展示时，主持人应予以终止。

（4）必答题环节。每题答题时间为 1 分钟，答题时间结束后，主持人应要求所有选手同时展示答题板。每轮结束后根据作答结果适当引导评委与选手互动交流，互动总时间不超过 5 分钟。

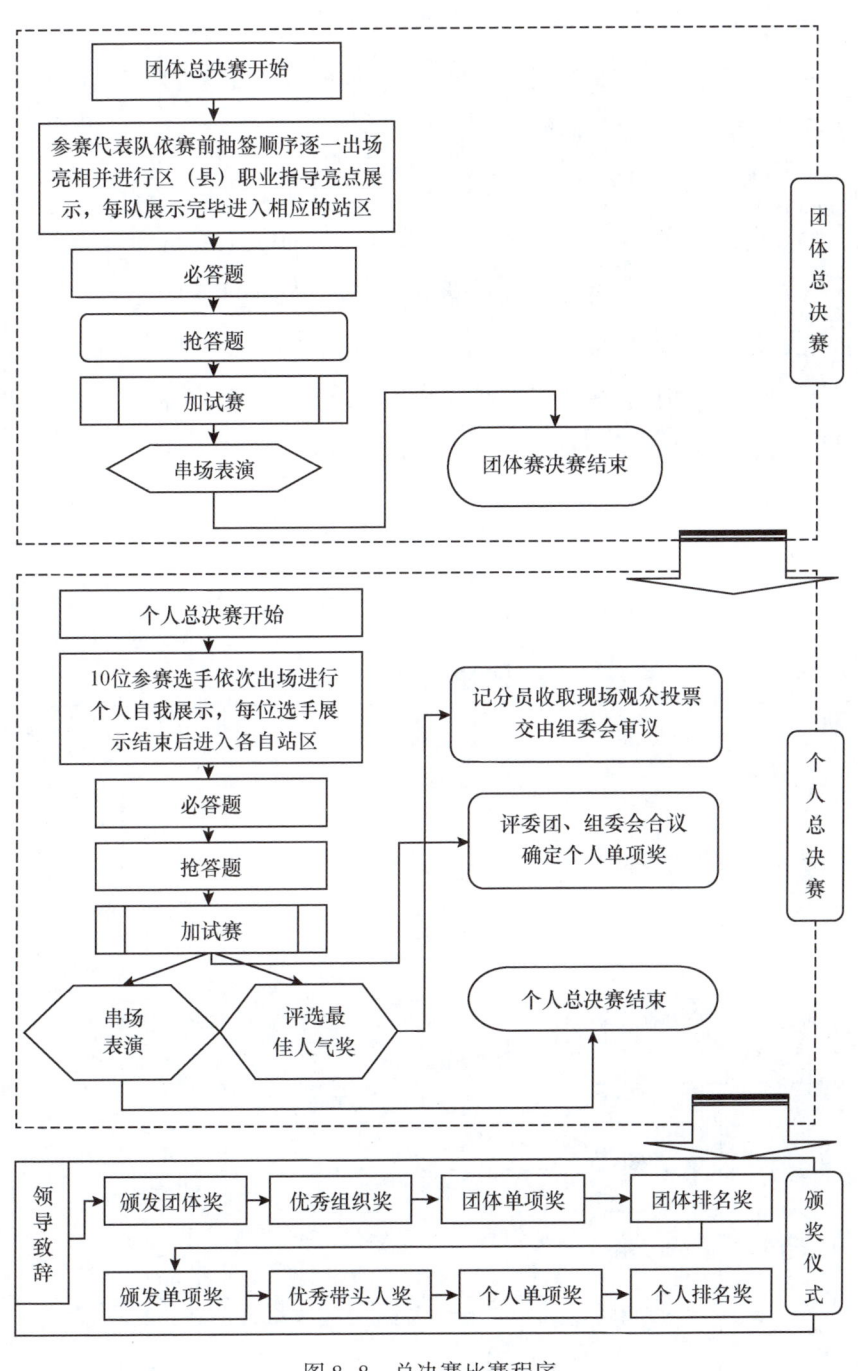

图 8-8 总决赛比赛程序

（5）抢答题环节。主持人宣读试题后宣布"开始抢答"，根据抢答器的提示引导参赛选手在规定时间作答。根据作答结果适当引导评委与选手互动交流，互动总时间不超过 5 分钟。

2.3 职业指导专家的时间要求

（1）各职业指导专家于比赛开始前 10 分钟到达比赛现场。

（2）职业指导专家主要负责疑难问题的现场解答和点评。点评的重点是抢答题环节中抢答错误的试题、回答较好的试题以及无人回答的试题，必答题和抢答题环节的点评时间各 5 分钟。同时，在个人总决赛的串场表演环节中，职业指导专家也要给予一定的技术支持，点评时间不宜过长。

2.4 时间分布

总决赛时间分布见表 8-8。

表 8-8　　总决赛时间分布

比赛项目	比赛环节	赛事描述	总时间	合计时间
团体总决赛	区（县）职业指导亮点展示	（5 分钟/队）×6 队	30 分钟	85 分钟
	必答题	2 道主观题	5 分钟	
		评委点评时间	5 分钟	
	抢答题	（1 分钟/题）×10 题	10 分钟	
		职业指导专家点评时间	5 分钟	
	弹性时间	主持人介绍、串场等	15 分钟	
		串场表演	15 分钟	
个人总决赛	个人自我展示	（3 分钟/人）×10 人	30 分钟	120 分钟
	必答题	2 道主观题	15 分钟	
		评委点评时间	5 分钟	
	抢答题	（1 分钟/题）×10 题+5 分钟机会题	15 分钟	
		职业指导专家点评时间	5 分钟	
	弹性时间	主持人介绍、串场等	15 分钟	
		串场表演	15 分钟	
		评委合议	20 分钟	

续表

比赛项目	比赛环节	赛事描述	总时间	合计时间
颁奖仪式		领导致辞	10 分钟	30 分钟
	颁奖	颁发团体奖项	10 分钟	
		颁发个人奖项	10 分钟	
总时间			235 分钟	

3. 材料上交及设施设备使用

（1）各代表队、参赛选手为区（县）职业指导亮点展示及自我展示所制作的 PPT、DV 或情景剧等应刻盘保存，并于比赛前一天上交至组委会。

（2）参赛选手使用现场设备应事先告知赛务人员，由赛务人员根据比赛进程做相关安排。

4. 赛场纪律

4.1 选手纪律

参赛选手应严格遵守组织纪律，按时参加抽签、比赛，不得私自更换比赛序号。如有不同意见，应在赛后与大赛组委会取得联系。

4.2 媒体纪律

新闻媒体进入赛场需经组委会允许，并且听从现场工作人员的安排和管理，不得影响比赛进行。

4.3 后援团纪律

与比赛无关人员观看比赛需提前与组委会相关人员联系以作安排。观众须按指定位置就座，遵守比赛秩序。观众若做出影响比赛正常进行的行为，赛务人员有权阻止并要求其离开比赛现场。

4.4 工作人员纪律

工作人员在现场应严格遵守比赛规则，不得向参赛选手泄露与试题有关的任何内容。

（四）赛后

1. 组委会人员进行本次比赛的总结工作，并将文件等整理归档。

2. 赛务人员清理比赛现场。

阅读与思考

请结合本章内容，研讨实例1、实例2，谈一谈实例中值得借鉴的做法，同时结合本地实际情况，补充需要改进完善的内容。